叢書・ウニベルシタス　1028

無神論

アレクサンドル・コジェーヴ
今村真介 訳

法政大学出版局

Alexandre KOJÈVE
L'ATHEISME

This book is published in Japan by arrangement with GALLIMARD
through le Bureau des Copyrights Français, Tokyo.

目次

解題　ロラン・ビバール　1

無神論

凡例

一、原文中の強調のイタリックは、訳文では傍点を付した。
一、原文中の《 》は、訳文では「 」を用いた。
一、原文中の（ ）は、訳文でもそのまま（ ）を用いた。
一、原文中の［ ］は、訳文でもそのまま［ ］を用いた。
一、原文中、頭文字が大文字になっている語は、訳文では〈 〉を用いた。
一、訳者による補足は、〔 〕に入れた。

解題

「哲学が学へと高まるべき時が来ていることを示すことができれば、それこそが唯一、哲学を学へと高めんとする試みを真に正当化するものになるだろう。それによって、この目的の必然性が明らかになると同時に、その目的が完全に実現されることにもなるのだから。」

G・W・F・ヘーゲル『精神現象学』まえがき

「現実はときに希望の渇きを癒す。それゆえに、あらゆる予期に反して希望は生きながらえるのだ。」

R・シャール『群島をなす言葉』

序

「これは未完の草稿であるから、公表してはならない」。これはほとんどコジェーヴの遺した命令とも言うべきものだが、この著者自身のあらゆる意向に反して、われわれはその草稿の五分の四に相当する部分をここで公表しようとしている。解題という体裁をとったこの前書きで、われわれはこの選択を正当化する責務を果たさなくてはならない。

最初の仮説——ささやかなものだが——が、われわれにとっておそらくひとつの足がかりとなる。さきの文言は一九三一年に書かれているが、そのとき著者は弱冠二十九歳であり、世間的にはいまだ「何者」でもなかった——それは高等研究院における有名なヘーゲル宗教哲学の講義が始まる二年前のことであった。[(1)*] だが、その三十年後、著者の思想の総体が「ヘーゲル的〈知の体系〉」を「改訂する」ために十分なほど完成された記述方法を見出したとすれば、それでもやはりコジェーヴは本書の出版を認めなかっただろうか？　それとも、時がまた別の手段を彼に与えることになっただろうか？

＊　注は巻末（1）—（13）頁にまとめた。

逸話めいた話はさておき、あとに続く本文では、いまだ生成途上の思考が提示される。いくつかの点でいまだ構想段階にあるこの思考は、なお特異な性格を色濃く帯びている。精神分析が特異なものに寄せる重要性は否定できないとはいえ、むしろそれゆえに、ここでは精神分析が問題なのではないと断言せざるを得ない。改訂された〈知の体系〉の著者がアレクサンドル・コジェーヴであろうと別の誰かであろうと、それはほとんど重要ではない。肝心なことはただひとつ、体系、その首尾一貫性、その完全性——すなわち

――〈概念〉である。その点については、著者が十分に説明してくれているから、ここでそれを繰り返す必要はない。[2] だから、無神論に関する著作を手がけたのがコジェーヴであって、それ以外の者でないのはなぜかという問いには関わらないでおこう。逆に、この著作の著者がどの時点にいるのかと問うことは有益であろう。それは、彼の両義的な名声のもととなり、と同時に、彼を今世紀における第一級の思想家の一人として周知せしめる（そして覆い隠してしまう）ことになった講義が開始される二年前のことであった。

一九〇二年生まれのアレクサンドル・コジェーヴニコフは、一九一七年にロシアを離れるが、それは十月革命下のロシアよりももっと恵まれた状況のもとで学業を続けたいとの思いからであった。一九二〇年から二六年にかけてドイツに滞在し、そこで早くから宗教問題と東洋思想（とりわけ仏教）に深い関心を示している。ソロヴィヨフの作品に親しんだおかげでヘーゲルの作品に接するようになった彼は、[3] ヤスパースの講義に出席するものの、当初はフッサールとハイデガーの現象学の周辺に身を置いていた。一九二六年にパリに到着して間もなく科学研究に着手し、それにより、一九三一年には量子物理学における決定論の意味に関する博士論文（最終的には取り下げられたが）を提出している。[4]

もっとも、コジェーヴが科学に関心を抱いたとすれば、それは、彼をごく若いうちから他ならぬ「人間とは何か？」という哲学的な問いへと駆り立ててきた問題意識のためである。この問いは、一九九三年にベルナール・エスポワによって公表された「ヘーゲルとハイデガーについてのノート」のなかで部分的な回答を与えられている。[5] だが、コジェーヴの真の人間学は、ヘーゲルにおける宗教に関する講義のなかで開花したのであり、その内容は、レーモン・クノーの強い意向に沿って『ヘーゲル読解入門』[6] というタイトルで一九四七年に出版されている。この人間学の背後には宗教の問いがあり、さらにその背後には、とりわけ神学の問いがある。

コジェーヴは、この草稿が公表されることを望まなかった。文字通りには、彼はこう言っている。

したがって、私がここで書いているものは、厳密に言えば私の哲学の素描にすぎず、それゆえ最終的なものではないから、公表してはならない(7)。

無神論

草稿の形状

あとで見るように、この草稿全体はたしかに未完であり、それゆえ不完全で未校正であり、多くの無視し得ない重要な箇所で歯切れの悪さを感じさせる。要するに、アレクサンドル・コジェーヴニコフは、そこでいまだコジェーヴを模索しているのである。他方でしかし、この著作はかなりの進捗を遂げてもいる。そこには、『ヘーゲル読解入門』の著者が意識と自己意識について抱くことになる考え方、『概念、時間、言説』の著者が「存在する空間－時間性」として捉えられる存在について抱くようになる考え方（そこには、存在論における数学の位置づけと役割の最も厳密な同一視が含まれる）、あるいはまた、同じ著者が、たとえば『異教哲学史試論』におけるアリストテレスの非宗教的有神論が、『カント』(8)において描かれる仏教によって代表される無神論的宗教との対比においてそうなるところのものの存在について抱くことになる考え方、これらの土台がすでに見いだされる。

だが、それだけではない。『無神論』のコジェーヴは、ソロヴィヨフ論の著者がそうであったように、多くの点でなお、およそ宗教のもつ意味にもっぱら関心を寄せている人物である。それゆえ、有神論それ自体の分析と並んで、そこではアニミズム、フェティシズム、そしてトーテミズムについての見事な分析が展開されている。これらの分析は、この著者が提起する問いの幅広さ、その博識ぶり、その主導的な問題関心を示す最初の取り組みである。こうして、未完とはいえ、『無神論』は、著者のもともとの問いが根ざしている「場所」を決定的な仕方で指示している。他方で、ある作品の未完について語るということは、当然のことながら、それが仕上げられた末に至る完成がそこで展望されているということである。無神論の研究を通じて、コジェーヴはこの研究について二つの決定的な命題を提出している。第一に、無神論の研究は、人間としての人間の研究へのひとつの序曲、または序曲そのものであるということ、次に、この研究は、体系的であるかそうでないかのいずれかでなくてはならないということ。なぜなら、それはつまるところ、哲学とはそもそも何であるかという問いへの回答を含んでいるからである――この問いがその回答をいまだ受け取っていないとしても[9]、それはなお、賢者、あるいは「端的に」完成された人間――この人間のことを、当時のコジェーヴは「充実した生[10]」の人間と呼んでいる――とは何かを解き明かすことを要求する。

一八〇七年にヘーゲルによって予見された体系とまったく同様に[11]、コジェーヴのこの体系も未完に終わることになる。とはいえ、この著者がヘーゲルについて語った「壮大だが完全な失敗[12]」、あるいは、もっとのちに彼が自分自身の言説について語った「全面的な失敗[13]」の可能性をここで言うことはできない。というのも、『無神論』の問いを通じて真の言説それ自体をもたらし、かつそれを実現するという試みそのものが、生じなかったからである。だからといって、そこに何か重大な過失があったということになるだろうか？　コジェーヴが実際には思考していなかったと考えるのでないかぎり、すでに（部分的にでしかないにせよ）公表されているあの別の言説が現に存在するという事実を否定することはできない。そして、その目指すところは、「ヘーゲル的〈知の体系〉」を改訂することにあった――こうして、さきの仮説は決定的に葬り去られる。言い換えれば、あとに続く本文のなかで論じられる「無神論」という明示的な主題についてはしばし沈黙したのち、コジェーヴは再び語り始めるのである――ただし、一見したところ、無神論とはまったく別の事柄についてである。なぜなら、いまや問題となるのは、承認をめぐる死を賭した闘争と承認を求める純粋な威信だからである。(14)

だが、われわれはいまだ一九三一年の時点にあり、『無神論』は、人間と神との関わりというこの著者にとって決定的な問いを――そして、少なくとも潜在的には、この関わりを通じて、人間と人間自身との関わりという問いを扱っている。そこで問われているものが何であるのかを検討してみることにしよう。

*

草稿そのものには、読者にとって目安となるような明確な区分は見られない。だが、この著作の終わりのほうで、コジェーヴは無神論の分析の全体的な枠組みを提示しており、それは、のちに人間に関する完全な著作のもとになったものである。その枠組みとは、次のようなものである。

Ⅰ　「実存‐しないものの哲学」（存在論）

Ⅱ　実存するものの哲学

(1)　科　学

(2) 行為的態度
(3) 感性と倫理
(4) 宗教と神秘[15]
Ⅲ 哲学の哲学

あとに続く本文は、原理的には存在論の素描にすぎず、読めばわかるように、それは少なくとも現象論によって補われる必要があった[16]。

ヘーゲルの『精神現象学』における宗教に関する講義を開始する以前のコジェーヴがこのプランに与えていた重要性を裏づけるかのように、それは一九三三年八月二十六日付で以下のように変更される[17]。

序文 この書物それ自体についての個人的な諸要素
序章 (対象、方法、意図、……プラン)
第一章 無神論の現象論 (意識の現象〔現象論〕としての無神論)
(1) 序 (……現象論一般)
(2) 結論 (現象論と存在論)
第二章 無神論の存在論 (存在の無神論的概念)
(1) 序 (存在論一般)
(2) 形式的存在論
(3) 人間 - 存在論

(6) 結論(態度としての哲学?)
付録 無神論的宗教としての仏教

第五章 無神論と哲学
(1) 序(哲学とは何か?)
(2) 無神論の哲学(本書)とくに第一章
(3) 無神論的哲学(私の哲学)
(4) 哲学的無神論(実存の目的、決断)
(5) 結論(もの自体としての哲学)

結語(体系に関する概観。要約)

完全には判読できないとはいえ、ここにあるのはまぎれもなく、のちに「知の体系」というかたちをとることになるものの素案である。無神論の哲学は無神論的哲学であり、哲学的無神論である。この哲学の完成は、それを唱道する者の完成を意味しており、それによって彼は充実した生を送る人間となるのだが、この人間こそまさにここで問われている当のものである――ただし、それはなお強い意味での「理想」であり続ける(つまり、それは現実には到達可能なものに見えないということである)。

この草稿が初期のものであることや、すぐれて思弁的な議論にありがちな難解さを考慮に入れたうえで、われわれは編者として、そこに思考の異なる段階を示す一連の下位区分を設定してみたい。その詳細については、巻頭に付された目次を参照していただきたい。おおよそのところ、この目次は以下のように区分される。

Ⅰ　「無神論的宗教」の観念の意味という問いから始まる、無神論の問題の提示
Ⅱ　「世界内人間」および「世界外人間」という、本書の中心観念に関する定義および議論（本書におけるこの部分は最終的に、死の問いを可能なかぎり体系的に吟味することへと帰着する）
Ⅲ　以上を踏まえたうえでの、無神論と有神論に関する議論
Ⅳ　無神論（の吟味）と哲学との関わりに関する手短な吟味

いずれにせよ、一九三一年以降、若きコジェーヴは完全な「知の体系」を記述するという目論見を抱くようになるが、この「知の体系」の完結性そのものが、その真理性を原理的に保証するもののひとつであり[18]、その核心部にある問いは、人間と神との関わりという問いである――あるいは、より正確には、無神論と有神論との関係という問いである。この問いの吟味の内容がどのように展開されるかを見てみよう。

草稿の内容

ここではもちろん、コジェーヴが無神論を有神論との関わりにおいて論じている内容を「要約する」ことが重要なのではない。レジュメや言い換えは、著者がこの草稿に込めた正確さや意味や力強さを失わせるだけであり、いくつかの要点を曖昧にすることにもなる。ここでは、『無神論』の骨組みの要となるい

くつかの決定的な点を列挙するにとどめたい。これらの点は、次の三つと関わりがある。(1) 人間と人間が「神」と呼ぶものとの関わり、(2) この関わりを通じて、人間が自己自身へと立ち戻ること、(3) 以上の二点から帰結するいくつかの人間学的含意。

こうしてわれわれは、本書の内容を同じ哲学者の後の作品と見比べながら検討する準備が整うことになる。

人間と神との関わり

コジェーヴにとって、無神論が何らかの意義をもつのは、そこに世界への問いが含まれるかぎりにおいてであり、この問いゆえに、無神論者は、世界としての世界の与えられと、世界および自己自身にとって他なる「何か」、ある者たちが「神」と呼ぶ「何か」とのあいだで均衡を保つのである。言い換えれば、本書において、無神論は、人間を神に向かわせる宗教という意味での有神論と対立する態度としての意義しかもたない。ところで、ここでの有神論の神は、異教の非人格的神や神々ではなく、西洋の啓示宗教の神でもなく、ましてや仏教における神の端的な不在のことではない[19]。それは、〈他なるもの〉、まったき他者として定義される神であり、この「〈何か〉」は人間ではなく、この世でもなく、この世に帰属する「何か」でもない――それは逆に、これらすべてのものの外部にある「何か」である。ここで問題となる無神論はそれゆえ、人間と世界からなる全体の外部に何かがある（有神論の立場）のか、それとも何もない（無神論の立場）のかという問いに対して、それが与える否定的な回答によって特徴づけられる[20]。

『無神論』の哲学は、世界内の三つの対象を区別する。(1) 世界内人間、(2) 世界内にあって人間ではないもの、(3) 人間でも世界でもなく、それゆえ「人間を含む世界」の「外部に」「ある」もの。問題はまさしく、この三番目の対象系列が有意味であるか否かである。本書の最初の五分の一は、まさしくこの点で、有神論と無神論は宗教として明確に区別されるという事実の発見に費やされている。

　有神論者とは、自己自身と自己がそこで生きている世界とからなる全体の外部に何かがなお存在すると考える者であり、それに対して無神論者とは、このような全体（そこにはもちろん、他の人間たちが含まれる）の外部には厳密な意味で何もないと考える者であるということを、コジェーヴとともに認めることにしよう。それでもなお、有神論者であれ無神論者であれ、およそすべての人間が、こうして世界でも世界内人間でもないものとの関わりのもとに置かれるという事実は残る。有神論者であれ無神論者であれ、さきの定義に従えば、人間はつねに自己を世界の外部へと導く「道」におのずからあるのであり、この「道」を著者は「神への道」と呼ぶ――無神論者にとっては無への道であり、有神論者にとっては何かへの道である。ところで、世界の外部へのこうした企投こそは、『無神論』のコジェーヴが特殊に宗教的な現象と見なしている当のものである。言い換えれば、すべての人間は、コジェーヴによれば初めから宗教的であり、自己をそこへと向けて企投するところの世界の外部は、そのあとから「神」と呼ばれる何か、あるいは無と見なされるのである。

　以上のことを認めたうえで、神へのこの普遍的な道がいかにして開かれるのかを問うことができる。この問いによって、本稿の問題関心の第二の領野が開かれる。

神の問いから生じる人間とそれ自身との関わり

世界にとって疎遠なものが引き起こす不安は、コジェーヴによれば、人間をこの世の外部へと導く感情の源泉である。だが、この不安の感情は、人間が抱く最初の感情というわけではない。人間が世界に対して抱く最初の感情は、なじみ深さの感情である。世界（そこには他の人間たちも含まれる）との日々の相互作用において、人は誰しも自分のまわりに諸々の事物や人間が存在していて、自分がそれらとともに生き、それらと相互作用していることは疑いないという揺るぎない確信を抱いている。だが逆に、事物や人間の揺るぎない確固たる存在が消え去ってしまう可能性を暗示するあらゆる経験――換言すれば、「神秘的」と呼びうるあらゆる出来事――は、「普通に」存在するものとはまったく別の何かが世界内に存在する可能性を人間に開示する。この種の経験はすべて、事物が現にそうあるところのものではないかもしれず、現にそうあるところのものとして存在するのではないかもしれないということ――つまり、それらは端的に存在していないかもしれないということを示唆する。存在するものが存在しないかもしれない、あるいは、それが現にそうあるところのものではもはやないかもしれないという事実は、人間を事物と人間のなじみ深さの外部へと企投することによって、この人間を世界の外部へと企投する。つまり、コジェーヴによれば、人間が生きているこの世界にとって「完全に他なる」何かに向けてということである――この「何か」を有神論者は「神」と呼び、無神論者は「ないこと」または「無」と呼ぶ。

もし人間がこうして「完全に他なるもの」へと開かれることがあり得るとすれば、それはしかし逆説的な仕方によってである。なぜなら、世界内に存在するかぎりで、彼はこの世界とそこに含まれるもの一切との相互作用を行うのみであって、「完全に他なるもの」とは相互作用しないからである。とすれば、この「完全に他なるもの」は、世界内に完全には存在していない人間の一部分に対して与えられるのでなくてはならない。つまり、有神論者の神または無神論者の無として人間に与えられるものは、コジェーヴによれば、この人間自身の一部ではあるがしかし、この人間のなかの「世界内人間」に相当する部位とはまったく別の部位に対して与えられるのである。コジェーヴは、人間のなかにこの世のものではない何かが立ち現れるというパラドックスを、「与えられ－ないことの与えられ」のパラドックスと呼んでいる。人間は、世界のただ中にあって、与えられの性質をもたない何かの存在が与えられる者なのである。[21] このような存在がどこで、またいかにして人間に与えられるのかという問いに対して、著者は次のように答えている。この与えられは、人間が自己自身の来たるべき死について抱く意識に由来すると。[22]

人間は誰しも、自分がいつの日か与えられないくなることを知っている。すべての「世界内」人間はそれゆえ、世界外のものとしても自己自身に与えられる。有神論者によれば、神と合一するのは自己の内なる「魂」であり、無神論者によれば、自己の死において自己はまさしく無となる。この差異は、『無神論』においてそれがまさに有神論者と無神論者とを分かつ究極の差異であるほどに重要なものである。前者は、自己が生きるこの世界の外部に存在する何か、そして、自己の死後に自己自身の一部がそこへと向けて合一するところの何かについての直観をもつのに対して、後者は、自己が生きかつ死んでゆくこの世界の「外部には」何もないという直観をもつ。死にゆく有神論者は、われわれの住まうこの世界を「離れて」神の「世界」に参入するが、無神論者は、この世界を離れたあとはどこへも行かない。[23] 始まり（有神論的な）としてであれ終わり（無神論的な）としてであれ、自己の死の瞬間は、人間にとって唯一無二の契機であり、自己の実存の意味にとっても、その実存によって自己がなすところのものにとっても、特異であると同時に決定的である——何よりもそれは、人間を自己自身についての意識に目覚めさせる契機に他ならない。

この時期以降、コジェーヴの考えではこのように、人間の自己意識は、自己の死の自覚、または自己の有限性の自覚と同じものになる。[24] 言い換えれば、神学的にも哲学的にも、人間による人間の認識はその可死性と不可分である。やがて到来する自己の死を自覚している有神論者や無神論者は、自分がそれまで

「ある」という揺るぎない確信のもとで出会ってきた世界がいつ何どきでも消え去る可能性があることを確信している。彼らは、自分たちの生存を可能にしているこの世界が同時に自分たちを抹殺することもあり得るということを知っている。世界内に存在するすべてのものが突然なくなってしまうかもしれないという事実認識は、こうして人間的生の不安を規定している。それに対して、恐怖の感情は、人間のまわりにあるものがいつでも消え去る可能性があるという事実にではなく、自己自身が遅かれ早かれ消え去るという事実に根ざしている。いずれは消滅するという自己自身の宿命は人間を恐怖させるが、事物の還元不可能な不安定さは、人間を間接的に自己自身へと立ち返らせることによって、人間を不安に陥れる。

いくつかの人間学的帰結

人間が自己を真に自覚することは、稀であるとはいえ、[25]やはり決定的なことである。その意味で、自殺の可能性は、人間が自己の死を自ら選ぶという比類なき可能性であるかぎりで、人間そのものを顕在化し、現実化する。[26]なぜなら、人間は、自己が自殺し得るということを理解することによって、自己がそうしないこともできるということを理解するからであり、一方の、定義からして有限な自己の〈存在〉と、他方の、自己が自殺を遂げた場合にそこ「へと」自己が「移行する」はずの〈無〉または〈何か〉とのあいだに〈差異〉を発見するからである。[27]もっとも、有神論者は、死後に自分が世界外人間として「生きる」ことを確信しているのだから、自分が生きているこの世界の外部に何かが存在することを彼に教示するものは、最終的には彼の有限性の与えられではない。世界外の存在についての彼の直観は、彼にとっては逆に、自己の有限性の自覚に先立つものであり、そのとき彼は、この有限性を単に厳密な意味での死としてーーつまり他界への、神の世界への移行として解釈している。その反対に、有神論者から神の世界へと移行するもの、彼の魂は、「此岸」の世界のものにすぎない自己自身の部分に終止符を打つことを選択することができる。有神論者は、死にゆくなかで自己の魂へと還元され、この魂は、神の傍らで自己を全うするのである。

こうした事態は、無神論者にとってはもちろん決して生じないし、無神論者が自殺しないという選択をすることは、自己の生がひとたび全うされたあかつきにはもはや自分は存在しなくなるという確信のあらわれでもある。したがって、無神論者は、自己の有限性を自己の実存にとって何にもまして重要な意義をもつ出来事として生きる。なぜなら、いかなる始まりでもあり得ない彼の生の終わりは、端的に彼の最後の「瞬間」だからであり、彼はそれがおのずと到来するに任せるか、その到来を自ら早めるかのいずれかの選択を自由に行うからである。

無神論者はこのように、有限であるがゆえに自由な個人の類型そのものの定義であり、『ヘーゲル読解入門』において出会われるのもこの類型である[28]。それに対して、有神論者は、『無神論』の人間学におけるもう一方の項の定義であり、それは人間の内なる魂の存在の肯定によって特徴づけられる。そして、この魂は、「世界内[29]」に存在する人間的部位を生きさせるか否かの選択を行うのである。

『無神論』の人間学

有神論者であれ無神論者であれ、すべての人間はこうして最終的に、一方では魂として、他方では無として、自己がいつ何どきでもそうなる可能性があるところのものとの差異において、「外部」から与えられるものとしてそれ自身に与えられる。これが、神の問いに対してコジェーヴが与える回答の人間学的様相であり、この神の問いは、「神への道」の同定に始まり、人間の人間性または人間の自己意識が根ざしている「場所」としての死の問いに至りつく。人間が自己の死を意識するという意味での「神への道」は、およそ人間性の生きた源泉である。『無神論』の人間学はこのように、「神」の探究としての有神論的直観を人間理解のための基底として位置づけるが、この探求はさらに、『無神論』の人間学が無神論的人間学と有神論的人間学に二重化することとそれ自体を動機づけてもいるのであり、この二重化は、コジェーヴがその著書の冒頭からとりわけ念頭に置いていることである。[30]

実際、『無神論』は——少なくとも黙示的には——完全な人間学をもっており、それは、存在、無、神、われわれが生きるこの世界、この世界の「外部」を含んでいる。そこには、形而上学と神学の双方の土台、さらに神学の形而上学の土台がある。その人間学は、人間の経験的実存において作用するトーヌス〔緊張〕(なじみ深いもののトーヌス、揺るぎない確信のトーヌス、不安をよびおこす未知なるもののトーヌス……)[31]の諸類型を差異化することによって構築されている。その萌芽状態ではなくその展開に着目して考えれば、それは、この時期から明らかに『存在と時間』の分析とフッサールの現象学に依拠していると言うことができる。[32]

ところが、あらゆる予想に反して、『無神論』のもっぱら形而上学的または存在論的な探究には、人間それ自体がなお欠落している。[33] 換言すれば、われわれがいましがた確認したところとは裏腹に、『無神論』は真の意味での人間学を提示していないのである。

その理由は何よりも、ここで問題となる有神論的態度と無神論的態度という二つの態度のあいだの論争がいまだ「抽象的」なものにとどまっているからであり、他方で、コジェーヴいわく、有神論と無神論との対立は「具体的な」、すなわち「完全な」人間に関わるものであって、経験的な実存から切り離された抽象的な「理想（理念）」に関わるものではないからである。[34] もっとも、「〈知の体系〉」の存在論それ自体は、それだけを取り出して考えた場合にはなお不十分なものにとどまるだろう。なぜなら、それはそれ自身の存在を説明できないからである。とすれば、『無神論』の人間学が不十分であるのは、われわれがいましがた特定した理由とはまた別の理由によってである。事実、『無神論』の人間学が不十分であるのは、それが人間による人間との出会いという出会いの最たるものの根拠を示さないからである。

*

人間が人間と出会うということは、同じものが他なるものとこの世で出会うということである。ところで、この世の外部の他なるものという問いは、『無神論』において明示的に提起され、論じられているが、この世の内部の、そして無神論者にとっての他なるものという問いはそうではない――あるいは、明確には、またそれ自体としては提起されていないし、論じられてもいない。[35] だから、ここでは単に「具体的な」人間が論じられていないというだけでなく、人間が「世界内人間」たるかぎりで互いに取り結ぶ関係もまた謎のままである。

他方で、人間はそこでは、他の人間をアナロジーによってのみ認識すると見なされている。

「他における私」または「他における自己意識」は形容矛盾である。もし他の（または何であれ何かの）意識が私に直接に与えられることができるとすれば、他の自己意識は単に「アナロジー」によって私に与えられるか、または私にまったく与えられないかのいずれかである。「あなたの場所にいる私」は、「あなたの場所にいる私」と言う意味ではなくて「あなたの場所にいる私」、つまりはあなたではなくて私、という意味なのである。したがって、「他の私」は非‐与えられの様相のもとでしか与えられることができない。あるいはお望みであれば、この非‐与えられを、たとえば自動人形のようなものとは異なる他の人間の直接的な与えられと呼んでもよい。よくエクスタシーにおける「魂の合一」ということが言われるが、そこには本当の意味での自己意識は存在しないのである[30]。

私はこの世で他なるものを真の意味で認識することはけっしてないし、それがこの世に帰属する何らかの「何であれ何か」が与えられるようにこの私に与えられることはないということを除けば、それがまさにそうであるところの「これ」の何たるかを私が本当の意味で知ることはない。私はつねに自己自身のなかに「閉じ込められて」いるし、またそうあり続けるのである。

他方で、もし世界内に人間なるものが存在していることによって私が安堵を覚えるとすれば、それはこの世界のなじみ深さのせいであり、またそれによってのみである。

　人間［…］と世界［…］とに共通するものは、第一に、私に対してつねに何かが与えられてあるという事実によって開示される。これらの何かは、それらが私に与えられるという点で私とは区別されるにもかかわらず、その質的内容の点では（この内容のすべての様態においてではないにせよ、少なくともその主だったトーヌスにおいては）私と同じである（あるいは少なくとも類似している）。これらの何かとは他の人間たちである。私は、私の外部で他の人間たちと出会うことで、この世界を私にとって完全に疎遠な何かとして、他なる何かとして、私自身であるところの何かとは根本的に異なる何かとして知覚することをやめる。私は「空虚な」世界を恐れるかもしれない、つまり、それは私にとって「疎遠なもの」と映るかもしれない。だが、この恐れは私が他の人間と出会うやいなや消え去る（あるいはまったく別のものとなり、対象なき不安は敵を前にした具体的な恐れへと変化する、等々）。私は、私の恐れが根拠のないものであること、世界が最初にそう見えたほどには私にとって疎遠ではないということをただちに見て取る［…］。

他人と私が私に与えられる形式は多様であるが、にもかかわらず、［これらの与えられの］［…］質的内容の類似性ゆえに、私は他人と出会うさいに自分とこの者とが共通しているという感情を抱く。だが、人間的でない世界について言えば、そこには与えられの形式の差異に加えてさらに質的内容の差異もあり、ときには存在様式それ自体の差異さえ存在する（［…］つまり、この世界に存在するのは単に鳥や石ばかりでなく、ケンタウロス、対数、等々もまたそうだということである）。だが、私がこうした共通性の感情を抱くとき、また私がこの共通性を感じ取っているかぎりでは、私は不安ではない。(37)

私自身の単なる類同物としての他の人間たちは、私にとって世界内の私自身とおなじものであり、世界内の私自身に立ち現れているものであって、そして単にそれだけである。それらはしたがって私にとって、つねに、かつ矛盾した仕方で、本質的に友であると同時に見知らぬ者である。

別の言い方をすれば、私によって、また私にとって不安を与える未知のもののトーヌスの原因と見なされるはずの当の者は、かえってむしろなじみ深い親密性のトーヌスの原因と見なされるということである――その背景には、私の「同類たち」に対する私の根本的で逆説的な無関心がある。言うまでもないことだが、もしこれらの可能性がともに真実であるとすれば、そこに含まれる矛盾は取り除かなくてはならない。『無神論』ではこの難点が説明されていないので、そこでのコジェーヴはなお自己の人間学の総体を詳細に描き出すに至っていない。ところで、およそ完全な人間学はそこに政治哲学（それはときに哲学的政治をも含む）[38]を随伴しているものである。したがってこう言うことができる。『無神論』の著者はなお政治哲学をもたないと。[39]換言すれば、『無神論』の著者は、この著作に取り組んでいた時点ではなお、ある意味で、ひとがときに――とどのつまりは「無のために」――労働し闘争しなくてはならないこの「世界の外部」にあったのである。

同じものと他なるものとの関係にまつわるこの矛盾を、人間なるものからじかに消去してみせるのが、いわゆる否定性の人間学ということになるだろう。この人間学は、『無神論』においてすでに確立していた視野を継承しながらも、それをはるかに超えていくことになる。つまり、『無神論』のコジェーヴと『ヘーゲル読解入門』のコジェーヴとのあいだには、承認をめぐる純粋な威信を賭けた闘争が存在するのであり、この闘争は、無神論者の無、それまではわれわれが生きるこの世界の「外部に」しか「見いだされ」なかった無を、地上へと連れ戻すのである。『無神論』におけるアナロジーはこうして、人間たちの〈闘争〉と〈労働〉に場所を明け渡すことになる。

青年コジェーヴの思想と『ヘーゲル読解入門』の著者の思想とのあいだに見られるこうした本質的な差異は、人間を「神への道」に向かわせる動機づけに関して『無神論』の著者が示す一定の留保に現れている。彼はたしかに、人間が自己の死を自覚することが神へのあり得べき道のひとつであると何度も繰り返し強調しているが、それはしかしあり得べき道のひとつにすぎないのであり、明らかに唯一の道ではない。[40]『無神論』が死に対して与える重要性にもかかわらず、死はそこではやはり、人間が自己の人間性へと至るためのただひとつの逆説的な通路としてはなお捉えられていない。さらに、われわれがさきに見たところから次のことを導き出すことができる。本書には殺害に関する記述が見られるが、[41]そこには本当の意味での敵という概念が存在しない、と。このように、『無神論』においては、死の相対的な重要性と人間なるもののなじみ深さとが対をなしているが、〈書物〉においては、死だけが人間化作用をもつという意味での死の近しさと、人間なるもの同士の厳密な意味で徹底した対立とが対をなしているのである。

一九三一年以降に素描される無神論の無神論的哲学はこのように、『無神論』における「肯定性」よりもむしろ、ヘーゲル的否定性のほうにより深く根ざした人間学をもつと見なされる。「〈知の体系〉」それ自体においてもやはりそうなのだろうか？　この問いに答える前に、『無神論』の著者が当時たどっていた道ゆきがどのようなものであったかを指摘することをもって、『無神論』の内容の検討をしめくくることにしよう。

『無神論』以降

上記の二重の人間学の素描をもとに、コジェーヴは有神論的態度と対立する無神論的態度の特徴を抽出し、有神論的直観に関する有神論的解釈と無神論的解釈、無神論的直観に関する有神論的解釈と無神論的解釈とをともに提示する。この吟味によって、以下の三つが導かれる。(1) 有神論と無神論の問いは、存在論的平面においては、無限の問いに等しいということ、[42] (2) すでに見たように、有神論と無神論の関係を論じることは、それが生きた具体的人間[43]を前提していないために、ここではなお一般的で抽象的であること。してみれば、作業は少なくとも二つの方向で続けられなくてはならない。すなわち、一方では、存在論をより深化させる方向において、他方では、有神論と無神論という二つの宗教的態度の関係が前提している人間を具体的かつ政治的に定義するという方向において。(3) 最後に、有神論と無神論が宗教的態度のあり得べき二つの類型そのものであるという言明、すなわち、およそ人間は、好むと好まざるとにかかわらず、ある意味ですべて宗教的であるという言明を正当化しなくてはならない。当初予想された作業は、この言明の正当化を含んでいたはずである。

述べたように、コジェーヴはこの計画を実行に移すことがなかった。一九三一年に書かれた『無神論』は未完に終わり、それは著者によって「公表が禁じられて」さえいる。(44) それに取って代わったのが「ヘーゲル的〈知の体系〉の〈改訂〉」であり、それもまた、『無神論』と同様に、人間の一般理論を提示することによって完全な作品たらんとしている。してみれば、この作品を書くことは、「充実した生」を生きる人間の哲学を完成させることである。なぜなら、彼はこの世で理解しうるすべてのことを理解し、かつ、そう言うからである。この「知の体系」とはいったい何か?

「知の体系」

〈承認をめぐる闘争〉

ヘーゲル哲学における宗教に関するコジェーヴの講義は、来たるべき「ヘーゲル的〈知の体系〉」の前触れである。この講義は事実、そのすべてが『精神現象学』の解釈に充てられている。それは、この作品を順を追って体系的にたどりながらそこに注釈を加えていくものであるが、にもかかわらず、主としてそれは第二節第四章、「自己意識」についての章を軸に構成されている。コジェーヴはのちに、その著作のさまざまな箇所において、彼がヘーゲルから、とりわけその政治哲学や自然哲学、すなわち、その存在論から著しく逸脱してしまっていることを自ら認めている。われわれが解説しているのはコジェーヴであってヘーゲルではないのだから、コジェーヴの思想がどれほど自らをヘーゲル的であると喧伝しようとも、ここではコジェーヴ自身の思想的見地に拠って立つことが何よりも重要である。

『ヘーゲル読解入門』の著者は、その人間学の根幹を『精神現象学』第四章から引き出している。一九三一年に『無神論』において素描されたところとは逆に、人間はここでは厳密に無神論的な観点からのみ定義されている。そこでは、コジェーヴ的な意味で人間的であると言えるのは、所与の存在の水準にとどまっていない者だけである――『無神論』の表現を用いれば、こう言うことができる。人間的であるのは、何らかの仕方でわれわれが生きるこの世界の外に身をおく者だけであると。だがその場合、次のことを見てとることは容易である。もしわれわれが無神論的であって、しかもなお、人間的なものは所与の世界の外にあるという主張をあくまで貫き通すならば、人間なるものは、厳密に言えば、まったく存在しないということを。なぜなら、無神論者は自己の住まうこの世界の外にはいかなる存在も認めないからである。コジェーヴが人間を欲望として定義づけるさいに述べていることは、まさにこのことに他ならないが、この欲望はしかし、世界に帰属する何であれ何らかの対象と結びついたものではない[45]。要するに、人間が真に人間的であるのは、われわれが生きるこの世界の内部では与えられない何かを彼が欲望するときだけである。彼が厳密な意味で人間的になるのは、この世に「現前している」にもかかわらず不在であり続ける何かを欲望するときだけである。このような可能性は、他なる欲望を欲望することにおいてのみ、またそれによってのみ、現実化される[46]。この人間の人間性はいかにして生じるのか?

コジェーヴの議論の核心は、ヘーゲル的な承認の弁証法に基づいている[47]。その哲学的行程の最初から最後まで、人間の自由はコジェーヴにとって一個の事実である。したがって、それは人間学的、科学的、または存在論的な何らかの前提のいずれからも「演繹」されない。ところで、彼が『精神現象学』に加えた注釈によれば、他の人間の欲望を欲望することの可能性という意味での人間の自由は、何よりも、純粋な威信をめぐる死を賭した闘争における承認の欲望として顕在化する。われわれがさきに言及した点からすれば、何であれ何らかの対象（食物、雌、または狩りのなわばり）の獲得をめざして開始される闘争はいずれも動物的な闘争の域を出ない。なぜなら、欲望はそこでは所与のものを目指しているからである。それに対して、闘争をひきおこす者が、自己の人間性を承認させるためだけにひきおこした闘争は、人間のもつ不可視の無が人間によって承認されることを目指す闘争である。それ自体としては決して与えられてあるものではないがゆえに「存在しない」ものを感受させる唯一のやり方は、人間なるものを人間化するこの「無」を自己自身のうちに含んでいることを他者に承認させることである。してみれば、人間の人間性の始まりは、自己自身のうちにこの世のものではない「何か」が秘められているという事実そのものを、いかなる代償を支払ってでも承認させることを目指す死を賭した闘争のうちにある。なぜなら、世界の外部にある自己を提示するただひとつのやり方は、恐れをもたずに死ぬことができるということ、すなわち、無への移行をものともせず、それをあたかも自己のもとへの移行であるかのようにあしらうことができることを見せつけることだからである。換言すれば、人間にとって、自己が人間的であることを顕在化させる唯一のやり方は、死に立ち向かうことによって、自己があたかも自己本来の「場所」にあるかのごとく死の境位に身を置いているという事実を他者たちに承認させることができるということを、証明することである。人間が真に人間的であるのは、競合する他者たちに死を賭して立ち向かい、まさにそうすることによって、自己が人間的なものとして現実化されるということ——すなわち、実存の与えられた条件すべてを「乗りこえた」者として逆説的に現実化されるということを、示すことによってのみである。

こうしてコジェーヴは、『精神現象学』第四章の解釈を通じて、ただ承認だけのために、あるいはただ威信だけを求めて死を賭した闘争を行う決断を下すことこそ、ホモ・サピエンスという種に属する者たちにとって、他の何ものにもまして人間発生的な行為に他ならないのだと結論づける。[48]〈世界史〉は、まさしくここから始まるのである。なぜなら、〈世界史〉とは、闘争しつつ生きる人間の歴史に他ならないからである。

コジェーヴが理解するような意味での〈歴史〉の展開をここで語りなおすことは適切でないし、その必要もない。若干の考察のみで、その骨組みを十分に描きとることができる。

第一に、複数の人間が承認欲望にあくまで固執し、そのために死を賭して闘争するならば、いつかはこの関係の両項の一方が失われることになるだろう。なぜなら、この戦いのなかで二人の戦士のうちの少なくとも一人は死ぬからである。ところで、〈歴史〉があるためには、複数の人間同士のあいだに関係がなくてはならない。つまり、この〈闘争〉は、少なくとも一度は、戦いの当事者のいずれか一方の死によって決着してはならない。つまり、戦いの当事者の一方が戦いを放棄するのでなくてはならない。[49]このとき、戦いを放棄したものは勝者の〈意志〉に服従することによってこの者の〈奴隷〉となり、勝者は戦いを放棄しなかったがゆえに、闘いを放棄した者にとって事実上の〈主人〉となるのである。〈歴史〉の最初の契機は、〈奴隷〉が〈主人〉の〈命令〉によって執り行う〈労働〉によって特徴づけられる。そしてそれ以来、この〈主人〉は〈奴隷〉によって手なづけられ、支配され、変化させられた自然を享受することになるのである。

しかしながら、このときまさに〈主人〉は〈奴隷〉に対する支配を喪失する。なぜなら、〈奴隷〉は自然を統御するすべを身に着け、この〈労働〉によって自己を変化させるからである。それゆえ、人間発生的〈闘争〉が第一段階において〈主人〉を自然的所与から解放するとすれば、第二段階においてそれは、〈主人〉を〈奴隷〉が獲得する世界とその法則についての専門知識へと従属させることになる。〈奴隷〉はこのようにして、〈主人〉とあらゆる所与とからの自己の決定的な解放を準備し、遅かれ早かれそれを実現する。なぜなら、〈奴隷〉は自らの〈労働〉によって専門知識を獲得し、それが〈奴隷〉の自己自身に対する自覚を目覚めさせ、さらには諸事物を支配することへと〈奴隷〉を目覚めさせるからである。〈奴隷〉が自己自身について抱く自覚は、遅かれ早かれこの〈奴隷〉をして次のような確信に至らしめる。〈主人〉は自分自身よりも「価値がある」ものではないと。ただし、このような確信が真実であることを〈奴隷〉が証明できるのは、彼を当初服属せしめた当の〈主人〉自身に対して彼が死を賭した闘争を挑むことによってのみである。象徴的にも現実的にも、フランス革命こそはコジェーヴにとって、〈奴隷〉をかつての〈主人〉から解き放つ役割を果たすものであった[50]。この革命の意味から諸々の帰結をひき出すことによって〈歴史〉を終結させるナポレオンは、コジェーヴによれば、〈主人〉となった〈奴隷〉がかつての〈主人〉に対して収めた最終的な勝利を単に追認するものでしかないのであり、このかつての〈主人〉たちは、闘いによって、あるいは、彼らの〈奴隷〉たちのもつ専門知識に次第に従属させられていくことによって消去されたのである。このとき、一方も他方ももはやなくなり、これ以降、万人が所与の自然からも勝利者からも最終的に解放された世界で生きることになる[51]。マルクスはこの契機を、人間による人間の支配から事物の管理への移行として定義することになるだろう。

*

コジェーヴが長年にわたって非難を浴びせられたり、ときには恐れられたりしたきっかけとなったこの

〈歴史〉解釈は、単純すぎると見なされることもあれば、「過激」とさえ見なされる場合もある。なぜなら、もしコジェーヴが正しいとすれば、彼とともに、人間発生とその成就の帰結として次のことを引き出さなくてはならないからである。『精神現象学』の、『精神現象学』による思考された〈歴史〉は終わっている、と。承認を求める死を賭した〈闘争〉による人間化のプロセスは、〈奴隷〉の〈労働〉によって促され、補完されることによって、〈普遍等質国家〉という〈歴史〉の究極の政治形態のプロジェクトをすでに生み出している。この〈普遍等質国家〉においては、人間は互いに〈主人〉でも〈奴隷〉でもなく、各人が主人であると同時に奴隷である。なぜなら、そこでは万人が自由であり、かつ、のりこえ不可能な普遍的〈法〉体系の当事者だからである。[52] この〈国家〉の社会的同質性は、人間が「自然的」所与を支配していることの表現であり、その政治的普遍性は、各人の還元不可能な個体性が普遍的に承認されてあることの現実化である。それ以降は、自然を支配するためになすべき努力はもはや存在せず、同様に、ある者が他の者をそれによって、それのために統治するところの社会的階級や政治的階級ももはや存在しない。原理的に互いに公平である各人は、他者を統治することによって、自己自身を統治するのである。

*

コジェーヴは、その哲学者としての時間（彼は一九四六年から一九六八年まで対外経済関係局の役人としても働いている）の大半を、以下の論証に費やすことになる。彼が提案する人間の定義の諸々の帰結が、一見そう懸念されるほどには絶望的なものではないのはなぜかということ——そして、未来の可能性としての生はなお有意味であり続けるということを。さきに指摘したように、彼はとりわけ、人間なるものの〈歴史〉の〈最終国家〉（および最終状態）において全的に発展し尽くした〈法〉としてあるところのもの、または、いずれそうなるはずのものについての完全な素描を描きだすことになる。だが、それだけではない。

『ヘーゲル読解入門』において「〈永遠〉、〈時間〉、〈概念〉に関する注記[54]」として素描されていたコジェーヴの歴史人類学の哲学的な基礎は、一五年ほどのちに「〈知の体系〉の〈改訂〉」として結実することになる。ところで、この基礎は、『ヘーゲル読解入門』以来論じられるようになった否定性の人間学のもっぱら無神論的な方向性を確認している。こうして、アレクサンドル・コジェーヴニコフがコジェーヴになればなるほど、彼はますます『無神論』の立場から遠ざかってゆくが、その『無神論』は、著者が無神論と銘打っているにもかかわらず、なお有神論と無神論のいずれからも等しく距離を置いている[55]。「〈知の体系〉の〈改訂〉」において、「形而上学的」な意味で問題となるものが何であるのかを手短に検討してみることにしよう。

「〈知の体系〉の〈改訂〉」

さまざまな理由から、プラトンこそは、コジェーヴによれば、真の意味で語ることができた最初の哲学者である。もっとも、それは最終的に論駁されることになるのだが[56]。プラトン以前においては、コジェーヴいわく、哲学者たちは、世界についての真理（タレス）を述べる意図を表明したり、こうした真理を見出したと主張することはあったけれども、そのうちのある者はしかし、万物の語り得ない原理を無言のうちに観照するために沈黙し（パルメニデス）、別の者は、われわれが生きる時間的世界の絶えざる変転についてとめどなく語り続ける（ヘラクレイトス）。換言すれば、プラトンはコジェーヴによれば、世に知られた哲学者のうちで、一方の観照的〈沈黙〉と他方の際限ない〈おしゃべり〉とのあいだで（少なくとも一時は）均衡を保ちえた最初の者である。彼がこの無謀な賭けに成功したのは、ヘラクレイトスのように、われわれにできることは世界の絶えざる変転を語ることだけだと主張したり、パルメニデスのように、世界の〈原理〉は世界の感覚的な現れとは何の関係もないと主張することで満足せず、感覚的事物と世界の原理とのあいだには、〈言説〉を受容し得る事物の「段階」があると主張したからである。換言すれば、万物の語り得ない原理と一体化するパルメニデスの〈沈黙〉と、絶えず流転する事物について際限なく語り続けるヘラクレイトスの〈おしゃべり〉とのはざまにあって、プラトンの〈言説〉は（相対的に）妥当な仕方で「〈イデア〉」について語るのであり、この「〈イデア〉」は、大河のように流れゆく生のなかにあるものではなく、意味あることを何ひとつ語ることができないまま、ただそうあるようにあることで満足する沈黙の永遠のなかにあるものでもない。コジェーヴがこの点について語るところを検討してみよう。

*

　ひとが何かについて語るとき、ひとはそれについて語るのとまったく同じくらい必然的にそれについて語る。換言すれば、何であれ何かに関する言説はすべて、少なくとも二つの要素を含んでおり、それらはいずれかの仕方で関係づけられている。ひとがそれについて語るところの事物と、この事物について語る言説との二つである。とすれば、何かについての言説が存在するためには、この言説は、それが語るところの事物と同じものではないのでなくてはならない。つまり、(1)ひとがそれについて語るところの何か、(2)この何かとは別のものである言説、(3)この何かとそれについて語ると見なされる言説とのあいだの何らかの関係、これら三つが存在しなくてはならない。この関係とは何か？

何かについて語るということは、それについての観念を言説的に展開することに等しい。換言すれば、何かについて語ることができるためには、この何かの意味をもつ少なくともひとつの観念がこの何かに対応していなくてはならない。他方で、われわれは何かを、同じ意味をもつあらゆる種類の語によって指示することができる。たとえば、「犬 chien」は *dog* や *perro* とも言われる。このように、ひとつの観念に対して、恣意的な（それゆえアプリオリに決定できない）数の支持体ないし形態素が対応している。

逆に、もしひとがある動物を飼っていて、それがたとえば犬である場合、一般にひとはそれが猫ではないことを知っている。現に存在する飼い犬が魔術的な仕方で猫に変化し得ることを認めないかぎり、犬は猫ではない。それゆえ、現に存在するどのような犬も、まさしく犬である。すべての犬は「犬」という種の一員であり、それゆえ、持続においても延長においても変化しない独自の本質と呼びうるものに結びついている（私の犬は、今日はかごの中にいて明日は森のなかにいようと、つねに犬である）(57)。こうして、あり得べき支持体の（または形態素の）際限なさを許容する観念の意味とは反対に、この意味に対応する事物の本質は、この事物と「一対一」で、すなわち、それ以外には還元できない仕方で結びついている。繰りかえすが、魔術的な出来事でも生じないかぎり(58)、私の犬は猫ではない（し、私の猫は犬ではない）。それに対して、私は、「chat」ということばの意味に（さらには私の猫の本質にも）何ら影響を与えることなく *cat* または *gato* という語を口にすることができる。

してみれば、何かについての言説はすべて、以下のものを含んでいる。ひとがそれについて語るところの事物の実存、この実存に還元不可能かつ変更不可能な仕方で対応する事物の本質(59)、事物を指示する実存する支持体、この支持体の意味、この四つである。こうして、つねに四つの構成要素の組みあわせが得られる。

実存する事物
事物の本質
事物を指示する形態素の意味
あり得べき形態素

これはまた、次のようにも提示できるし、またそうすべきである。[60]

あり得べき形態素
事物を指示する形態素の意味
事物の本質
実存する事物

実存する事物とその本質との結びつきが、他に還元できないものであるのに対して、あり得べきひとつないし複数の形態素とそれらがもつ意味とのあいだの結びつきは、恣意的である、すなわち、際限なく変化し得る。こうして、実存するひとつの事物に対しては、以下のものが対応する。一方で、ただひとつの本質が、他方で、同じくただひとつの意味が、最後に、あり得べき形態素の際限なさが。したがって、言説がそれについて語るところの事物とこの事物について語る言説との関係は、ひとがそれについて語るところの事物の本質を、ひとがそれについて語るために用いる支持体または形態素へと関係づけることによって、実効的なものとなる。
したがって、「真理」がかりに存在するとすれば、それはコジェーヴによれば、事物の本質とその事物について語るための用いられる支持体の意味とのあいだのこの関係に基づくものであるだろう。

*

さて、プラトンの革新に話を戻そう。プラトンによれば、〈言説〉は〈イデア〉の水準にあり、この〈イデア〉は、この世におけるそれらの現れと、〈イデア〉の原理である沈黙の永遠とのあいだに位置している。換言すれば、現象の移ろいやすい多数性には、この現象と関わりをもつ観念の支持体の多様性が対応しているのに対して、万物の原理の不動の永遠性には、この観念の永遠の本質が対応しているのである。とすれば、事態は次のようになる。パルメニデスは、事物の永遠の本質の源泉たる不動の永遠性にしか視線を向けないのに対して、ヘラクレイトスは、事物とそれらをその意味によって指示すると見なされることばの感覚的な現れの際限ない移ろいやすさしか見ていないのだと。プラトンの試みは、事物の感覚的な移ろいやすさと、それらの相対的な安定性とをともに語る〈言説〉を構築することの最初の(相対的な)成功事例に他ならない。そして、哲学の歴史全体は、コジェーヴによれば、事物が移ろいやすいものでもあり、ある意味で知り得るもの、つまり不動のものでもあるのはなぜかを語る〈言説〉へと漸近していくことのなかにある。ところで、この歴史は次のことを含意している。かつては、この世の外部になお見いだされていたプラトンの〈イデア〉が、この世にじかに場所をもつに至り、そして徐々に、われわれがそこで生き、それについて語ることができる世界とは別の世界があるという仮説を廃棄していく、ということを。その理由は、以下のとおりである。

何であれ何かについての言説はすべて、以下のことを前提している。実存する事物の本質は、この事物と双方向的かつ還元不可能な仕方で（すなわち一対一で）結びついているにもかかわらず、この事物の実存から切り離されることが可能であり、それゆえに、何らかの形態素の意味に対応することができるということを――ただし、この事物を志向的に指し示すことによってである。あるいはまた、言説が可能であるためには、事物の本質が、事物の実存から切り離されることができる一方で、その事物と一対一でなお結びついていること、そしてさらに、この本質と関わりをもつと見なされる何らかの支持体を用いることで、この本質に関して何ごとかを言う志向性をもつこと、これらが必要である。ところで、事物がそれ自身から切り離される一方で、それ自身となお同一であり続けるという可能性そのものは、時間であり、そこで観念が意味をもって何らかの形態素に対応することの可能性は、人間の自由である。この言説の可能性の二つの条件を検討してみることにしよう。(1) 時間がわずかでも経過すれば、t^0 という瞬間においてそうであるところの事物は、次の t^1 という瞬間においてもやはり同じものであるが、それはしかし同時にすでに別のものでもある。なぜなら、次の瞬間は現在の瞬間ではないからである。もし、私がある瞬間において皿を観察していて、それ以外のあらゆることが同じであれば、それは次の瞬間においても皿であり続ける（それが、たとえば犬になるというような魔術的な事態でも生じないかぎり）。だが他方で、t^1 という瞬間における皿は、t^0 という瞬間における皿と同じではない。なぜなら、「そのあいだに」時間は経過しており、皿の実存の経験的な条件は変化してしまっているからである。その延長の持続においても、皿は継続的に変化していると同時に、この変化を超えてそれ自身であり続けている。ヘーゲルによって復活させられた中世の長い伝統に従って、コジェーヴは、この皿をその恒常的な変化（実存的な）を通じて同一のものたらしめているものを、この皿の本質と呼んでいる。(61)

さらにまた。私が時間のある瞬間に花瓶をわずかでも壊してしまった場合、t^1という瞬間に割れたこの花瓶は、それがt^0という瞬間においてそうであったところの花瓶であり続けるが、だからと言って、それはそのような花瓶として実存し続けているわけではない[62]。この花瓶の（経験的）実存を超えてこの花瓶において保持されているものは、その経験的実存を差し引かれた花瓶、すなわち、その本質である[63]。わかりきったことだが、たとえば割れた皿について言えば、この皿は割れているのだから、もはや皿としては実存していないが、それでもなお、この皿について語ることを可能にするのは、この保持であり、ひとが皿について語るために用いる支持体の意味は、皿としての皿の経験的実存とは直接には関係ないが皿の本質とは関係があり、皿は、他ならぬこの本質と一対一の仕方で結びついているのである。

以上を要約して言うと、何であれ何らかの言説が可能であるためには、（語の広い、一般的な意味での）時間の先行的「実存」を認めなくてはならないということである。時間によって、事物は過ぎ去り、到来する、すなわち、それらの本質から切り離される一方で、この切り離しそのものを通じて、それらの本質と一対一の結びつきを維持する。かりにも何かが「実存」するとして、それがどこへもけっして移りゆかないとすれば、それに関するいかなる言説もあり得ないだろう。ところで、このような何かは、それについて語る志向性においてのみであるにせよ、「実存する」のであり、それは、たとえば *Hen-Agathon*-*Theos*、*Un*、*Nunc stans*、*Theos*（または *Nous*）――あるいはまた……神、と呼ばれる[64]。なかでも「神」は、観念としては実存するにもかかわらず、端的に言われることができる何ものにも対応していない観念である。換言すれば、「神」という観念に、何であれ何らかの〈何か〉のいかなる本質も対応していないのは、端的に、ひとが語ることができる何であれ〈何か〉のいかなるものも、この観念の対応物ではないからである[65]。それゆえ、言説的知恵の素人からすれば、神－学なるものはあり得ない。たしかに、ひとがそこで生き、それについて語ることができる世界に帰属する何かの一部ではない〈何か〉が存在するという直観をもっていると主張する有神論者の信仰的態度を堅持することはできる。このことは、日々確かめられる。(66) だが、「永遠なるもの」、さらには「永遠」そのものと見なされる神については、語ることができない。なぜなら、ひとが神について語るとき、そこで指示されているものは、この「永遠」に他ならないからである。(67)

言い換えれば、ひとが何かについて語ろうとすれば、この何かは、必然的に人間を含む有限の世界の一部をなしている。なぜなら、さもなければ、それは〈言説〉にとって非-存在となるからであり、非-存在については何も語ることができないからである。したがって、当然のことながら、ひとは最終的に、この世のなかに（すなわち、時間のなかに）経験的に実存するものについてしか語ることができず、この世のものではない（したがって、時間の外部にある）何かについて語ることは、いかなるところでも決してできない。(68)

(2) ここで、次のことを強調しておかなくてはならない。『ヘーゲル読解入門』の人間学が定義するような人間そのものについてもまた、語ることができないということを。なぜなら、そこでは、この人間は無として定義されるからである。この人間について語ることができるのは、この人間がその「存在」（それは存在しない）を所与の存在に刻みこんでいるかぎりにおいてのみであり、この所与の存在について語ることができるのは、人間がその〈労働〉と〈闘争〉を通じて自己をこの所与の存在に自由な主体として能動的に刻みこんでいるかぎりにおいてのみである。それゆえ、ひとが人間について語り、ひとが存在について語るのは、人間が存在のなかで、そこでは与えられないものの自由として自己を経験するかぎりにおいてである。ところで、事物の空間-時間性に加えて、〈言説〉のもう一つの根本条件は、まさしくこの人間の自由であり、それは、「存在する」ものから新たな事物を生みだすと同時に、これらの事物の本質をその意味によって指し示す観念の支持体を恣意的に選択するという二重の可能性として捉えられることになる。もしも観念ごとにひとつの形態素しかあり得ないとすれば、すべての観念は、ひとつの事物の本質に対応するひとつのことばの意味だけでなく、その本質をも直接に指示することになるだろう。また、言語の複数性は説明できなくなるだろうし、人間の創造的行為や、言説がそれについて語るところの事物ともなお異なるものであるという事実も、説明できなくなるだろう。(69)

*

〈言説〉の可能性はこうして、一方では、事物の本質がその実存から切り離されることの可能性を含んでおり、他方では、この事物に関わる観念の支持体が多様であることの可能性を含んでいる。この二重の可能性は、事物の時間性と人間の自由という二重の条件をもっている。ところで、この人間の自由は、人間学的には、さきに見たように欲望の欲望として表現され、現実化されるものであり、人間の歴史性をつくるものである。同様に、事物の時間性は、客観的には、いずれかの仕方で持続し空間を占めることによって経験的に実存するすべてのものに固有の空間－時間として現実化される。(70)ところで、自己の歴史をつくることによって、人間は、自己があらゆる〈言説〉の起源であること、自己の根底には自由があることを理解するのであり、この自由を表現するための条件は、人間が見いだす事物をもとにして人間自身が生みだす事物の空間－時間性である。してみれば、〈言説〉が存在するのは、実存のいまだない条件を空間－時間的な与えられにおいて自ら歴史的に生みだす自由な存在、この〈歴史〉を語り、結局はこの〈歴史〉のみを語る自由な存在が存在するからでしかない。してみれば、さきの図式は以下のように補うことができる。

あり得べき形態素	事物を指示する形態素の意味	事物の本質	実存する事物
人間の自由			万物の空間－時間性
言　説	歴史　概念	真理	時　間

この図式は、「〈知の体系〉」への〈導入部〉となる最も重要な作品の一つのタイトルとして掲げられた三つの観念、すなわち、〈概念〉、〈時間〉、〈言説〉のあいだの関係を示している。持続し延長する所与の世界のなかで自由に行為する人間は、その決定的な現実化が、経験的実存への自由な（戦闘的であると同時に労働的な）介入という意味での〈歴史〉の行き着く果てであるような世界を、その介入の成功（さきに見たように、政治的には普遍的であり、社会的には同質的である国家の現実化）の最終的な仕上げとなるものが、ある者たちによってつくられるその成功の哲学であるような世界を、自ら築きあげる。あらゆる言説の唯一の源泉である人間は、こうして結局のところ、真実には、この世におけるそれ自身の歴史的な行為のみを物語るのである。

とすれば、賢者の〈言説〉が可能であるためには、人間を、時間性によって特徴づけられる世界のなかで生き、かつ行為する自由で歴史的な存在として定義しなくてはならない。逆に、人間の自由と事物の時間性が存在する事実を説明するためには[71]、言説が以下のように組織されなくてはならない。

賢者の〈言説〉が、それが語るところのものを説明するのは、人間の〈歴史〉を語ることによってのみである。とすれば、それは、最終的にはつねに、この世の人間的な世界、すなわち、地上における人間の経験的実存のみを対象とする他はない。ところで、それについて、しかも、それについてのみ語るということは、語られるものを本質的に経験の持続と延長とに関わるものとして定義するということを意味している。このことは、語られるものすべてに共通する存在を、語られるものすべての空間性および時間性として定義することを意味している（またしても、言説は、「永遠なるもの」については強い意味で何も語らない）。それゆえ、もし〈言説〉が真実でなくてはならないとすれば、それは、それが語るところの〈存在〉を、あらゆるものの空間－時間性として定義しなくてはならない。

以上のことから、次のことを導くことは容易である。ひとがそれについて語るところのものすべての還元不可能な実在は、そこで見いだされる事物からなる〈空間－時間〉として定義されるということ、それによって、ひとが〈歴史〉について語りながら語るところの現象の総体は、ひとがそこでそれについて語りながら生きるところの〈世界〉の経験的〈実存〉として持続し延長する（空間を占める）ということが説明されるということを。したがって、最終的に世界内人間の経験的実存についてのみ語る、ただひとつのあり得べき真の〈言説〉は、事物の空間的－時間的な客観的実在（〈空間－時間〉）と、空間－時間性としての事物の可能性との両方について語るのである[72]。

＊

適切に解釈されるならば、プラトンが語った〈イデア〉は、最終的には人間の歴史的行為だけに関わるものであり、それ以外のいかなるものとも関わりをもたない。こうして、〈イデア〉と関わりをもつパルメニデス的な万物の言表不能原理は、存在する〈空間－時間性〉として捉えられる〈存在〉となり、他方で、ヘラクレイトス的なこの世の事物（プラトンは、それから身を引き離すために敢えてそれに言及した）は、あらゆる言説の究極の対象となる。こうして、〈イデア〉があった場所には、いまや〈言説〉の還元不可能な対象が見いだされるのであり、それはつねに、⑴現象の実存の客観的条件としての事物の本質と、⑵あらゆる言説の人間学的条件としての観念の意味とを同時に含んでいる。一方で、事物の持続と延長を可能にする客観的かつ実在的な世界があり、他方で、事物が実在（それらが生み出されるとき）と意味（それらが言われるとき）とを獲得することを可能にする人間の自由な行為（客観的には非実在的だが、客観的かつ主観的には実効的な）の世界がある。われわれの図式は、それゆえ以下のようになる。

あり得べき形態素	事物を指示する形態素の意味	事物の本質	実存する事物
人間の自由			万物の空間－時間性
言　説		歴史　概念　真理	時　間
人間の実効的な非実在			事物の客観的実在

コジェーヴが〈概念〉と呼ぶものの最終的な内容は、人間と世界の事物との還元不可能な出会いであり、この出会いの言説的表現は、事物の本質の言説的表現であり、その本質に対応する観念の意味の言説的表現である。[73]

この二重の出会いから、いくつかの帰結が引き出されなくてはならないが、それらについて、しばし考えてみよう。

〈歴史の終わり〉と〈客観的実在〉

厳密には、「〈客観的実在〉」の二つの形式を区別しなくてはならない。一方で、所与存在としての所与存在の一部をなす事物の客観的実在がある。存在するすべての事物は〈空間－時間〉に帰属しており、物理学の基本法則によって条件づけられている。この法則の最も一般的な表現は、破壊不可能な永遠的要素どうしの還元不可能な二項対立である。[74] だが他方で、自由な行為主体としての人間と所与－存在としての所与－存在の一部をなす事物との相互作用によって規定される客観的実在がある。言い換えれば、物体間の還元不可能な物理学的二項対立に加えて、人間と人間が見いだし変化させる所与との逐次的対立がある。〈自由〉としての〈人間〉と所与存在を構成する事物とのこうした相互作用こそが「〈客観的実在〉」の究極の形式であり、それは事物の客観的実在を含んでいる。それは、事物の客観的実在と人間の実効的だが主観的な非実在との還元不可能な対立である。

概念の究極の根源であるこの還元不可能な相互－作用は、事物の客観的実在と人間の主観的非実在とを対立させる。ところで、さきに見たように、欲望の欲望としての、または〈自由〉としての〈人間〉は、存在のなかで無化しうる無にすぎない。人間は所与の何かではけっしてない。実在的なものと非実在的なものとの対立としての〈概念〉は、単純に「客観的」で「実在的」であるのではないし、それゆえ厳密に言えば、「客観的」でも「実在的」でもない。したがって、かりにそれが〈言説〉においてプラトンの〈イデア〉の位置を占めているとしても、それが〈イデア〉に真の意味で取って代わることはない。なぜなら、客観的実在や還元不可能な対立が存在するとしても、それが「ある」のは、事物の必然性「に立ち向かう」人間の自由が持続するかぎりにおいてでしかないからであり、しかも、この自由は、語の物理的な意味で「実在的」ではまったくないからである。この自由が持続するのは、さきに定義されたような人間の〈歴史〉が持続するかぎりにおいてである。だが、コジェーヴとともに見てきたように、この〈歴史〉はいつの日か終わりを迎える。いつの日か、人間の自由が完全に、そして決定的に現実化されるときが来るのである。このことは、存在論的には無として、人間学的には自由として捉えられる人間が、いつの日か、物理的または「事物的[75]」な客観的実在と対立しながら、〈空間‐時間性〉として定義される〈存在〉のなかで「無化する」ことがもはやなくなるときが来るということを意味する。ところで、定義からして、このように現実化されることで、人間の自由は汲み尽くされ、それとともに、〈言説〉の可能性の二つの条件のうちのひとつが消滅する。言い換えれば、〈歴史の終わり〉が現実のものとなったとき、〈人間〉は沈黙し、〈概念〉は崩壊するということである[76]。その意味で、〈概念〉は、世界の単なる事物の「客観的実在」そのもののように「客観的」であったり「実在的」であったりするのではない。

政治的には、この〈歴史の終わり〉は、各人の還元不可能で自由な個体性が万人によって承認されることに基づく〈普遍等質国家〉の現実化を意味する[77]。この〈国家〉についての記述は、「〈知の体系〉」において展開される人間の自由の人間学と事物の時間性の存在論との直接的な相関物である。ところで、これらはいずれも、「〈知の体系〉」が語る言説的知恵に固有の無神論の直接的な相関物である。『ヘーゲル読解入門』と『僭主政治と知恵』において主題化されている無神論の極限的な帰結はこうである。〈歴史の終わり〉の〈世界国家〉が現実化したとき、完全に無神論的な世界のなかで生きる人間はもはや、ことばの強い意味で語ることがない――つまり、人間はもはや人間的でなくなる[78]。

ところで、あらゆる当初の予想に反して、〈普遍等質国家〉はけっして現実のものにならない[79]。言い換えれば、各人の還元不可能な個体性の普遍的で等質的な承認が完全に制度化されるという意味での〈歴史の終わり〉は、不可能である。知恵として完成された哲学によって定義される〈歴史の終わり〉の無神論的な現実化に対応する〈世界国家〉は、不可能である。したがって、人間が〈存在〉のなかで無化する

〈無〉に他ならないとすれば、あるいは、欲望の〈欲望〉として捉えられる〈自由〉に他ならないとすれば、人間はつねにそうあり続けるだろう。世界の事物の客観的実存と人間の主観的実在とのあいだには、まぎれもなく還元不可能な対立がある。それゆえ、事物の空間的‐時間的実在と、人間を言説へと導く自由との対立には、まぎれもなく客観的実在がある。

だが、〈歴史〉が政治的平面においては〈普遍等質国家〉として完成しないと言うことは、何ごとかが完結しないということを意味しない。なぜなら、われわれがこの瞬間に語っていることを語ることができるということは、当然のことながら、この〈歴史〉が終わっているか否かを知っていることを前提しているからであり、このことは、この終わりについての基準をもっていることを前提しているからである。ところで、この基準はたしかに存在するのであり、それはまさしく〈概念〉の定義そのものにある。この定義は、われわれがさきに、およそ言説の、つまりは「〈知の体系〉」という〈言説〉の最たるものの可能性の条件を検討することによって見いだした定義である。ところで、この定義は、事物の時間性と人間の自由とをともに含んでいる。したがって、政治的平面における〈歴史の終わり〉の最終的な非‐現実化（それゆえに、人間は、事物の平面においてその自由を、強い意味で、そして完全に実現することはけっしてない）は、〈概念〉の可能性そのものを逆説的に保持する――つまり、〈言説〉の平面における人間の自由を逆説的に保持する。(80)〈概念〉は、けっして「現実化」されないがゆえに、あるいは、ある意味で不完全であるがゆえに、客観的に実在的、または真である。逆に、〈概念〉が真であり、または客観的に実在的であるのは、それがけっして「現実化」されないからでしかない。だから、人間はなお、そしてつねに、それ自身において〈概念〉を「現実化する」（またこうして、それ自身の哲学的冒険を完遂する）ことができる。なぜなら、この探求の政治的表現は、いかなる場所においてもけっして、実際に現実化されるこ

とがないからである。(81)

〈普遍等質国家〉の現実化は、完全に無神論的な世界の現実化と等しいものになるだろう。それゆえ、〈普遍等質国家〉の非‐現実化は、当然ながら、このような世界の非‐現実化を含意している。〈歴史〉がこの平面においてはけっして終わらない（そのことがまたしても、哲学の営みに従事する者にとっては、歴史がいつの日か〈概念〉の平面において完結する可能性があるということを保証してくれている）がゆえに、世界はけっして完全に無神論的にはならない。ある部分においてつねに、政治的平面においても言説の平面においても、無神論と還元不可能な仕方で対立する有神論のあるかたちが存在するだろう。言説の平面における〈概念〉の現実化は、言説から「神」という観念を排除するが、その現実化は同時に、政治的または実践的な平面における「神」の観念の逆説的な永続性を前提してもいる。(82)

＊

以上のことは、明らかに次のことを含意している。『精神現象学』の注釈から引き出されるもっぱら無神論的な人間学は、それだけでは真実ではないということを。なぜなら、もしそうならば、〈普遍等質国家〉はすでに現実のものとなっているはずだからであり、それについてはもはや、何かが語られることさえないはずだからである。してみれば、「〈知の体系〉」は、厳密にもう一つの人間学を含むのでなくてはならず、それは、『ヘーゲル読解入門』が提示する人間学と異なると同時に、それを補完するものでもある。「〈知の体系〉」は、有神論的人間学を含むものでなくてはならない。ところで、事実はまさしくそのとおりになっている。

「〈知の体系〉」の人間学

『無神論』以来、何よりも、人間発生の決定的な瞬間が論じられるようになり、それは「〈知の体系〉」の著者によっても引き継がれている。コジェーヴは、次のように書いている。

われわれは「最初の」有神論者については何も知らないとはいえ、次のように想定することが自然ではないだろうか？　神は死の危険のさいにはじめてこの「最初の」有神論者に開示されたということ、「最初の」祈りは神へとさし向けられた死の恐怖の叫びであったということを？　神が人間の「欲望」の投影（フォイアーバッハ、ショーペンハウアー）ではなかったということ、有神論が恐怖にもとづく創作や構築物ではないということ、これらのことは明らかであり自明である。もしも神が死の危険のさいに「最初の」有神論者に開示されることがなかったならば、そのときこの者の叫びはあくまで叫びにとどまったであろうし、また「最初の」祈りにはならなかったであろう。また、古代詩人のことば――「最初に神々を世界のなかに産み出したのは恐怖である（*primus in vita deos fecit timor*）」――に対して、皮肉ではなく、むしろ逆にきわめて真剣で深い意味を認めることができる。自己の死の与えられによって激しい恐怖に襲われた人間に対して初めて「他なるもの」が与えられるのであり、この「他なるもの」はただちに、自らに与えられ、またそれによってまさに自らと相互作用している神的なものとして解釈されるのである。[83]

たとえ潜在的にであれ、承認を求める闘争は、『無神論』以降のコジェーヴの人間学を定義づけている。

もっとも、この闘争の「可能性の条件」は、人間的感情が露呈する契機であり、この感情は、『ヘーゲル読解入門』において定義される〈歴史〉とは無関係である。この人間的「感情」のことを、当時のコジェーヴは有神論的直観と呼んでいる[84]。救命を求める動物的嘆願がなされるとき、一見たんなる叫びにすぎないものがかりに〈祈り〉の言説的形態をとり得た場合には、嘆願する雄または雌とはまったく別の〈何か〉、嘆願する雄または雌が訴えかける〈何か〉または〈誰か〉についての有神論的直観が、その〈何か〉の現前を開示する契機以前においてでさえ、自然発生的に露呈する。換言すれば、有神論的直観は、『無神論』においては、『ヘーゲル読解入門』において欲望の欲望と言われるようになるものと並行するかたちで、またそれに還元できない仕方で提示されている。ところで、人間発生のこうした二重の根源についてては、アレクサンドル・コジェーヴの最初の二つの重要な思弁的テクストの比較を通じてその概略を描きだすことができるが、それは「〈知の体系〉」のいまだ書かれざる「実践的言説」において再び取りあげられることになるだろう。〈愛〉に固有の有神論に関する長い吟味の末尾において、承認を求める最初の死を賭した〈闘争〉について記述しながら[85]、コジェーヴはとりわけ次のように述べている。

［…］本来の意味での〈言説〉、すなわち〈言説〉として「自覚的かつ自発的に」発せられ理解された〈言説〉の最初の現実化は、〈祈り〉の（措定的な）様態において（与えられた状況のもとで）現実化されつつある原基的ないし実践的な〈言説〉である[86]。

「〈知の体系〉」の完結性は、『精神現象学』で提示されるもっぱら無神論的な人間学に加えて、特殊に有神論的な人間学をそこに統合することを要求しており、『無神論』の人間学が一九三一年以来提示してきたのは、その有神論的人間学のもついくつかの根本的な特徴である[87]。

とすれば、事態は以下のように推移したかに見える。『精神現象学』に関する研究によって、承認を求める純粋な威信の死を賭した闘争を発見したコジェーヴは、『無神論』で研究した有神論的直観に関する直観をしばらくのあいだ放棄していたが、およそ二十五年後にそれを再び見いだしたと――ただし、別の様態のもとで。これまで「〈知の体系〉」について知られてきたことは、『ヘーゲル読解入門』の無神論的人間学のみにもとづいて出来上がっている。そのため、従来コジェーヴの思想に関する公の議論は、「神」の観念を〈言説〉から決定的に排除するという点をめぐってもっぱら展開してきたほどである。「〈知の体系〉」は、無神論的であるかそうでないかのいずれかというわけである。だが、『無神論』の観点からはもとより、〈知恵〉の〈言説〉を披瀝するとされる〈書物〉の総体の観点からしても、また、この観点からすればとりわけ、「否定性」の人間学は、その傍らに還元不可能な有神論的人間学を伴っている。してみれば、〈歴史の終わり〉を政治的平面において象徴している〈普遍等質国家〉の観念は、部分的な――つまり、「原基的言説」の著者に従って言えば、もっぱら男性的な[88]――人間学にもとづく観念に他ならない。また、次のように言うことができる。『無神論』の人間学は、有神論と無神論とをともに含んでいるのだから、それは最終的に、われわれが当初想定し得たよりもいっそう完全で、それゆえいっそう「政治的」であると。

ところで、以上のことは、「〈知の体系〉」の存在‐論がそれを要請するがゆえにいっそう真実である。「〈知の体系〉」の形態素として捉えられる〈言説〉が真実を語っているとすれば、それは必ず〈三つ〉である（それは、たとえば〈一つ〉ではないし、あるいはまた、〈二つ〉でもない[89]）。『概念、時間、言説』の第二導入部で展開される存在論の素描に照らしてみれば、次のように言うことができる（し、また言わなくてはならない）。

「〈知の体系〉」は、それが語ることができるもの（そこには、それがそのものについて語るという事実も含まれる）すべてについて語る。だが、何であれ何かについて語るとき、われわれはつねに、黙示的にではあっても、われわれが語らないものについて語っている。なぜなら、事実として、われわれはそれをわれわれが語るものから排除しているからである。それゆえ、「〈知の体系〉」は、ひとが語ることができるものすべてについて語ることによって、黙示的にではあっても、それが語ることができないものについて語るのであり、したがって、ひとが語ることができ、かつ実際に語るものと、ひとが語ることができないものとの関係について語るのである[90]。ところで、すでに見たように、「〈知の体系〉」は、〈所与 - 存在〉の平面にあるものについてしか語ることができない――『無神論』の用語で言えば、「世界外人間」と対立するものとしての「世界内人間」についてしか語ることができない。人間学的に言えば、このことは、「〈知の体系〉」が必然的に無神論的であると言っているに等しい。それは、この世のものとして現下に存在するものについてしか語らない。だが、それゆえにそれは、黙示的にではあっても、「現下の」世界のものでないものについては語らないという事実について語る。ところで、世界の外部に何かが存在する可能性を考えるということを、ただそう考えるだけでもせずにはいられないという言明こそ、有神論の可能性を定義するものである。黙示的にではあっても、「現下の」世界のものでないものについては語らないという事実について語ることによって、「〈知の体系〉」は有神論的なものについて否定的に語っている。ただしそれは、自己が語ることができるものは現下に現れるものだけに関わると言うためであるが。ところで、有神論的なもののうちで現下に現れるのは、有神論者の有神論的態度である。それゆえ、「〈知の体系〉」が有神論について語るのは、ひとがそれについて語ることができるものに照らして作られる「有神論的」人間学を通じてのみである。換言すれば、「〈知の体系〉」は、遅かれ早かれ有神論について語ることを余儀なくされるのだが、それについてはしかし、「有神論として」語ることができず、もっぱら有神論ではないもの、つまり無神論を地としてのみ語ることができるものについて語るかのように語ることを余儀なくされるのである。ところで、無神論は、無神論について語る者をして、われわれがさきに見たような人間なるものの〈歴史〉について（すなわち、万人の万人による自由な承認を目ざして繰りひろげられる人間たちの〈闘争〉と〈労働〉の総体としての〈歴史〉について）語るように仕向け、それについてのみ語るように仕向ける。それゆえ、「〈知の体系〉」は必然的に、人間の歴史性を地として語ることができるけれども、それ自体は歴史的でない（また、この意味で、人間的でない）ものについて語ることを余儀なくされる。ところで、これこそまさに、コジェーヴが「〈知の体系〉」のなかで述べていることであり、そこで彼はたとえば次のように言っている。

［これらの条件のもとで、］われわれは［…］語の狭い意味、または本来の意味での〈歴史〉と、広義の〈歴史〉とを区別しなくてはならない。そのさい、広義の〈歴史〉はその持続‐延長において狭義の〈歴史〉から「はみ出る」と言うことになる。次のように言うことにしよう。本来の意味での〈歴史〉とは、〈歴史‐以前〉に先行され、かつ〈歴史‐以後〉によって後続されるのであり、広義の「〈歴史〉」を構成する（狭義の）〈歴史〉の〈歴史‐以前〉および〈歴史‐以後〉の総体は、何であれ〈言説〉の、あるいは〈言説〉としての〈言説〉以外の何ものでもないと。[91]

また、逆に次のようにも言う。

〔…〕本来の意味での〈歴史〉とは、われわれにとっては〈哲学〉の理解された歴史である（あるいは、哲学の「真の」歴史である）。ヘーゲル的体系の到来によって決定的に完了する（あるいは「完遂」される）のはこの〈歴史〉であり、またこの〈歴史〉だけである（ヘーゲル的〈体系〉だけが〈哲学〉を「真に」理解可能にする。それは、〈哲学〉を〈歴史〉として理解することによって、また〈歴史〉を〈哲学〉の歴史として、あるいは同じことだが、自己自身を徐々に理解してゆき、そしてこの言説的な自己理解そのもののなかで、またそれによって、知－の－〈体系〉または言説的－〈知恵〉へと変－容する〈哲学〉として理解することによってである）[92]。

話をまとめると、「〈知の体系〉」は、(1)〈言説〉の性質をもつものについての〈言説〉、(2)〈言説〉の性質をもたないものについての〈言説〉、または〈人間〉の〈沈黙〉についての〈言説〉、(3)〈言説〉と〈人間〉の〈沈黙〉との関係についての〈言説〉、これらを含んでいる[93]。したがってそれは、〈人間〉のなかにありながら、〈歴史的〉という意味で（狭い意味で）人間的ではないものの人間学、〈人間〉における〈歴史的なもの〉と無－〈歴史的なもの〉（または非－〈歴史的なもの〉）との関係についての〈言説〉を含んでいる。コジェーヴについてはこれまで、強い意味での〈人間〉、つまり〈歴史〉についての〈言説〉に関わる〈言説〉だけが知られていた。この点からすると、『無神論』の出版は、現時点で入手可能な彼の作品全体における最も重要な突破口の一つとなる。なぜなら、未完とはいえ、それは二十年以上も前にすでに、有神論（〈人間〉における無－〈歴史的なもの〉）と無神論（〈人間〉における〈歴史的なもの〉）との関係（すなわち、ここでは〈差異〉）に関する〈言説〉の可能性を論じているからである。それゆえ、

「〈知の体系〉」は、本書のいくつかの要素へとごく「自然に」立ち戻ることになるだろうし、それらはさらに、同じ著者による〈歴史哲学〉の議論としてすでに結実していた並外れた知見によって補完されるだろう[94]。次のように言うことができる。「〈知の体系〉」は、有神論と無神論との〈差異〉のうえに――あるいは、無神論と有神論のいずれにおいても問題となる「人間性」という〈同一なもの〉の〈差異〉のうえに――さらに、人間の〈歴史〉と非‐〈歴史〉との起源にある有神論と無神論との〈同一性〉――あるいは、有神論と無神論との〈差異〉そのものにおいて、そうした〈差異〉そのものとしてある、〈人間〉における人間的なものの浮上の〈同一性〉――をつけ加えるだろう、と[95]。

＊

結局のところ、次のように言うことができる。

「ヘーゲル的〈知の体系〉の〈改訂〉」という〈言説〉において声高にその〈終わり〉が宣告される〈歴史〉は、思弁的または「理論的」な平面において有神論の〈終わり〉を顕在化し、現実化する。「それ」が言説を通じて自己を人間的なものとして理解しようとするならば、人間はそれ以来、〈男〉であれ〈女〉であれ、〈存在〉のなかで無化する〈行為する〉〈無〉としてのみ、こうした自己理解を行うことができるのであり、そこから一連の帰結が生じてくる。そのうちのいくつかについては、すでに指摘したとおりである。他方で、実践的平面においては、ひとは理論的〈言説〉に納得しないかぎり、その信仰的態度それ自体は「〈知の体系〉」の〈言説〉によっても微動だにしない。ある者にとっての〈歴史の終わり〉に、別の者にとっての神との関わりという現在の永遠が対応しているのである。かりに〈普遍等質国家〉の〈法〉が前者にとっての無神論的〈公平〉を確立したとしても、次のことは確実である。この〈法〉は理想であり続けるということ、それを際限なく追求し続けなくてはならないということ、ただし、それをけっして現実化できないことを客観的に確信しながらそうし続ける以外ないということ。[96] とすれば、人間なるもののうち、おのずと無神論へと向かう傾向性を有する者は、すでに完成された理論的〈言説〉で満足しなくてはならないだろう――〈人間〉の〈言説〉を逆説的に救い出すことで〈人間〉の〈歴史の終わり〉を無効にしてしまう、特殊に有神論的な実践的態度が還元不可能なものであるかぎりにおいて。このように、〈人間〉の〈歴史の終わり〉の思弁的には真である宣告は、いまだかつてない状況の到来を告げているが、その理由はまさしく、無神論がいまだその完全な言説的完成を見出していないからである。この完成は、理論的には「真」であっても実践的には効力をもたない〈言説〉と、理論的には「偽」であっても実践的には効力をもつ――少なくとも、もっぱら理論的な議論によっては還元されないという意味で――態度が並立することを含意しているのである。

だが、それを還元しなくてはならないだろうか？　これ以上に不確かなことは、何もない。哲学者はもちろん無神論の哲学の危険な道に足を踏み入れる（この道は哲学そのものの道である）が、それは、彼自身の直観が彼をこの道に誘い込むからである。[97] だが、青年コジェーヴとともに次のように問うことはできるだろうか、人間の人間性の至高の瞬間において、死の瞬間において、ひとはどうなるのかをだれが知っているのか、と？

［…］自己自身の死に至るまで、人間は自分が何であるか、自分がどこにいるのかを知らない。事実、彼は最後まで有神論や無神論の何たるかをけっして知らない。あらゆる認識と同様にそれは不完全である。なぜなら、それは完結しない（そして完結できない）からである。こうした自己理解は、一方では無神論的（有神論

的）世界における無神論的（有神論的）生の完成であり、他方でそれは無神論の（有神論の）真の哲学であって、それは「充実した生」を生きる人間が無神論者（有神論者）として与えられること以外の何ものでもない。それは理想である。[98]

有限で個体的な何かからなる世界のなかで生きる人間は、無限を受け入れることも受け入れないことも選択できる——つまり、自己の不死の「魂」が「ある」「世界の外部」か、自己自身を含むあらゆる事物の還元不可能な有限性、すなわち、有限な相互作用の無際限な連鎖としての存在の有限性か、そのいずれかを選択することができる。[99] ところで、「有神論と無神論との」人間的な論争は、「存在と非‐存在、あるいは有限と無限に関する存在論的論争」[100]である。人間が無限を選ぶとすれば、この人間は無神論者にとって無であるものを選んでいる。それに対して、有神論者の無限は、存在と、無神論者が無と呼ぶ神とをともに含んでいる。無神論者が、存在の外部には、存在しない無のみが「存在」すると見なすことは、有神論者からすれば、無限についての自己自身の有神論的直観と比べて単に直観が欠如していることの帰結でしかない。[101] 無神論者から見れば逆に、無限については、何かを言うこともなすこともいっさいできない。なぜなら、この無限は実存も意味ももたないからである。

だが、以上のことは何ら重要なことではない。なぜなら、有神論か無神論かの最終的な決断があまりに早すぎれば、そこから帰結するのは逆に、生きることの不可能性だからである。[102] 換言すれば、生とは、有神論的な〈テーゼ〉と無神論的な〈アンチ・テーゼ〉とのあいだの妥協（コジェーヴは、のちにそれを「パーレンテーゼ」と呼ぶだろう）である。[103] いずれにせよ、次のように言うことができる。『ヘーゲル読解入門』と並んで、『無神論』は総体としての「〈知の体系〉」への特権的な導入部をなしている、と。

このあとに続く、『ヘーゲル読解入門』の徹底した無神論よりも「上流に」位置づけられるテクストは、アレクサンドル・コジェーヴの「〈知の体系〉」への第二の導入部をなしている。普遍等質国家の未完を正当化する一方で、コジェーヴはそれでもなお、〈歴史〉が〈概念〉の平面では終わっていることをあらかじめ確認している。

他方で、コジェーヴ的な意味で一見「具体的」でないがゆえに非‐政治的なこのテクストは、最終的に、『ヘーゲル読解入門』という「パーレンテーゼ」よりもいっそう政治的である。また、〈歴史〉の〈最終国家〉の記述において頂点に達する『ヘーゲル読解入門』の人間学が、『無神論』の人間学と比べて、思弁的にはより豊かであるにもかかわらず政治的にはより貧困であるのは、つまるところ、『無神論』の著者が無神論を『ヘーゲル読解入門』の人間学よりもさらにいっそう明示的に支持しているからである。〈書物〉という真のジンテーゼのみが、ここでなお分離しているコジェーヴ思想の二つの契機を統合するだろう。

とすれば、『無神論』がまぎれもなく若年期のテクストであるとしても、いくつかの枢要な点でこのテクストに立ち戻っている熟年期のコジェーヴは、ある意味では『ヘーゲル読解入門』のコジェーヴよりも若いといえよう。『無神論』を出版することは、古典神話のヘラクレスのように、〈悪徳〉と〈美徳〉が交錯する地点に位置する、あるいは、その著者を〈歴史の終わり〉の人間学へと導いてゆく分かれ道の手前に位置するテクストを出版することである。ところで、〈歴史〉が存在するためには、〈人類〉が存在しなくてはならない。ここで問題となるのは、人間なるものの誕生そのものである。この誕生において重要なのは、人間なるものがおのずから口にする究極的な〈言説〉の誕生であり、その〈言説〉は、「〈知の体系〉」のうちの厳密な意味での〈歴史〉へと付託された部分の絶対的に首尾一貫した〈言説〉であるか、または、実践を含む何であれ言説であるものすべてであるか、そのいずれかである。「〈体系〉」の生成はこのように、この生成それ自体が類まれな逸品であることを示している。その中心は、言説的無神論のダイヤモンドのごとき透明性と堅牢さをもち、それを縁どる指輪は、実践的有神論のとらえがたい黄褐色の色合いを放っているのである。

ベルナール・エスポワにならって、われわれはコジェーヴの「〈体系〉」が「どこに」あるのかという問いを立てることができるが[104]、その最初の答えは、以下に続くページのなかにあり、もうひとつの答えは、残る草稿の来たるべき出版物のなかにある。その総体の完全性や首尾一貫性について判断する責務は、読者諸氏のみに委ねられている——著者の助言と欲望に従うならば[105]、それらを実現することによって？

＊

もともとの草稿には、一九三一年十月十四日という日付がある。それは、鉛筆で書かれた三一枚の二一×三三版見開き紙葉から成る[106]。ロシア語で書かれたそれは、ニーナ・イヴァノフとジュリア・クズネツォフによって判読され、タイプ原稿化された。最初の訳稿は、一九八八年にニーナ・イヴァノフによって仕上げられた。フランス語の最終テクストは、これをもとにしている。テクストの意味になお何らかの疑義がみとめられる場合は、そのつど注にその旨を指摘してある（これらの注は、アステリスクで指示されている）。

すでに述べたように、本書は未完である。そこには不明確な箇所が多く見られ、著者自身がその点にしばしば言及している。われわれは、本書をその本来のかたちに保つよう心がけたが、注で述べられているいくつかの見解についてはその限りではない。なぜなら、そこでの著者は、厳密に言えば記述しているのではなくて、自らの意図を説明しながら、むしろ自己自身と対話しているからである。また、われわれは本稿をできるだけわかりやすくするために、翻訳のさいに提示されたフランス語の字義通りの表現を、ときに補足し、場合によっては、それを改変した。それらがもとの文章に重大な影響を与える場合には、これらの改変部分は括弧で指示されている。最後に、著者の思想表現が簡略すぎるいくつかの事例については、それらにとって代わる説明をあらたに加える——疑わしい——努力は明確に放棄した。読めばわかるように、とりわけ含みの多い注（宗教の非一神論的形態に関するもの、無限の問題を数学的に形式化するもの、等々）の多くは、いまだ作業プログラムの状態にとどまっている。思考する者は、そこに自己にとっての宝の山を見いだすことだろう。

一般に、文書の読解を容易ならしめるための審美的な配慮は、意味の裏切りを不可避的にもたらす恐れがあるため、われわれとしては、可能なかぎり最初のフランス語訳に忠実であるよう心がけた。そのため、文書全体に重苦しさが残ってしまっている。それゆえ、このテクストのなかに完全に入りこみ、そのなかをうまく泳ぎわたるためには、いくぶん辛抱が必要である。こうした配慮から生ずるいくつかの不都合についてはひらにご容赦願いたい。

最後に、読者にこの場を委ねる前に、本書をめぐる作業全体を通じて、われわれを信頼し続けてくれたニーナ・イヴァノフに感謝申し上げたい。

また、ロシア語原文の解読困難ないくつかの点を解明するさいに、われわれに支援の手を差しのべてくれたニコラス・ヴァシリエフにも御礼申し上げる。

本書が改善の余地を残していることはもちろん承知しているが、それでもわれわれとしては、これはどの重要性をもつテクストを扱う場合に当然もとめられてしかるべき質的水準には到達していることを望みたい。少なくとも、われわれの願いは、このあとに続く部分を提供する試みを通じて、アレクサンドル・コジェーヴの仕事をひろく一般に提供することである。

では、コジェーヴに発言の場を譲ることにしよう。

無神論

〔問題設定〕

〔無神論的宗教の観念。有神論と無神論〕

仏教は無神論的宗教であるということは、しばしば耳にするところである。この言明は奇妙に見えるかもしれない——それはどこか円積問題を思わせるものがある。しかしながら、このパラドックスは見かけだけのものに過ぎない。むろん、無神論を宗教的問題それ自体について考えることの拒否という意味にとるならば、感覚的与件をおよそのり超えることの拒否という意味にとるならば、「無神論的宗教」ということばの組み合わせは無意味である。動物的・植物的・鉱物的水準ではない何ものかが人間にとって現に存在することの可能性を問う必要がないとすれば、そのような無神論はおよそ宗教と相容れないものであると断言できる。だが、無神論を神の否定という意味にとるならば——ふつうはそうだが——、「無神論的宗教」という観念は有意味である。ただし、その場合は宗教を適切な仕方で定義づけておく必要がある。

だが、無神論を神の否定として定義するだけでは十分ではない。なぜなら、いかなる神やいかなる否定が問題なのかを問わなくてはならないからである。ある特定の宗教の立場からすれば、[1]* その宗教が前提している神的なものの形式を否定することは、神としての神を否定することである。なぜなら、その宗教にとっての神（または神々）とは、その宗教が思い描く神に他ならないからである。

＊　コジェーヴの注記は本書巻末（14）―（80）頁にまとめられている。

それゆえ、この宗教にとって、それ以外の宗教はすべて無神論的である。こうした定義が、信仰を持たず、それゆえ無神論の問題に関心がない人々にとって受け入れがたいことは明白である。しかしながら、それはこの宗教以外の宗教を代弁する者たちにとっても同様に受け入れがたいものである。何らかの宗教的権威の代弁者であれば誰しも、自己の信奉する宗教的教義以外の教義については、異端であるとか、正統ではないとか、不信心であるとか、悪魔崇拝であるとか、はては迷信であるなどと言いもしようが、しかしそれを無神論であるとは言わないであろう。それでは、彼は無神論をいかなる仕方で定義するのだろうか？

一見したところ、その答えはきわめて単純である。神に間違った性質（たとえば悪、多数性、有限性、等々）を付与する者は異端者（語の最も広い意味での）であり、神の実存を端的に否定する者は無神論者である。だが、この定義はなおあまりに一般的すぎる。というのは、もしこの端的な否定が神の問題について考えることそれ自体の拒否に等しいとすれば、その場合は、われわれがさきに退けた最初の可能性に逆戻りしてしまうからである。このような無神論は、宗教の内部ではあり得ない。してみれば、神の実存の否定は、神の問題に対するひとつの回答でなくてはならない。

ところで、無神論者が否定するこの「実存」とはいったい何を意味しているのか？[2] しかも、この無神論者が、自己自身の実存を確かなものだと断言する、まさにそのような意味において神の実存を否定するとすればどうだろうか？* この場合には、彼は無神論者の名に値するように見える。ただしその場合は、私の実存の形式と一般的に考えられた実存の事実そのものとを明確に区別しなくてはならないだろう。むろん、人間的存在と神的存在との完全な同一性を主張する宗教はおそらく存在しないであろうから、そこで無神論を問題にすることはできない。神の実存の形式は、きわめて多様な仕方で定義することができる。したがって、神の実存の事実そのものが否定されないかぎり、無神論と言う語を口にすべきではない。だが逆に、もし私が、私の実存がそこにおいて与えられたところの特殊な形式から離脱してしまったならば、そのとき私の実存の意識のうちの何が残ることになるだろうか？ 存在論的（そして心理学的）[3] 分析のこみいった話はひとまず措くとして、次のように言うことができる。私が何かであって無ではないという生き生きとした確かな意識が残る、と。してみれば、自己自身（または、自己以外の者で神的本性をもたない者）が何かであることを否定するのみならず、神自身が無とは異なる何かであることをも否定する者を無神論者と呼ぶことができるし、またそう呼ばなくてはならない。

＊ 独我論の吟味は、コジェーヴの議論の進捗にとって決定的な意味をもつ。私が独我論者でないとすれば、私は私の外部に私ではない何かが現に存在することを認める。その何かは世界かもしれないし、さらにそれが世界とも異なるとすれば、それは神かもしれない。この場合、神は私でもなければ、私が生きているこの世界でもないという事実によって定義される——あるいはむしろ、私も私が生きているこの世界もともに神ではない。世界を構成する何か（そこに私自身も含まれる）の一部ではない神は、端的に存在する（それは世界に属する「何か」ではない）という事実によって、すなわち、存在以外の属性をもたないという事実によって定義される。かくして、われわれが生きているこの世界の外部には、神は存在する（有神論者にとって）か、あるいは存在しない（無神論者にとって）か、そのいずれかである。

ここで新たな語を導入して、*今後は、およそ何かは存在であり、およそ存在は何かであると言うことにしよう。他方で、およそ何かとは異なる無は非‐存在であると言うことにしよう。[4] 神が何かであることを無神論が否定するとき、そこではまさしく神の実存が否定されている（普通に言い直せば、これは神がいないと言っているに等しい）。それに対して、無神論的でない何らかの宗教を代弁する者たちはすべて神の実存を肯定する。ただし、そこで肯定されているのは単に実存だけではなくて、たとえば全知、全善、等々といった、それ以外の一連の属性すべてもそうであり、神の実存はあくまで神の構成要素の一つでしかない。では、なぜこの述語の否定であって、個別に同定される他の述語の否定ではないのか？　また、なぜ神の実存の否定は――少なくとも、われわれ西洋人においては（つまり非‐神秘主義者においては）――あらゆる宗教モデルに抵触するのか？　それはもちろん、神の存在を否定することによって、無神論者はそれ以外の神のすべての述語を事実上否定してしまうからである。無神論者が神の属性の所与の総体を否定するのは、異端者がそうするようにそれを他の総体によって置き換えるためではない。彼は、それらすべての属性の総体そのものを否定する。より正確に言えば、彼は、神の属性を否定するのではなくて、それらがその属性であるところの実体そのものを否定するのである。これらの属性がその実体に適用できないとすれば、それは、これらがその実体に適合していないからではなくて、この実体そのものが実存しないからである。

＊　コジェーヴが『異教哲学史試論』第三巻、一七三頁以下で提示しているストア主義的な「何か」のカテゴリーを参照せよ。

この点についてしばし考えてみよう。無神論者が神の実存を否定するとしても、このことは無神論者にとって、神は実存の観念が適用できない無であることを意味しない。彼は、神が非‐存在であると言っているのではない。神はただひとつの性質、すなわち実存の不在しかもたないと主張することは、[5]まさしく有神論の一特殊形態でしかない。[6]* 客観的に見れば、このことは、神がこれかあれかと言いうるその他すべてのものとは根本的に区別される何かであるということを意味する。神については、それが何かであって無ではないということ、それが現に存在するということが言えるだけである。主観的に見れば、それはつまるところ、神を質的に認識することの可能性を否定しているに等しい。われわれは、神の実存の（神の存在の）** 事実を思い浮かべることはできるが、その姿かたちを思い浮かべることはできない。[7]ちなみに、ここでは多少ともラディカルな二つの態度が可能である。ひとつはこうである。神が存在すると言うことはできるが、それが何であるかを言うことはできない。ただし、それが何でないか（*was Gott nicht ist*）はわかる。なぜなら、神的でない存在がわれわれに与えられるからである。これはいわゆる否定神学の態度であり、当然ながら無神論とは見なされない。$\sqrt{2}$がかたちをもたないと主張することは$\sqrt{2}$の否定ではないのと同様に、想定可能ないかなる述語も神に適用できないと言うことは神の否定を意味しない。[8]これよりもさらに過激なもうひとつの態度は、神のこうした否定的な質的認識の可能性そのものを否定する。それによれば、神はことばの通常の意味において絶対的に知り得ないものであり、それについては何も語ることができない。ただし、神が無ではないという意味で現に存在するということは自明の前提である。また、ひとは神に対して認知的でない感情（たとえば愛）を抱くことができる。[9]最後に、あらゆる態度のなかでも最も過激な態度は、神と人間との間に「通常」の関係はいっさいあり得ないと見なす。それによれば、人間と神との関係は、人間と神でないあらゆるものとの間のいっさいの関係の形式から区別される特殊な形式（至福、神秘的法悦、信仰、一般におよそ認識とは対極にあるもの）のもとでしかあり得ない。この場合、われわれは人間と神との間の関係がいかなる性質をもつのか、またそこで与えられるものが何であるかを知らない。われわれはこうした関係が現に存在することを（常識として）知っているだけであり、この関係をそれ以外のあり得べき関係のかたち一切から区別することができる。そして、この関係の一方の項——人間、私——が何かであることを知ることによって、もう一方の項——神——もまた無ではないことを知るのである。

＊ コジェーヴは、その思想全体を貫いて流れる命とも言うべき否定的なものの「肯定性」という主題を初めて詳しく論じている。この問題は、本書一四三—一四四頁、二二一頁以下、原注115以下で明確に論じられる。
＊＊ 「存在」と「実存」の観念は、やはりしばしば同じ意味で用いられている。本書一二四頁、一二六頁、一五六頁のわれわれの注を、コジェーヴの原注205、150、134、138、142と合わせて参照せよ。また、これ以降のこの二つの語の区別については、たとえば『異教哲学史試論』第二巻二四頁以下、三六頁以下、四六頁以下を見よ。

有神論の「アポファティックな（否定的な）」形式はきわめて多様である。ここではそれらについて記述しないし分析もしない。それらを無神論から区別するただ一つの言明、すなわち、最も広い意味において（単に「判読不能」であるだけでなく）神が何かであるという言明によって、それらすべてが結びあわされることを強調しておけば十分である。この「何か」はきわめて多様な意味に解釈することができる（有神論の形式はとてつもなく多様である）とはいえ、次のことだけは理解しておかなくてはならない。「何か」は無とは異なるということである。この点は重要である。なぜなら、神が無とは異なる何かだとすれば、私もまた無とは異なる何かだからである。無とのこの差異は、神にとっても私にとっても等しく本質的である。したがって、神であるところの何かと私であるところの何かが互いにどれほど異なっていようとも、この両者の間には関係が存在する。ただし、この関係は、互いに関係しあう両項のあいだの絶対的な通約不可能性を含んでいる。(10)

無神論者について言えば、神は彼にとって何かではない。それは無であり、私と神との間にはおよそ関係というものはあり得ず、また共通する何ものも絶対にあり得ない。なぜなら、ある特定の仕方で私は現に存在する（私は何かである）のに対して、神は端的に存在しないからである。神がそう「である」ところのこの無が何であるかを言うことは明らかに不可能である。なぜなら、それは存在しないからである。神について言うことが決してできないというだけでなく、神についてはは言うべきものが何もないのである。無神論者による神の否定は、その根本的な意味において、かつ「端的に」それとして理解されなくてはならない——言い換えれば、無神論者にとって神は存在しないのである。[11] だが、この場合でもなお無神論的宗教について語ることは可能だろうか？　宗教の観念が人間と神との関係の何らかのかたちを含んでいるとすれば、「無神論的宗教」という観念は意味をもたない。ところで、無神論を宗教と呼ぶことはむろん可能であるが、しかしこうした形容は、有神論と無神論が宗教という共通の観念で一括りにされる理由を与えることができなければ、無意味である。その理由を与えるためには、宗教というう言葉をどのように理解しているかを言わなくてはならないし、また神が何であるかを定義しなくてはならない。それは、宗教の本質が神的なものへの信仰を含んでいるかどうか、あるいは、宗教的態度が神をまったく問題としないような世界においても可能であるかどうかを言うことができる場合にかぎられる。それができる場合には、無神論的宗教の理論上の（すなわち観念上の）可能性を明らかにすることができる。[12] 純粋な無神論的宗教はむろん、神へのいかなる言及も含まない。なぜなら、神はこの宗教にとって語の厳密な意味で無だからである。したがって、こうした宗教が神について語るいかなる言説も、それ以外の宗教の有神論の否定としてしかあり得ないし、それは最終的に神の絶対的な否定へと帰着せざるを得ない。

宗教現象ほど複雑な現象の現象学をここで論じることはできない。それゆえ、もっと容易な道を取ることにしよう。仏教が現に存在するという事実や、仏教を宗教と見なさない妥当な理由が見当たらないという事実から出発して、本書の冒頭部分にもういちどたち戻り、仏教の教義がさきに私が提示したような根本的な意味での無神論ではないのかどうかを検討してみることにしよう。もしそうであるならば、無神論的宗教が現実に存在するかどうかという問題はまさにそれによって解決されるだろう。その一方で、仏教的世界観を分析することによって、およそ無神論的宗教の（したがって、およそ宗教の）もつ本来の性質を解き明かすことができるであろう。[13]

この作業に取りかかる前に、しかしながらなお、いくつかの一般的考察を行う必要がある。

［存在神学の問題——有神論、無神論、神の属性］

私の用語法によれば、神の何らかの属性の否定は、神が何かであって無ではないことが認められるかぎりは神の否定ではない。およそ有神論者にとって、神とは何かであり、しかもそれはたいてい一連の性質を備えている。すでに述べたように、われわれは、いわば「形容される」有神論または「規定される」*有神論も、そしてまた、神が何かであるという言明以外に言うべきことなど何もないと考える純粋有神論[14]と呼びうる有神論も、ともに無神論と見なさない。純粋有神論者によれば、「神」の観念の内容は「何か」という観念の内容によって汲み尽くされるのであり、「神は何かである」という言明は「何かは何かである」という言明に等しい、すなわちトートロジーの自明性に等しい。もちろん、有神論者はこうした形式的なトートロジーだけを述べて満足するわけではない。そのような主張をすることによって、彼は同時に「何かが現に存在する」ということ、すなわち、ただ無しかないのではなくて、何かがあるということを主張しているのである。この主張は単に形式的なものにすぎないのではない。それは、あり得べきすべての判断の基礎となる絶対的真理を表現するものでもある。だが、こうした言明は宗教一般に固有のものというわけではないし、とりわけ理性にとって固有のものというわけではないことは明白である。ところで、「何かがある」(存在)とは何か、「なぜ何かがあるのであって無ではないのか(ハイデガー『形而上学とは何か』を参照せよ)」という形而上学的な問いは有意味であるとしても、「無は存在しない」という言明は逆に無意味であり、自らの言葉を真剣に受けとめている者であれば誰もこのような発言はしないであろう。絶対的な独我論者もまた「何かが現に存在する」と主張する、すなわち、自分自身が存在すると主張する。ところで、無神論的態度というものがかりにあり得るとすれば、それはまさしくこの独我論者の態度に他ならない。なぜなら、無神論者が神という語をかりに口にすることがあるとすれば、彼はこの神についてはただ一つのことしか言えないからである。すなわち、「神、それは私だ」か、「私は神だ」のいずれかである。この種の言明が狂人か神自身のものでしかあり得ないということ、そして、それが宗教的人間の言うことではあり得ず、ましてや有神論者の言うことではあり得ないということは明白である。(15)

＊　ロシア語では *kvalifitsirovanny*(КВАЛИФИЦИРОВАННЫЙ)である。そのフランス語訳としては、«qualifié» か «déterminé» のいずれかが可能である。この二つの可能な訳語を交互に、かつ、現在分詞としても形容詞としても用いることにする(したがって、神に何らかの規定を与えることができることを認める有神論は「形容される」または「規定される」有神論ということになろうし、また、もう一方の有神論はいわば「純粋な」有神論ということになろう。これらの形容詞は、有神論者の二つのタイプについても同様に適用できるだろう)。

その一方で、無神論者は、純粋有神論者との論争において、たとえば「無は実存しない」と言うかもしれない。ただし、それがどういうことかは実地に示されないのだが(このような命題はどう見ても不条理であるから）。あるいはまた、「何か」が「無」であると言うかもしれない（これは、形式論理学の観点から見れば背理である）。あるいは最後に、「ないはない」というトートロジーを言うだけで満足するかもしれない（これは、ある意味では「無が存在しない」と言っているに等しい）。その言い方が普通でない点を除けば、この最後の言明はもちろん意味をもつし、さらには無神論に固有の絶対的真理でもある（不幸なことに、この点はきわめてしばしば忘れられているが！）。要するに、この言明は、良識をもつ者なら誰もが承認する他ないものである。*

＊　本文ではこのように三つの命題が提示される。「無は実存しない」という命題の背理、「ないはない」という命題の同語反復的だが真理としての性格、そして最後に、この二つの命題の少なくとも相対的な同値性である。だが、それは結局のところ、命題の背理はそれがトートロジーであるがゆえに背理ではないと主張しているに等しい。この難点については、ここではそれを指摘するにとどめ、敢えてそれを取り除こうとするものではないが、いずれにせよそれは、コジェーヴのテクストのそこかしこに見いだされる。

われわれは袋小路に陥ったように見える。だが、実はそうではない。なぜなら、独我論者の事例からもわかるように、有神論者にとって、神＝有神論者自身ではあり得ない何か、だからである。(16)＊この言明は、有神論者を純粋有神論者の限界の外へと連れ出す。なぜなら、この言明は、否定的ではあるにせよ、ひとつの属性を神に付与するからである。つまり、神は私ではない何かである。これをさらに別様に言い表すこともできる。純粋有神論者は、自分自身であるところの何かについて語ることができることを否定しないし、また彼に言わせれば、「神は私ではない」は単に「私は神ではない」という意味である。(17)純粋有神論者によれば、第一に自分自身である何かがあり、第二に自分自身ではない何かがある。だが、こうした定義はなお十分なものではない。なぜなら、この点だけから見れば、独我論者はまさしく無神論者だからである。

＊　ここで用いられている合同記号は次のように読まなくてはならない。「神は有神論者自身ではあり得ない何かと合同である」（同じようなケースは、あとでも繰り返し出てくる）。

独我論は、形式的とは言わないまでも、人為的な態度である。それは不条理であり不可能である。正常な人間であれば誰もが自分自身ではない何か（「非‐私」）があることを知っているし、哲学者たちがそれについて何と言おうと、私と非‐私とは、その還元不可能な差異にもかかわらず、ともに事物的な実在という同じ平面上にある。[18]＊ 換言すれば、人間は何もないところでそれ自身に与えられるのではなくて、世界内でそれ自身に与えられるのである。かりにすべての人間が有神論者であるとしても、その有神論が独我論の否定のみに基づくものでないことは明らかである。また、無神論者が現に存在するとしても、それを独我論者のみと同一視することはやはりできない。では、純粋有神論者にとっての神がいかなる属性の作用も蒙らない単なる何かでしかないとすれば、この純粋有神論者と無神論者とをどうやって区別するのか？　この一見したところ難しい問いに答えることは、この問い自体にすでに答えが含まれているがゆえにいっそう容易である。純粋有神論者とは、いかなる属性ももたない何かが存在することを主張する者であるのに対して、無神論者とは、こうした可能性を否定する者である。[19] もちろん、人間は世界のなかで自己自身に与えられるのであり、私であるところの何かと私ではない何かとをつねに同時に認識している。この何かはこのように、二重の様相のもとで人間に対して与えられるのであり、単なる何かとしてだけではなく、形容的な何かとして与えられるのである。[20] 純粋有神論者は、神的なものの「非‐形容」を主張することによってまさしく、この神的なものを私からだけではなく「世界」（語の広い意味での世界であり、それはいわゆる「理念的世界」をも含む）と呼びうる非‐私のあらゆる属性からも区別する。このように、純粋有神論者によれば、人間に対しては、形容的な何かが二重の様相のもとで、つまり、私（自己自身）と私でないもの（世界）として与えられ、そしてさらに、彼が神と呼ぶ非形容的な何かが与えられる[21]。複数の非形容的な何かということがあり得ないのは明らかである。さもなくば、それらをどのように区別するというのか？[22] 言い換えれば、純粋有神論は必然的に「一神論」であり、それは、神がひとつという意味ではなく（量のカテゴリーは神に対しては適用すらできない）、複数の神が存在しないという意味での「一神論」である[23]。

＊「事物的実在」という語は、のちに使用される「客観的実在」という観念の先駆けである。ロシア語では *netchtost* である。「事物的実在」（これが「形而上学」の主題である）という語は『精神現象学』講義の全体を通じて使用され続け、「客観的実在」という語と並んでそこかしこに出てくる（たとえば「ヘーゲル、マルクス、キリスト教」『クリティーク』三―四号所収、一九四六年を参照せよ）。「事物的実在」と「形而上学」は、「〈知の体系〉」においては「客観的実在」と「客観論」（これは客観的実在の「学」である）という観念に完全に置き換わる。

他方で、無神論もやはり「一神論」である。なぜなら、たとえば無神論が（多神論の内部において）神の多数性を否定する場合、この無神論は、これらの神々を否定することによって、神々が何かであることを否定することによって、それらのもつ性質すべてを否定するからであり、したがって、それら同士の差異そのものを否定するからである＊。ことは神々の間だけにとどまらない。なぜなら、ひとがそこで何を否定しようと、この否定においては、否定されたもののすべてが無の同質的な闇のなかで融合し、そこへと解消されてしまうからである。この点からすれば、無神論は純粋有神論の真のアンチテーゼである。無神論者は、有神論者にとって同質的かつ非形容的な何かとして融合するところのもののすべてを、そこにいかなる区別もいかなる修正も加えることなく、ただ単に非‐存在の深淵へと投げ込むのである。だが、そうすることによって、この無神論者は正確には何を破壊しているのか？　非形容的な何か以外の何ものでもない。純粋有神論者は、事物的実在を除くいかなる属性ももたない何かがあると主張するのだが、無神論者はまさしくそれを否定するのである。この二つの態度がともに有意味であることや、純粋有神論者と無神論者との論争がきわめて興味深いものであり、注目に値することは明らかである。だが、この論争が論理学的、心理学的、存在論的、等々とは言えても宗教的とは言えないということも、同様に明らかである。このことは無神論にとって何ら重大なことではないし、しかも無神論はたいてい無宗教性と結びつけて考えられている。無神論者は「神も悪魔も」信じない。彼は形容的な何か、私と非‐私、世界内人間（自己自身）しか知らないし、それ以外の何も知らない。形容的な何かを除けば、無神論者にとってはただ無しかない。また、無神論のこうした定義は、一見したところ、無神論についての通念とも合致する。だが、有神論に関しては、事態はそれほど単純ではない。一般にわれわれは、有神論としての有神論をひとつの宗教的立場と見なす一方で、誰であれ非形容的な何かが現に存在すると主張する者を、ただそれだけの理由で宗教的人間と見なすことは断固として拒否するのが常である。しかしながら、この対立は深刻なものではない。ごく一般的なものの見方からすれば、この対立は重大なものではない。なぜなら、ここで言われているのは純粋有神論であるが、その現実性は疑わしいどころではないし、いずれにせよ、ことばの広い意味での宗教的有神論について語るさいには、この純粋有神論は問題にならないからである。われわれから見れば、この対立はなおいっそう重要ではない。われわれは、本書の冒頭で無神論的宗教の可能性を認めたのではなかったか（そこでの問いは明らかに修辞的なものであったが）？　また、われわれの考えでは、神の否定は宗教的態度の否定を意味するものではないから、神についての単なる言明が必ずしも宗教的態度を現実に伴うわけではないということは何ら驚くにあたらない。これまでの話からもわかるように、有神論者と無神論者との論争は宗教‐外の論争である。だが、それにしても、宗教的態度が有神論的な世界観と無神論的な世界観のいずれにおいても成立しうるならば、宗教性というものがある点で神の問題と無関係であることは明らかである。言い換えれば、神の問題をめぐる論争は、宗教的論争ではない可能性がある。[24] とりわけ、非形容的な何かが存在するか否かをめぐる論争は明らかにこの種の論争のひとつである。[25] この論争が宗教的なものになるのは、自分と世界の外部になお何かがあることを知っている者（有神論者）の宗教的態度と、自分と世界の外には何もないと考える無神論者の宗教的態度とが衝突する場合に限られる。こうした宗教的態度がそもそも何であるのか、これこそ、われわれが今から明らかにしなくてはならないことである。

* それゆえ、それらの複数性もまた否定する。

私の無神論の定義には、より深刻な困難がつきまとう。無神論者は、非形容的な何かを否定する者である。だが、この非形容的な何かは、形容的な有神論者によって同様に否定されうる。純粋有神論を無神論に対置させていたかぎりでは、事態は単純であるように見えた。だが、その前に、純粋有神論はそもそも現実に存在したことがあるのかどうかを疑うことができる。他方で、そのようなものがかりに存在するとしても、「形容的な」有神論者を、それが神について語る一方で非形容的な何かについては否定するという、ただそれだけの理由で無神論者と決めつけるのはばかげている。この形容的な有神論者が、非形容的な何かを否定さえしない場合を想定してみよう。この場合は、ふたつにひとつである。ひとつは、形容的な有神論者にとって、この何かは神ではまったくなくて、単にひとつの神学的（存在論的）カテゴリーであるという場合。[26] この場合は、もっぱらこのことを根拠にこの者を有神論者（宗教的な）とみなすことはばかげている。もうひとつは、この何かが有神論者の神のひとつに数えられる（たとえば、より高次の神として）場合。[27] その場合は、単に有神論の可能な形式のひとつが問題となるにすぎない（非形容的な神を想定しない可能な態度表明のすべてを無神論のみに帰属させることはばかげている）。こうして、無神論と純粋有神論とを区別する（それはなお宗教－外的にではあるが）ための私の定義は、無神論と有神論一般とのあいだの境界線を画定するに至らない。より詳しく検討してみれば、この境界線を引くことはきわめて困難であることがわかる。

非形容的な何かを否定する形容的な有神論者を例にとろう。この者を無神論者からどうやって区別するのか？　形容的な有神論者を、われわれがさきに定義した無神論者から区別することは不可能である。だから、こうした区別を可能にする新しい定義を無神論に対して（また有神論に対して）与えなくてはならない。だが、無神論者と純粋有神論者（有神論者がすなわち純粋有神論者であるとして）とを区別するためのわれわれのさきの定義もまたこの新しい定義のなかに残り、そこに統合されなくてはならない。最後に、この新しい定義は、純粋有神論を一般的に考えられた有神論のなかに組みいれることによって、純粋－でない有神論と形容的－でない有神論とを同列に扱うような定義でなくてはならない。では、どうすればよいか？

＊　これらの否定接頭辞は、原文でもこのままのかたちで出てくる。ここではおそらく、純粋有神論（「否定的」有神論。非形容的な有神論もそこに含まれる）と規定的な有神論（純粋－でない有神論、すなわち「純粋」有神論と対立する有神論）とが最終的に同じひとつの全体に含まれるということが、研究を成功に導く条件であることを理解しなくてはならない。

われわれの有神論の事例に立ち戻ろう。彼は非形容的な何かの存在を否定するが、自己自身とは異なる形容的な何かの存在は認める。この点で、この者をわれわれの無神論者から区別するものは何もない。区別が始まるのは、この有神論者（話を簡単にするために、この者を一神論者と呼ぶことにしよう）があれこれの性質をもつ何かを神と呼ぶときである（それに対して、神は無神論者にとっては存在しないか、または無である）。しかしながら、「無神論者」が、あらゆる性質（語のもっとも広い意味で）を帯びたこの何か、すなわち、単に静的なだけでなく動的かつ機能的でもある諸々の性質（とりわけ、宗教的態度「の枠組み」においてこの何かが帯びる機能的性質）を帯びたこの何かの存在を認める一方で、この何かを神と呼ぶことは端的に拒否するという場合には、この無神論者と有神論者との論争は単にことばをめぐる論争にすぎない。とすれば、この場合、この無神論者は名ばかりの無神論者にすぎず、真実には有神論者であり、さらには、自分が論争する当の相手と同じ有神論者である。そして、彼はこの相手とは単に神の名をめぐって議論しているにすぎない。(28) こうした論争を単なることばをめぐる論争に終わらせないためには、無神論者は有神論者が語るこの何かのもつ性質のうちの少なくとも何かひとつを否定しなくてはならない。だが、これらの性質のひとつ、複数（またはすべて）を否定するだけでは十分ではないことは明らかである。有神論者からすれば、こうした否定は一種の異端ないしは非正統説であるが、しかし無神論ではない。純粋有神論者は神のすべての性質をまさしく否定するが、しかしこの事実をもってこの者を無神論者とみなすことはいかなる場合においてもできない。およそ有神論者は神について語り、無神論者は神について語らないという事実は、事態に何ら変更を加えるものではない。無神論者は神が存在しないと言う。だが、彼が否定するこの神とは何か？　神が無であるならば、この言明――「無」（＝神）は実存しない――は「聖なる真理」であり、良識ある人間であれば誰もこれを否定できない。逆に、神が何かであって、しかもただの何かにすぎないならば、その場合は本書の出発点に逆戻りすることになる。この神が形容的な何かだとすれば、その場合は、無神論を、ただひとつの性質、すなわち、この何かを神たらしめる性質の否定とみなすことができる（さもなければ、それはひとつの異端である）。だが、もしもそれなしにはこの何かが神ではあり得ないようなひとつの性質があるとすれば、その場合は、神のもつ性質すべてを否定する純粋有神論者は無神論者である。

この窮地をいかにして脱却すべきか？ ひとつの単純な答えが思い浮かぶ。およそ有神論者にとって、神とは宗教的に（語のもっとも広い意味で、能動的な仕方で、または単に受動的な仕方で）作用する何か*であり、この何かが神であるのはまさしくこの作用そのものによってであるのに対して、「神は」無神論者にとっては無である。** 無はいかなる仕方によっても作用することはできないし、ましてや宗教的に作用することはできない。まさにそれゆえに、それは神ではない——神は無神論者にとって存在しない。だが、より詳しく検討してみれば、この「単純な」答えは無意味であることがわかる。無神論において宗教的に作用するものが何もないと言うとき、そこで考えられているのは、〈無〉（実詞名詞としての）が作用しない（有神論において作用するのは何かであって無ではない）ということではなくて、作用するものが何もないということである。換言すれば、無神論それ自体は無‐宗教的な態度であり、有神論者と無神論者とを宗教‐外的に区別することはできない。とはいえ、ここで述べたことについては最大限の注意を払う必要がある。「たとえば」、アリストテレスおよびフランクリンの有神論的宇宙論と現代の無神論的宇宙論（それを唱える者たちの感情や、その宇宙論の外で抱かれる世界観とは無関係な）との違いが宗教と非‐宗教との区別にあるというのは、本当にあり得ることなのだろうか？[29]*** もし本当にそうならば、回答を放棄するまでもなく、このことはわれわれが当初から認めてきた無神論的宗教の可能性と相容れない。この点からすれば、無神論の問題は非‐宗教的な態度の問題でしかあり得ず、それは興味深いし重要な問題であるが、しかしわれわれにとっては間接的な意義しかもたない。われわれがここで関心をもっているのは、宗教的な無神論である。ただし、宗教的態度が無神論の枠のなかで可能であることが認められるならば、その場合は、〈無〉が宗教的な働きをもつということを認めなくてはならない。もちろん、宗教的態度は所与の全体性だけに限定された領域を定義するものではない。それは逆に、この全体性を内包するひとつの特殊な態度である。まさにこうした仕方で、〈無〉、すなわち実存しないものは、宗教的態度のなかでは宗教的な〈無〉（実存しない〈無〉としての）なのである。ただし、宗教的な〈無〉としての〈無〉は「他のいずれの」無からも区別される。だが、この〈無〉は、宗教的態度においては、その不在それ自体によってひとつの宗教的機能（もちろん否定的な）をもつ。このことは、無神論においてはただ〈無〉だけが作用するというのであれば、何ら問題ない。他方で、有神論におけるそれ（宗教的に機能するもの）は、ある特定の何かである。この場合、この〈無〉とこの何かを神と呼ぶことができるかもしれないし、また有神論を「神‐何か」の宗教と呼び、無神論を神‐無の宗教と呼ぶことができるかもしれない。だがあいにく、無神論において宗教的に機能するのは、〈無〉だけではなくあらゆる種類の何かもそうである。他方で、有神論においては、〈無〉は「神‐何か」とまったく同様に機能する。形をとりかけたかに見えた境界線は、またしても消えてしまう。[30] 同時に、さきの「答え」も不条理さもまた明らかとなる。問うてみよう。神とは宗教的に機能するものなのか？　だが、あらゆるものが、〈無〉でさえもが、宗教的に機能するのではないか？　そうだとすれば、あらゆるものが神だというべきなのか？　それは明らかにばかげている。では、神は神として機能するものということなのか？　この神に何らかの性質を付与してそれが何であるかを明らかにしないかぎり、そして、その帰結として純粋有神論者を無神論のほうに分類しないかぎり、このように言うことは無意味なトートロジーを言うことである。では、この窮状をいかにして脱するべきか？

＊　ロシア語は *founktsiomirouet*（*функционирует*）である。ここでは文字通り訳しておく。ここではすでに、あとで定義される、たとえば有神論者の魂と神と「相互作用」の諸相のひとつが問題となっている（たとえば、一八〇頁以下、および注記182を参照せよ）。

＊＊　「rien」という語は、ここでは実詞としての役割を果たしている。ゆえに、「Dieu n'est rien」ではこの命題の正確な意味を伝えられない。

＊＊＊　この問題は、『無神論』では単に素描されるにすぎないが、『異教哲学史試論』第二巻一九三頁以下と「近代諸科学のキリスト教的起源」（『アレクサンドル・コイレ記念論文集』第二巻所収、一九六四年）において再び取り上げられる。

＊＊＊＊　『ヘーゲル読解入門』三五二頁におけるコジェーヴのスピノザ論を参照せよ。

われわれの問題をいまいちど確認しておこう。純粋有神論者を有神論者とみなすことができるような、また無神論者（宗教的であれ無－宗教的であれ）と有神論者（宗教的であれ無－宗教的であれ）とを区別することができるような有神論の定義を見つけなくてはならない。われわれの最初の定義をもういちど見ておこう。有神論者にとって神は何かであり、無神論者にとってそれは実存しないという厳密な意味で無である。したがって、無神論者の神とは何かという問いは無意味である。この神が無であると言うことはできない。なぜなら、第一に、無は対象ではないからであり、第二に、無神論者にとって神は存在しない、すなわち、目的語にとっての［属性にとっての］主語［実体］さえ存在しないからである。だが、有神論者の神とは何なのか？　それは何かであるが、必ずしも形容的な何かではない。なぜなら、さもなければ、純粋有神論者は有神論者ではないことになるからである。だが、それは必ずしも非形容的な何かというわけでもない。なぜなら、形容的な有神論もまたひとつの有神論だからである。では、純粋有神論者の神と形容的な有神論者の神とのあいだに何か共通のものがあるのだろうか？　明らかに、それは特定の性質または性質一般の有無ではない。なぜなら、まさにそれによってこそこの両者は互いに区別されるからである。この二つの神は何かであるという点で共通しているが、しかしこのことは神に限った話ではない。なぜなら、あらゆるもの（もちろん、形容的な）が何か（無以外の）だからである。だが、神（形容的な有神論者の）は非形容的な何かではない。だから、事物的実在を除けば、この両者のあいだに共通するものは何もない。なぜなら、純粋有神論者の神はただ単に何かだからである。事態は出口なしである。解決策と見えたものはすべて、今やその覆いを剝がれてしまった。以下に示すものが、われわれの当面の解決策である。

純粋有神論者は、神が非形容的な何かと同じであると主張する。それによってまさしく、神が形容的な何かであるところのものすべてから区別されると彼は主張する。これを別様に言えば（だが、それは厳密には不可能であるが）、非形容的な何かはすべて融合し、形容的なあらゆる所与と対立するただひとつの純粋な何か（＝神）になるということである。したがって、純粋有神論者に対しては、(1) 自己自身（＝私）であるところの形容可能な何か、(2) 自己自身ではない形容可能な何か（＝非-私、語のもっとも広い意味での世界のことであり、それは単に四次元の物理的で実在的な空間だけではなく、ケンタウロス、四元数、ヒルベルトのR^{∞}集合*、四角い円、以下同様、をも含む空間である）[31]、そしてさらに(3) 非形容的な何か（＝神）が与えられる。人間に対して同じ仕方で与えられる（幾人かの哲学者がそれについて何と言おうと。だが、ハイデガーは違う）最初のふたつの何かを、それらが（あれこれの仕方で形容されてあるのではなくて）形容可能な何かであるという意味で「世界内人間（私）」と呼ぶならば、この場合は、単に「世界内人間」だけがあるのではなく、世界の「彼方」の何か、形容不可能な何かが与えられる人間もまた存在するのであり、この形容不可能な何かを彼は神と呼ぶ。無神論者にとっては逆に、「世界内の

「自己自身」の外部には何もない。宗教的態度は、（純粋）有神論の地平においてはすべてのものを含んでいるのだから、この態度は必然的に世界の彼方の何かを含んでいる。それに対して、無神論的宗教は、自己の地平を「世界内人間」の内在性のみに限定する。

＊ 実数の無限集合。

以上のことはすべてまぎれもなく真実であるが、そこでわれわれが得たものはごくわずかである。確かに、われわれは、無神論者と純粋有神論者とを区別することによって、この両者に関するわれわれの考えを明らかにしたし、何よりその区別を「復権」させ、さらにそれを通説的見解へと接近させた。だが、この両者の区別はもっとも困難な区別というわけではない。われわれの困難は、無神論者と形容的な有神論者との区別にある。この点について、われわれは何が得られたのだろうか？

純粋有神論者によれば、神は、私と非‐私から成る全体ないし「世界内人間」とは異なるものである。このことが形容的な有神論者の神についても同様に真実であると仮定してみよう。この場合、神は今や形容可能なのだから、この神と世界との対立はもはや「分析判断」ではない[32]。だが、この対立が確実なものであり、またそれが有意味であると仮定してみよう。その場合は、この有神論者に対しては、(1) 形容的な私、(2) 形容的な非‐私（世界）、そして、(3) 同じく形容的な「非‐私にして非‐世界」が与えられるのであり、この最後のものが神と呼ばれる。形容的な有神論者の神は、何かであって無ではない。彼は無神論者ではない。ゆえに、純粋有神論者の神と同じく、形容的な有神論者の神もまた何かである。ただし、純粋有神論者の神とはちがって、形容的な有神論者の神は形容される（あるいは少なくとも形容可能である）。ここでもまた、最初のふたつの何かを「世界内人間」と呼ぶとすれば、形容的な有神論者の宗教は世界の「彼方の」何かを含んでいるが、しかしこの何かは定義された属性をもつ何かである＊。だが、この三つ目の何かをなおも世界の限界の彼方にあるものとみなさない場合には、われわれの有神論者（一神論者）の宗教的態度は、（世界に内在しながら同時に）神である特定の何かとの関わりを（無神論者の態度とちがって）含んでいるということができる。しかも、その何かは、有神論者自身とも神的でない他のあらゆる何かとも異なるものなのだ！**

＊　少なくとも、世界の「外部に」ある何かである。
＊＊　このことは、この有神論者の死後においては、その不死の魂にとってそうだということになる（本書一八〇頁以下を参照せよ）。

しかしながら、以上のことはすべて、形容的な有神論の事例をより詳しく検討してみれば、ただちに崩れ去ってしまう。かくして、われわれは振り出しに戻る。神は、形容的な有神論者にとっては存在するが、無神論者にとってはそうではない。だが、神とは何か？　形容的な何かだが、同じく形容的な他のあらゆる何かとは異なる何かということか？　この場合の神とは、非‐神ではないものである。これはまさしく明白なトートロジーである。一見したところ、神は私と非‐私から成る「世界」とは異なると言うことで、神をうまく定義できるように見える。だが、同じことは他のいかなるものについても言える。たとえば、金は金でないあらゆるものと異なるし、この鉛筆はこの鉛筆でないあらゆる何かと異なる。金属としての金は、たとえばあらゆる金属と似ていると言おうと思えば言えるし、この鉛筆は、とりわけ他のあらゆる実在的な対象と空間的‐時間的な局在性を共有していると言いたければ言える。それに対して、神は、その性質のいかなるものも他の何かのもつ性質と一致しないという点で、他のすべての何かと異なる。こうした道ゆきをとる場合はしかし、最終的には否定神学の神に至りつくか、あるいは、神性の否定的な形容を断念する場合は純粋有神論の神に至りつくか、のいずれかになる。この二つの事例においては、いずれも有神論の一特殊形態に至りつくことになるのだが、まさにそれゆえに、こうした神を否定する「無神論者」は、ことばの一般的な意味での有神論者である可能性がある。

　にもかかわらず、神性が神的でない世界と異なると言うとき、われわれは明らかに、この発言が空虚なトートロジーではなく、ある種の積極的な意味をもつという感情を抱いている。問題は挙げてこの意味の探究にあり、その意味はトートロジックな表現形式によって覆い隠されている。われわれは、否定神学と純粋有神論の事例（神は世界とは異なる。なぜなら、それは否定的な属性しかもたないから、あるいはそれがいかなる属性ももたないから）からこの意味を取りだすことに成功した。今や、同じことを肯定神学についても、つまり、形容的な有神論一般についても行わなくてはならない。もちろん、およそ有神論者にとって、神が、たとえば金が非‐金から、あるいは、この鉛筆が他のあらゆる何かから区別されるということとはまったく別の意味において、世界から区別されるということは明らかである。所与の全体を神的なものと非‐神的なものとに分割することはいかにも自然であるが、それを金と非‐金、この鉛筆とこの鉛筆でないもの等々に分割することは明らかに不自然である。ただし、前者の分割において問題となるのは、分割されたもののうちの一方が他方に対してもつ形式的な優位性ではない。神に何らかの性質を付与するさいに、有神論者はつねに、この世界の何かがもつ何らかの特殊的な性質がこの何かを他の何かから区別するのとはまったく別の仕方で神を世界から区別する、ひとつないし複数の性質を念頭に置いている。このことは、形容的な有神論の肯定神学のいわゆる高等な形態にとっては、とりわけ明白である。たとえ、神を神的ではない何か[33]と比較できるような何らかの性質を神に付与する場合でも、この性質はつねに、それと同種の性質をもつ神以外のあらゆるものからこの神を区別するような性質である。こうして、たとえば神に認識を付与する場合でも、この認識は他のあらゆる認識から（単に無知からだけでなく）区別されるし、このことはときに、この認識を指示する語に omni- という接頭辞をつけ加えることによって表現される。また、この接頭辞は、神の属性の大半に付加することができる。さらに、神に対してときに神本来の肯定的性質、たとえば、産出する神たるかぎりで被造物たる産出された世界と対立するという性質が付与されることもある。[34] 有神論のいわゆる下等な形態においてはそれほど顕著ではないものの、事実上これと同じ事態がそこでもつねに見て取れる。いわゆる「フェティシズム」の事例を取り上げてみよう。ここに何の変哲もない石があり、フェティシストはそれを神だと言う。もし本当にそうだとすれば、われわれの推論はまちがっていることになるし、有神論と無神論との論争は単にことばをめぐる論争にすぎないであろう。だが、有神論者の宇宙にも無神論者の宇宙にも石はたくさんあり、このフェティシストによれば、くだんの石‐神は他のすべての石から根本的に区別されるという(それは、言ってみれば、他の非‐神である石とは異なるのである)。だが、この石‐神が他の石から区別されるのはそれが神と呼ばれるからにすぎないと言うことは、フェティシズムの解釈としてはばかげている。石‐神が「何の変哲もない」のは、フェティシストの宇宙のなかに住んでいないわれわれにとってのみである。フェティシストにとって、この石は単に「何の変哲もないもの」ではないというだけではない。それはまた他のすべての石から(単に非‐石からだけでなく)区別されるのであり、それがこのように区別されるのはむろん、それが神と呼ばれるからではなくて、逆に、それが神的ではない残りの世界と異なるという理由によってのみ、それは神と呼ばれるのである。[35] したがって、有神論の「高等な」形態と「下等な」形態とのあいだに差異はない。つまり、フェティシズムの神は、この世界の事物が互いに区別されるのとは別の仕方で、世界から区別されるのである。[36]

このように、有神論にとって、「神的なものは非‐神的なものと異なる」という言明は無意味なトートロジーではない。「～と同じものではない」ということはつまり、「Aは非Aではない」ということである。矛盾律は確かに普遍的な意味作用をもつが、[37] Aを「神」に置き換えることによって、「神」を神的でない何かに置き換える場合とは別の意味が「ではない」という否定に与えられる。[38]「神は非‐神ではない」、あるいは同じことだが、「人間ではない」、または世界ではない（すなわち「世界内人間」ではない）という見かけ上のトートロジーの裏には、ある積極的な意味が隠されている。さもなければ、この言明と「Aは非‐Aではない」または「金は非‐金ではない」という言明とのあいだに違いはないであろう。有神論者によれば、世界と神とのあいだには種差が存在するが、無神論者によれば、それは存在しない。なぜなら、無神論者にとって神は存在せず、ただ世界だけが存在するからである。言い換えれば、無神論者は、「ではない」という否定のもつ特殊な意味を知らないのである。

だが、このトートロジーの裏には有神論者にとってある特殊な意味が隠されていることは明らかだとしても、この意味がどのようなものであるかをわれわれはいまだ知らない。それをなお解き明かさなくてはならない。そのためには、神が何であるかを定義しなくてはならない。こうして、われわれはあらためて出発点に立ち戻ることになる。神の定義をあり得べき肯定神学の一つによる定義に置き換えることで、このトートロジーの意味を開示できるかもしれない。だが、それだけではむろん十分ではない。なぜなら、ある特定の神の否定は、なお無神論を意味しないからである。およそ有神論者であれば知っているような意味での、だが、無神論者の世界観には存在しないような意味での「ではない」という否定の意味を見出さなくてはならない。およそ有神論者にとって神とは何かであり、この何かは存在する。ただし、それはまったく特殊な仕方で存在するのであり、他の何かのように存在するのではない。そして、この特殊な「存在する」こそ、無神論者が知らない当のものである。この存在様式は、厳密に言えば、神の性質でもなければ神の属性でもなく（なぜなら、この存在様式は純粋有神論者にとっても有意味だからである）、神が与えられてあることのひとつの特殊な形式である。では、この形式をいかにして定義し、この特殊な「存在する」をいかにして見出し、このトートトロジーの意味、すなわち、有神論者の世界観のなかにはあるが無神論者の世界観には欠けている（トートトロジーそれ自体もここには欠けている。なぜなら、ここではそれは主語をもたないからである）この意味をいかにして開示すべきか[39]？

［世界外人間へ――三つの困難］

どのような人間に対しても、したがって、どのような有神論者に対しても、つねに二つの異なる何かが与えられるということをわれわれは知っている。それは、自己自身、そして自己とは異なるあらゆるものであり、後者をわれわれは世界と呼んでいる。人間はつねに「世界内人間」としてあり、また「世界内人間」として自己自身に与えられる。私と非‐私、人間と世界とは、その内容によっても与えられの様式によっても確かに非常に異なっている。だが、その相違にもかかわらず、この両者は「世界内人間」というただひとつの全体として一括りにできる点でまさに共通している。この共通性それ自体が何であるかは簡単には言えない。この問題には深入りしないでおこう。ここでは、こうした共通性の存在が誰にとっても直接的に明らかであることを指摘しておくだけで十分である[40]。

人間（＝私[41]）と世界（＝非‐私）とに共通するものは、第一に、私に対してつねに何かが与えられてあるという事実によって開示される。これらの何かは、それらが私に与えられるという点で私とは区別されるにもかかわらず、その質的内容の点では（この内容のすべての様態においてではないにせよ、少なくともその主だったトーヌスにおいては[*]）私と同じである（あるいは少なくとも類似している）。これらの何かとは他の人間たちである。私は、私の外部で他の人間たちと出会うことで、この世界を私にとって完全に疎遠な何かとして、他なる何かとして、私自身であるところの何かとは根本的に異なる何かとして知覚することをやめる。私は「空虚な」世界を恐れるかもしれない、つまり、それは私にとって「疎遠なもの」と映るかもしれない。だが、この恐れは私が他の人間と出会うやいなや消え去る（あるいはまったく別のものとなり、対象なき不安は敵を前にした具体的な恐れへと変化する、等々）。私は、私の恐れが根拠のないものであること、世界が最初にそう見えたほどには私にとって疎遠ではないということをただちに見て取る。にもかかわらず、世界が私にとって疎遠であることをやめないのは、そこに私以外の人間たちが存在するからである。逆に、他の人間たちがそこに見いだされるのは、世界が疎遠ではないからだと言うこともできる。私が不安に陥っているときに、たまたまある人間を見かけてその不安が消え去るのは、私が私にとってどこまでも疎遠な未知の砂漠のまっただ中に見覚えのあるオアシスを見出したからではなくて、そのときその人間(42)と私がともに恐れを抱くからである。あるいはむしろ、私は私の外部において異論の余地なく見覚えのある何かと出会うことで、この「外部」が私にとって完全に疎遠なものではあり得ないことを理解するのである。つまり、私が砂漠のなかで見出すものがオアシスだというのではなくて、むしろ、このオアシスを見かけることによって、私は世界が私にとって疎遠な砂漠であると感じなくなるのである。以上のことから帰結するのは、次のようなことである。世界と私との共通性は、人間なるものたちとの出会いによって顕在化する（もちろん、つねにそうだとは限らないが）とはいえ、この共通性は、私と人間なるものたちとの共通性によっては汲みつくされない、と。私が人間なるものたちとの共通性を通じて感じとるのは、あらゆるものとの共通性である。しかも、私は私の同類との出会いを介さずともこの共通性を感じ取ることができる。私が愛犬とともにいる、牝牛とすれちがう、自宅にいる、等々の場合には、私は不安ではない（または不安がない）。私は、何らかの仕方で自分にとって近しいものや見覚えのあるものは何であれ恐れない。もっとも、容易に見てとれることだが、あらゆるものが私にとっては多少とも近しいものである。私は、石、畑、雲、等々を見るとき不安を感じない——要するに、夜が明けているとき私は不安ではない(43)。世界が質的な内容で満たされていることは、私にとって疎遠ではないし、そのことを私は恐れない。逆に、この内容が欠けているとき、私は不安になる。夜、世界が非‐存在の闇のなかに溶け込んでいきそうになるとき、また、世界が私との共通性の最後の一片——事物的実在(44)——さえも失ってしまうかのような印象をときに私が抱くとき（とりわけ、自分には何も見えないことさえわからず、私に見えないこの闇が、実は私の背後にある何かであることさえわからないような場合には）、私は恐れを抱く。

＊　世界の事物の「客観的実在」を論じているコジェーヴの「〈知の体系〉」の「言説」の部分が「トーヌスの変容」の観念を中心に据えていることを、銘記しておくとよい。トーヌスの変容は、それが引き起こす感覚によって「客観的に実在的な」何かが確かにあるということを私に保証し、この何かと私は、私が生きているかぎりにおいて相互作用する（前掲書『カント』一五六—一五七頁を参照せよ）。

他人と私が私に与えられる形式は多様であるが、にもかかわらず、「これらの与えられの」（そして *Seinsart*〔存在様式〕の）質的内容の類似性ゆえに、私は他人と出会うさいに自分とこの者とが共通しているという感情を抱く。だが、人間的でない世界について言えば、そこには与えられの形式の差異に加えてさらに質的内容の差異もあり、ときには存在様式それ自体の差異さえ存在する（*Seinsart*：つまり、この世界に存在するのは単に鳥や石ばかりでなく、ケンタウロス、対数、等々もまたそうだということである）。だが、私がこうした共通性の感情を抱くとき、また私がこの共通性を感じ取っているかぎりでは、私は不安ではない。では、与えられの形式や質的内容や存在様式が異なる場合、この共通性はどこで与えられるのか？　それは世界と人間との相互作用において与えられるのである。[*]そもそもの初めから、世界は私と対峙する独立の何かとして私に与えられるのではなく、私に対して影響を及ぼし、かつ私からの影響を被るものとして私に与えられる。しかも、私が私自身の存在を感じ取るのは、私が世界と相互作用するときだけであり、私と相互作用するものは私と異なっているかもしれないが（むしろ、異なっているに違いないが）、にもかかわらず、それは私にとって完全に疎遠なものではない。夜、私が何ごとかに専念しているならば、私は不安を感じない（あるいは、それほど不安を感じない）。その理由は単に、たとえば、何か見えないものに私が触れたからというだけではなくて、何よりもまず、私が持ち上げようとした薪が持ち上がるからであり、また松毬《まつかさ》が落ちてきて私に痛みを与えるからである。(45)人間と世界とのこの相互作用は、物理的な相互作用にとどまらない。物理的相互作用においては単に物理的世界との共通性が与えられるにすぎず、肉体労働者（たとえば未開人）は自分が相互作用しているという自覚をもたないことばや文字を前にしたとき恐れを抱く。だから、この相互作用を語のもっとも広い意味で捉えなくてはならない。世界が私にとって近しいのは、単にそれが私にとって現に存在するものだから（ハイデガーの言う *die Welt Vorhandenen*）というだけではなくて、それが美しく、興味深いものであるから、私がそれを愛しているから、等々――要するに、それが端的に知られているからである。したがって、ただ単に鳥や石の世界ばかりが私にとってなじみ深いのではなくて、ケンタウロスや対数、四角い円、等々の世界もまたそうである。確かに、これらの相互作用の形式のすべてが万人に与えられるわけではない。というよりもむしろ、それらをだれもが同じように感じ取るわけではない。それゆえ、たとえば月は美しいし、興味深いし、認識し得るものであるが、しかしそれは（いずれにせよ自発的には）私の物理的行為に従わないものであるがゆえに、ある者たちにとっては、それが疎遠で不安を与えるもののように映ることがあり得る。だが原理的には、少なくともその「認識可能性」という点からすれば、世界全体が私と相互作用しているのであり、この相互作用によって、私は自分と世界との共通性を自覚する。この相互作用によって、人間と世界はただひとつの全体へと統一される。それはある点では同質的な全体であり、それは「世界内人間」である。以上のことすべてから、無神論と有神論の問題に関しては何が帰結するだろうか？　すでに見たように、世界がわれわれに恐れを抱かせず、われわれにとって疎遠でないのは、何よりもまずわれわれがこの世界と相互作用しているからである。他方では、すでに見たように、神はそれが存在するという意味では世界の彼方にあり、それは人間や世界が与えられるのとはまったく別の仕方で人間に対して与えられる。今や次のように言うことができる。世界がわれわれにとってなじみ深いとすれば、神はわれわれにとって疎遠である。われわれが世界にあって恐れを抱かないとすれば、われわれは神と向かい合うとき不安であり、私と神とのあいだには私と世界とのあいだに存在するような相互作用は存在しない。さらに言えば、もし神が私に対して働きかけるとしても、私の方からは神に対して働きかけることができない場合には、そこにはやはり相互作用は存在しないであろう。こうした観点に立てば、有神論者とは、不安を与える何か、疎遠な何か、自己の行為領域の外にある何かが与えられる者であるのに対して、無神論者とは、このような何かがいっさい与えられない者である。[46] この帰結は納得がいくように見える。無神論者によれば、存在するものは自己と世界だけであり、自己にとってはあらゆるものがある意味で同質的であり、この同質性は原理的には、あり得べきすべての所与同士のあいだで対等な相互作用が成立し得るという事実によって顕在化する。[47] それに対して、有神論者によれば、自己の行為領域のうちに含まれない何かが存在する。また、その神的性格は、この有神論者が自己の行為とみなすもの（単に物理的なものであれ、それ以外の性質のものであれ）と彼が自己の行為の適用範囲の外にあるとみなすものが何であるかに応じて変化する。問題のそれは月である場合もあれば風である場合もあるし、そういった類のもの以外だとすれば、それは非空間的、非実在的、さらには認識不可能な何かであったりする。こうして、「フェティシズム」に始まり純粋有神論に至るまでの有神論のさまざまな形態が得られる。純粋有神論は、相互作用のもっとも一般的な形式の欠如（フェティシズムの場合とは逆に、純粋有神論はこの欠如を欠如として自覚している）をとりわけ強調するが、この欠如は神の認識可能性の否定に他ならない。無神論者は、有神論のある特定の形式が神とみなす何らかの性質を帯びた何かを必ずしも否定するわけではなくて（たとえば、彼は月を否定しない）、ただこの何かのもつ疎遠な本質を否定するだけである。だが、純粋有神論者もこれと同じ見方をとる。つまり、純粋有神論者の世界は無神論者の世界と一致する。両者の違いはただひとつ、純粋有神論者によればこの世界の彼方にはこの世界と疎遠な何かがあり、それは彼の行為に従わないが、無神論者によればこの世界の外には何もないということだけである。

＊「〈知の体系〉」の〈客観論〉においては、トーヌスの観念のほかに、相互作用の観念が中心的な役割を果たすことになる（上記四〇頁以下を参照せよ）。とりわけ、それが『法の現象学』における〈法〉の定義にとってもつ重要性を考えることができるだろう。

以上のことはすべてまぎれもなく真実であるが、しかし、それだけではなお不十分である。この点は、以下の考察から出発してみることではっきりするだろう。

(1) 純粋有神論者にとって、神とはまさしく何かであるが、しかしこの何かは「他なる」＊何かであって、「世界内人間」からなる全体に帰属する何かではない。だが、この何かが「他なるもの」であるのは単にそれが「世界内人間」の［一部をなす］何かではないからだとすれば、また、およそ質的内容はすべて「世界内人間」のなかに見いだされるとすれば、その場合は、この何かは（少なくとも主観的には）無に転化するおそれがある。[49] 認知的には、肯定的なものであれ否定的なものであれ、およそ属性というものをもたないこの何かは、いかなる点でも無から区別されない。ただし、無に関して言えば、それが属性をもつことを肯定することも否定することもできない。なぜなら、この無は実存しないし、それは実体、つまり、何であれ何らかの述語の肯定ないし否定の主語ではあり得ないからである。たしかに、神的な何かの与えられの認知的でない他の諸形式が現に存在する可能性はある（たとえば愛）。だが、行き過ぎた有神論が人間と神との相互作用のいっさいを否定してしまうとすれば、この神的な何かはこの有神論にとっては無ということになるだろう。たしかに、ある種の神秘主義者たちは神を「〈無〉」と呼んでいる。では、それは無神論なのだろうか？　肯定の答えが否応なく浮かんでくる。こうした無神論者がまぎれもなく宗教的人間であるという事実を恐れてはならない。逆に、有神論が「フェティシズム」から無神論へと連続的に移行することによって、有神論と無神論との境界線があいまいになってしまうことのほうをむしろ恐れなくてはならない。と同時に、神が、エックハルトやエリウゲナのような神秘主義者たち、つまり疑問の余地なく断固たるキリスト教徒であり、われわれが無神論者あつかいしたいとは思わないような者たちによってこそまさに、「〈無〉」と呼ばれたという事実に注意を払う必要がある。いずれにせよ、有神論と無神論はあまりに異なるので、そしてまた、これまでつねにこの両者は明確に異なるものと見なされてきたために、この両者のうちの一方から他方への連続的な移行は不可能であるように見える。

＊　括弧つきの「Autre」は、ここでは、われわれが生きているこの世界の何かではないもののもつ根本的な他者性を指示している。ロシア語原文では、この語はしばしばこの意味で用いられている。これらのケースについては、著者

が括弧を用いない場合は単に「他なる何か」、「完全に他なる何か」、等々と記述しておく。

ある主語に対応する何であれ何かの述語が、肯定的なものであれ否定的なものであれ、つねに「世界内人間」の与えられから引き出されると考えるならば、そして、神を「世界内人間」にとって絶対的に「他なるもの」として理解するならば、その場合は必然的に神が無であると言わなくてはならないし、したがって、無神論の立場に与さなくてはならない。つまり、神に対してわれわれがこれまで与えてきた否定的な諸定義は、有神論者の神の定義としては十分ではない。神は私ではない、神は世界ではない、神は「他なるもの」である――それは確かである。だが、神が無へと解消されてしまうことから神を救い出そうとすれば、この「他なるもの」が何であるかを明らかにしなくてはならないし、それをいわば肯定的に定義しなくてはならない。神が無ではないのは、それが何かだからであると言うことができる。だが、私もまた何かであり、世界は何かであるから、神がひとつの何かにすぎないものであるかぎり、それは私と世界にとって疎遠なものではない。それが非形容的な何かであるにもかかわらず、それがなお私と世界が何かであるのと同じ仕方で何かであるとすれば、それは「世界内人間」の一部であることができるし、それがかりに世界の内部に含まれないとしても、少なくともそれは世界および人間とともに「人間、世界、そして神」というひとつの同質的な総体を形づくることができる。この場合には、その総体の外部には無がある、つまり何もない。こうした見地は、無神論の見地といかなる点で区別されるのか？　まったく区別できない。ここにあるのは、世界に関するひとつの特殊な理論にすぎず、それは、非‐私の同質的な事物的実在を二つの領域（形容的なものと非形容的なもの）に分割し、そのうちの一方を神と呼んでいるのである。だが、神についてこのように語ることが不当であることは明らかである。なぜなら、神が神であるのはまさしく、それが私および世界とともにひとつの同質的な総体を形づくることがなく、逆にそれらと対立しているからである。してみれば、この神との対比において、私と世界とは同質的である。神は「他なるもの」であるが、神は「他なるもの」だから神なのではない。なぜなら、「無」もまた他なるものだからである（この無を「神」と呼ぶのはおかしい。なぜなら、それは実存しないからである）。神は何かであるが、神は何かだから神なのではない。なぜなら、何かとしての何かは「他なるもの」*ではないからである。してみれば、神が神であるのは、それが何かであると同時に「他なるもの」でもあるからでしかない、つまりは「他なる何か」だからでしかない。だが、この他なる「何か」とは何か、それはいかにして人間に与えられるのか？　すでに見たように、「世界内人間」から引き出される性格規定は、肯定的なものであれ否定的なものであれ、無へと、したがって無神論へと導いてしまう。ところで、自分が無神論者であるか否か、神がいるのかいないのかをわれわれが少なくとも自問することができるためには、神が何らかの仕方でわれわれに与えられなくてはならない。では、神はいかにして私に与えられることができるのか？

＊「autre」はここでは、さきに指摘した根本的な他者性を指している。それは、私や世界にとって完全に他なるものとしての神が、私に対して私を通じていずれかの仕方で与えられるということが可能かどうかという問題である。

神は世界にとっての「他なるもの」であり、それは世界内では肯定的にも否定的にも私に与えられることができない。世界を除けば、ただ私自身だけが私に与えられる(50)。だが、神が世界内ではなく私のなかで、あるいは私として私に与えられることは可能だろうか*？　少なくとも、私が私自身に与えられることのなかに神への道を見出すことは可能ではないか？　もしこのような道が現に存在するならば（そしてそれは現に存在する）、それこそはまさに唯一の道であるだろう。とはいえ、すでに述べたように、そもそもの初めから私は世界内で私自身に与えられている。だが、「世界内人間」から出発して神へと至る道は存在しない。したがって、もしこの道が現に存在するとすれば、私は「世界内人間」として与えられるのとはさらに別の仕方で私に与えられるのでなくてはならない。私はこのような仕方で私に与えられるだろうか、もしそうならば、いかにしてか？[51]

＊　明らかに、ここでの問題はさきに検討した独我論の事例ではない。

(2)　与えられの否定的な属性（「疎遠な」、「不安を与える」、「他なる」のような）に言及するだけでは、神の定義としては不十分である。とりわけ、人間と神とのあいだの相互作用（対等なもの同士の）の不在を指摘するだけでは十分ではない。ある意味で、こうした性格規定は間違ってさえいる。実際、あらゆる有神論者は人間と神との相互作用［の実在］を認めている。もっとも極端な立場をとる有神論者といえども、神が「何か」であって〈無〉ではないことを（認知的には）知っている。[52] 彼が神は〈無〉であると言うとしても、その場合の〈無〉は、彼に言わせればなお神のひとつの属性である。なぜなら、もしそうでなければ、この言説は、護教論ではないとしても非十全な言説ということになるからである。また、この点で、この無は無神論者の無から区別される。無神論者は「神は〈無〉である」と言うことはできない。なぜなら、彼は「神」ということが端的にできないからである。とはいえ、われわれの用語法によれば、どの与えられもある特定の相互作用の形式である。[53] だが、一般に有神論者は、こうしたもっとも透明度の高い相互作用の形式だけでは満足せず、これよりもはるかに具体的な相互作用の存在をも認めている。＊有神論者は神に祈り、そして、神が自分の要求を聞き入れる、自分の賛辞を嘉する、等々のことが可能であると想定している。いずれにせよ、彼はどのような祈りも神に届くことができると想定している。なぜなら、もしそうでなければ、なぜ彼は祈るのだろうか？　有神論のある種の形態（バラモン教のような呪術的宗教）においては、祈りは自動的に作用することさえある。つまり、この祈りは、厳密に言えば、神のあずかり知らないうちにその目的を遂げるのである。もっとも、その祈りは神へと差し向けられているのであって、治癒を願うバラモンの祈りは、病人を治療する医者の試みとは何の共通点もない。いずれにせよ、バラモン教が人間と神との相互作用をあからさまに認めているからといって、ただそれだけの理由によってそれを無神論的とみなすことはできない。

＊　それがかりにエックハルトやエリウゲナの意味での神としての「〈無〉」との相互作用であるとするならば、それは、それ自体として最も単純な相互作用、すなわち、コジェーヴが言うところの神秘主義者たちに固有の〈無〉とのあいだで生じる相互作用として理解されなくてはならない。さもなければ、それは人間を含む世界に帰属する何であれ何らかの所与との相互作用と同じものとしての神との相互作用である。

バラモンの事例は、われわれを袋小路に追い込んだように見える。ところが実際には、それは「出口」を指し示している。より正確には、この事例をかりに出口の一つとした場合に、その出口を探し求めることができるただ一つの方向性を指示しているのである。バラモンの祈りは自動的に作用するが、「実は」それができるのは二度生まれたバラモンの祈りだけであり、「彼は」普通の人間とはまったく異なっている。非‐バラモンが「世界内人間」であるとすれば、バラモンは「完全に」「他なるもの」であり、彼は、私が私自身に対して与えられるのとはまったく別の仕方で、彼自身と私に対して与えられる。彼の祈りが自動的に作用するとすれば、それはひとえに彼がただの「世界内人間」ではないからであり、彼と神との相互作用は、私と神またはこの世の何かとの相互作用とはまったく「別もの」である。[54] 同じことは、どの有神論者の祈りについても言える。それは神との関わりであるが、しかし、この世において「ひとがもつ」関わりとは「まったく別の仕方で」もたれる関わりである。私が神に祈るとき、私がそうするのは「世界内人間」としてではない。この点はしばしば強調される点である。たとえば、年老いた信者が鼻声で祈る、聖歌隊員が歌う、未開人が仮面をつける、等々。最後に、神秘主義者はエクスタシーに陥る、つまり自己自身から脱け出し、「世界内人間」であることをやめる（このことはときに外面的にも明らかになる。つまり、彼は浮揚する、見えなくなる、等々）。

　したがってここでは、われわれが最初に推測したように、神と人間との相互作用の不在が問題なのではなくて、この相互作用がまったく「他なるもの」であるという［事実］こそが問題なのである。そして、この相互作用は独自のものであるがゆえに、世界内の相互作用ではないがゆえに、それは「世界内人間」の行為［の所産］ではあり得ない。したがって、有神論者は単に「世界内人間」として自己に与えられるだけでなく、別の仕方によっても与えられる。そして、自己が自己に与えられるこの別の与えられこそはまさしく、神への道をわれわれに教示してくれるはずの当の与えられそのものである。「別の仕方で与えられる人間」のみが、神に祈り、神と相互作用し、とりわけ自己への神の与えられと相互作用する。この「世界外人間」* とは何か、それは現に存在するものなのか、もしそうだとすれば、それはいかにして自己に与えられるのか？

* この表現のもう一つの可能な訳語は、「世界の彼方の人間」である。だが、それではこの観念の言わんとする意味が限定されてしまう。ゆえに、本書では語の伝統的な意味での世界の「彼方」がしばしば問題となるにもかかわらず、ここでは「世界外人間」という訳語を充てることにした。

（3）最後に、われわれがこれまで提示してきた神の否定的な定義が不十分なものであることは、以下に続く部分によっても同様に確かめられる。ある思想家たち[55]は、形相によっていまだ定義されない「質量」を、「世界内人間」のもついかなる質的内容とも異なる「他なるもの」と呼んだ。この「第一」質量に対しては、いかなる属性も付与することはできない。人間がこの質量と相互作用することはないが、それでもそれは神とは見なされない。いっさいの属性を欠いたこの「質量」は、絶対的に「不合理」である。それについては、それが「これではない」ということ、それが何かではないということを除けば——それがないということを除けば、それについては何も言うことができない。だが、神が「世界内人間」の「これではない」として純粋に否定的に与えられるかぎり、この神についてもまた、厳密に言えば、何も言うことはできない。世界内人間にとっての「他なるもの」であるかぎり、神はいかなる点でも質量としての質量から区別されない。このことは驚くにあたらない。なぜなら、すでに見たように、神は「世界の他者」たるかぎりで、そして「世界の他者」でしかないかぎりで、不可避的に無となる、あるいは、何であれ何かと対立する無へと、とりわけ、「質量」へと不可避的に還元されてしまうからである。だが、その共通する否定的な性格にもかかわらず、神と質量は「世界内人間」にとっては互いにまったく異なるものであり、絶対的に対立するものでさえある。われわれはすでに二度までも遭遇した帰結にまたしても遭遇している。神は、世界や「世界内人間」が与えられるのとはまったく別の仕方で人間に与えられるのでなくてはならない。だが、人間と世界を除けば、「世界内人間」に対しては何も与えられない。お望みであれば、無が与えられる、「質量」が「与えられる」と言ってもよい（絶対的な非‐与えられの様式において）。だが、神は「質量」ではないし、無ではない。だが、それは何かであって、しかも私ではない。しかしながら、「世界内人間」のうちの非‐私とは世界であり、それに対して、神は世界ではなく、世界にとっての「他なるもの」である。だが、人間にとっても世界にとっても「他なるもの」は、「世界内人間」にとっては質量‐無「である」。ただし、この質量は、自己自身と世界が与えられるのとは「別の仕方で」世界内人間に与えられる。つまり、神は「別の仕方で」「世界内人間」に与えられなくてはならないにもかかわらず、神は別の仕方で与えられることはできないのだ！[*] だから、神はけっして世界内人間に与えられることはできない。にもかかわらず、神は人間に（すなわち私に）与えられなくてはならないのであり、すでに見たように、この人間は「世界外人間」でしかあり得ない。神が「世界外人間」に与えられるとすれば、この神が「世界内人間」に与えられることができるのは、この「世界内人間」に対して「世界外人間」もまた与えられるかぎりにおいてでしかあり得ない。人間（自己自身）と世界が与えられる（そこではさらに無－質量が与えられる）のとは別の仕方で神が「世界内人間」に与えられると言えるのは、ひとえにこの意味においてのみである。だが、このように「世界外人間」が「世界内人間」に与えられるということは可能なのであろうか？　もしそれが可能であるとすれば、この与えられとはいったい何か？

＊　なぜなら、この神はそこでは質量と同一視されてしまうからである。

このような与えられは、可能でなくてはならない。事実、神が、「世界外人間」としての有神論者に対して、「世界外人間」としての有神論者において与えられるからには、あるいは、端的にそのようなものとして［すなわち神として］与えられるからには、この神は、この有神論者と相互作用しているのである。「世界内人間」としての有神論者に与えられるのは、神が「世界外人間」としての有神論者に与えられることそれ自体である。つまり、およそ人間は、世界内で自己自身に与えられると同時に、世界外においても自己自身に与えられるのである。有神論者は、自分が有神論者であって無神論者ではないことを知っている、つまり、無神論の何たるかを知っている。このことは結局、世界と自己自身が自己に与えられるのは、それらが無神論者に対して与えられるのと同じ仕方によってであるということを意味する。無神論者と同じく有神論者も「世界内人間」であるが、しかし、有神論者は有神論者としての自分が無神論者ではないことも知っている。有神論者は、有神論者たるかぎりにおいて、神が与えられる者として自己自身に与えられる。ということはつまり、有神論者は、世界内にありながら同時に世界外の者としても自己白身に与えられるということである。他方で、われわれの用語法によれば、無神論は「動物的無神論」ではなくて、神の問いへの一つの回答である。だが、この回答は、問いそれ自体が与えられる者によってしか与えられることができない。つまり、この場合であれば、神への道が与えられる者によってのみそれは与えられることができる。だが、無神論者は「世界内人間」でしかないし、彼にとって「世界内人間」の外部には何も存在しない。とすれば、神への道は、彼においては「世界内人間」に与えられるのでなくてはならない。つまり、「世界外人間」が「世界内人間」に与えられることが可能でなくてはならない。世界の外部には何も存在しないと考える無神論者が、世界内において同時に「世界外人間」としても自己自身に与えられるという事態のパラドックスはひとまず括弧に入れておくとして、次のように言うことができる。原理的には、どのような人間に対しても神への道が与えられるのであり、この道とは、「世界外人間」が「世界内人間」に与えられることである。この与えられは、しかしなお神の与えられではない。なぜなら、万人が有神論者であるわけではないからである。してみれば、有神論者は、神が与えられる「世界外人間」として世界内で自己自身に与えられるが、無神論者に与えられるのは、「いかなる」神も「与えられない」「世界外人間」だけである。

「世界内人間と世界外人間」

「世界外人間」がいかにして「世界内人間」に与えられるのかという問いに、答えてみることにしよう。また、この答えのなかに無神論者のパラドックスに対する解決策が含まれていないか、検討してみよう。さらに、この答えによって、有神論と無神論との対立（今のところは宗教－外的な）を定義することがいかにして可能となるかも併せて見ていくことにしよう。

「世界内人間」に固有の同質的な相互作用

「世界内人間」は、そもそもの初めから「世界内人間」として自己自身に与えられてある。たしかに、彼は自己の与えられの形式によって自己自身であり、他の人間たちや一般に彼にとって非－私であるところのあらゆる何かとはきわめて異なっている。だが、それらの与えられの形式、質的内容、存在様式の違いにもかかわらず、そこには自己自身の与えられ（*Seinsart*）の優先権は存在しない。[56] 人間と世界は対等である。なぜなら、それらの現前は否定し得ないものであり、それらは完全に同じ水準にあり、まさにそのことによって、それらはひとつの同質的な全体、「世界内人間」を形づくっているからである。人間が世界と異なるのは、自己の［判読不能］与えられの形式によってであるが、その与えられの形式は、与えられそれ自体を前提している。ここでは、この与えられは同時に二つの仕方で与えられるが、しかしその結果として、この与えられの形式のうちの一つが優越するようになり、さらには、それが可能態から現実態へと徐々に移行していくことが可能になる。世界があり、世界内の私がある――［または］私があり、私を取り巻く世界がある（たとえば、見つめる人間と働きかける人間）――。それに対して、与えられそれ自体はつねに人間と世界との相互作用として、すなわち、「世界内人間」として与えられるのであり、この相互作用の複雑な体系が「世界内人間」の質的内容を構成する。こうした相互作用が異なる水準で（同時にあらゆる水準において、ただし、これらの水準のうちの一つが他よりも優越する状態で）生じることが可能であるとすれば、それは、質的内容が与えられの異なる仕方の様相を帯びるという事実として現れる。だが、この質的内容が何であれ、この質的内容が帯びる与えられの仕方が何であれ、そしてまた、この質的内容が与えられる形式が何であれ、この質的内容はつねに、一つの同質的な全体として、「世界内人間」として、人間と世界との相互作用として現れる。

与えられの形式に応じて（あるいはむしろ、その二つの主だった形式の比率に応じて）、この相互作用（すなわち、ある特定の存在様式のある特定の質的内容）は、世界に対する人間の働きかけ（私、そして私を取り巻く世界）か、あるいは逆に、人間に対する世界の働きかけ（世界、そして世界内の私）か、そのいずれかとして現れる。[57] この与えられの内容は、静的ではなく動的である――それは絶えず変化しており（それが持続するからでしかないにせよ）、この変化は、私の外にあって私をその運動に引き込もうとするものとして与えられるか、あるいは、私のなかで生まれ私を起点としてその外部にあるものを捉えようとするものとして与えられるか、そのいずれかである。してみれば、人間はその与えられの形式によって世界から区別されると言うのは、完全に正確とは言えない。つねに「世界内人間」が与えられてあるのであり、この与えられの質的内容（生成途上にある）は、人間と世界との相互作用である。つまり、（主として）世界に対する人間の働きかけか、人間に対する世界の働きかけか、そのいずれかである。しかも、この相互作用（与えられのいずれかの形式における）は（主として）存在様式の一つにおいて与えられる。たしかに、人間は自己自身に対して直接に、かつ主として、世界に対して働きかけるもの（行動する準備ができている者、こぶしを握り締める者、緊張する者、身を縮める者、外部にあるものとの差異と対立によって自己の全体性を生き生きと感じ取る者）として与えられる。とはいえ、世界の行為という形式のもとでは、私と非‐私との差異はけっして完全には消え去らない――この差異は、［de〔～から〕→vers〔～へ〕］という働きかけの差異として与えられる。ただしそこでは、人間がこの働きかけの始発点にいるのか到達点にいるのかは考慮しなくてよい。つまり、「現にそこにある」のはつねに「世界内人間」であり、「世界内人間」だけである。また、「世界内人間」が現にそこにあるのは与えられたものとしてであり、「de→vers」という一定の方向性をもつ形式（*Form*）のもとでそれ自身に与えられる。それを「de と vers」の相互作用と呼ぶことができるし、de と vers のそれぞれを、一方は私（人間）、他方は非‐私（世界）と呼ぶことができる。ただし、この二つの何か（「de」と「vers」）は、この両者の還元不可能な結びつきを通じて互いに対立し続ける。これらの何かは現にそこにあるが、それらは「de」と「vers」という方向性としてしか与えられず、相互作用の二つの項としてしか与えられない。この相互作用の外では、この両項は一方から他方へと融解し、ともに破壊され、この両者は与えられない不在（≠現前*）の無のなかで消失する。では、この相互作用はどうかと言えば、それもまた、この二つのものの相互作用としてしか存在せず、それは、（質的内容の）（生成途上にある）ある一定の構造的な多様性として現れる。行為のベクトルの始発点および到達点たるかぎりで、「de」と「vers」はともに事物的実在という同じ水準にある。ただし、この「de」と「vers」はそれ自身（「自己自身に与えられてあるもの」たるかぎりで）、行為のベクトルの水準（空間内の［関わりのある］平面の場所）を決定し、その結果として、自己自身の水準を決定する。この水準を質的内容の存在様式（*Seinsart*）と呼ぶことができるし、また、この質的内容として与えられる当のものである方向性の「de」と「vers」の存在様式と呼ぶことができる。質的内容の与えられの形式（*Gegebenheitsweise*）、すなわち、私と非‐私との相互作用、世界内で人間がそれ自身に与えられるこの形式は、ベクトルの方向性に応じて変化する――働きかけのベクトルは、人間から世界へと向かうか、または世界から人間へと向かうかのいずれかである。働きかけのベクトルは、つねに「de」から「vers」へと向かう。だが、このベクトルは、「de」が人間であるか世界であるかによって、二つの異なる方向性をもつ。方向性の与えられは、座標系の与えられを前提している。つまり、「世界内人間」に対してそれ自身が世界とは異なるものとして与えられることを――「de → vers」という与えられの質的内容、存在様式、形式や、世界と人間との相互作用とは無関係に――前提している。[58]

＊ この差異を表す数学的記号を、ここでは（現前）「と対立する」と解釈しておく。

「世界内人間」の質的内容は、与えられの形式とは無関係な構造を持っており、このことは、いかなる存在様式についても「言えることである」。この質的な内容において、ある特定の「これ」がそれ以外のすべてから切り離され、すべての「非‐これ」――地と対立する。質的内容のこの構造は、この内容のもつベクトル的性格によって決定される。この「これ」は、相互作用の「de」または「vers」である。

de→versはつねに、世界から人間に向かうか、人間から世界に向かうかのいずれかであるが、（方向性と与えられの形式の）この二つの事例のいずれにおいても、世界と人間は完全に同質的というわけではない。つまり、世界と人間において、ある特定の「これ」が（それと還元不可能な仕方で結びついている）それ以外のものを地として浮かび上がるのだが、この「これ」は実際には「de」または「vers」の方向性である──人間における「これ」が世界に向けて働きかけるか、世界における「これ」が人間に向けて働きかけるか、のいずれかである。質的内容は、同じく質的な「非‐これ」を地とする「これ」の質として与えられるのである。

質的内容は、単に一つの構造をもつだけでなく、それはさらに拡がりをもつものとして、あるいはむしろ、生成する拡がり、または拡がりをもつ生成として与えられる。拡がりをもつ生成は、質的内容の構造を土台とする一方で、逆にこの構造を決定してもいる。つまり、この二つの全体が、質的内容の与えられの性格（*Gegebenheitscharakter*）を構成しているのであり、この質的内容は、つねに構造化された拡がりへと生成しつつあるものとして与えられる。質的内容の構造は、「これ」を「非‐これ」の地から浮かび上がらせることで現実化されるのであり、この構造は、潜在的には他のすべての質的内容に内在するものである。なぜなら、「これ」であることの可能性は、この「これ」のもつ何らかの定義された性質に依存していないからである。「これ」がそれのもつ性質と無関係であるということは、一方では、「同じこれ」（「つまり」「これ」がまずあって、そして「これ」）［に帰属する］異なる諸性質の与えられとして与えられる（質的内容の時間的性格）。他方でそれは、ある特定の「これ」の与えられとして、それと明確に区別されるが量的にはそれと同じであるところの「非‐これ」を地とするある特定の「これ」の与えられとして与えられる（質的内容の与えられの空間的性格）。このように、「これ」が「これ」としてあるのは、その性質によってではなくて、空間的－時間的な点としてである。事実は「これ」に他ならないところの「de」または「vers」という相互作用は、何よりもまず空間的－時間的な性格をもつ。言い換えれば、「世界内人間」の質的内容は、人間と世界との空間的－時間的な相互作用として「世界内人間」自身に（いずれかの形式のもとで）与えられる。さらに、この相互作用は、およそ「これ」をそれ以外の地から浮かび上がらせることで、質的内容のもつ構造的性質を開示し、また、その空間的－時間的性格によって、「これ」を質的内容の全体性としての空間的－時間的全体(59)として［決定または］局限する。

　ここで言われていることはすべて、「世界内人間」がいずれの存在様式のもとにあるかにかかわりなく、その「質的内容」に関して妥当する。この性格のモードゥス〔様態〕はその存在に応じて変化するにもかかわらず（たとえば、数学的存在は数学的－空間的－時間的構造のモードゥスにおいて与えられるという性格をもつ、等々*）、この性格はつねに与えられの空間的－時間的－構造的性格をもっている。所与の空間的－時間的構造のモードゥスの統一性は、「世界内人間」の質的内容の同質性に、つまり、相互作用するものであるかぎりで人間と世界が同じ水準に、すなわち同じ存在様式のもとにあるという事実に、対応している。相互作用（それはつねに［de→versという］方向性にいずれかの仕方で関わっている）は、「世界内人間」の質的内容を変化させるだけであるが、しかし、この相互作用は、この内容の存在の仕方を変化させることはできない――つまり、それは「de」と「vers」の存在様式の同質性を前提している。このことは、人間と世界の与えられの性格のモードゥスの同質性において開示される――人間と世界は、構造化された同質的な空間的－時間的全体の内部においてのみ相互作用するのであり、この全体のモードゥスは、人間と世界の与えられ方に対応している。人間は、世界との相互作用において自己の限界の外に出ることはないし、また、自らが行う行為や自らが被る行為がどうあろうと、世界（空間的－時間的な）

の限界内にとどまり、世界とともに同じ存在様式を維持する。人間と世界の存在様式のこの同質性は、単に質的内容の与えられの性格のモードゥスにおいて（すなわち、この内容の同質的な構造の空間的‐時間的統一性において）現前している（同質性の *an sich*〔即自〕）だけではなくて、それは「世界内人間」に対して直接に与えられてもいる（同質性の *für sich*〔対自〕）。この同質性は、人間と世界との類縁性という感情、世界への揺るぎない確固たる帰属の意識、世界と向き合う不安が世界と自己とのあいだで生じる相互作用を通じて存在しないこと、等々として与えられる。互いに違いはあるにせよ、人間と世界は同じ事物的実在性を帯びており、この両者はその存在様式において同質的であり、無との対立において緊密に連携している。人間と世界との類似性、同質性、連携性は、いかなる質的内容のもとでも人間に対して直接に与えられるのであり、それらはこの内容の与えられの同質的なトーヌス（*Gegebenheitstonus*）として与えられる。「世界内人間」は、自己の存在様式の恒常性と普遍性への揺るぎない確信（*Seinsgewußtheit*** = *Zuverläßigkeit*）という平穏で打ちとけた親密性（*Vertautheit*）の（不安を与える未知のものではない）トーヌスにおいて、「世界内人間」としてそれ自身に与えられる。してみれば、およそ与えられのもつこの同質的なトーヌスは、「世界内人間」に対してその存在様式が与えられることである(60)。与えられのトーヌスは、この存在様式の変化に応じて変化する（たとえば、ある晴れた日に散策しているとき、数学の問題に取り組んでいるとき、等々における揺るぎない安心感）。「世界内人間」は、すべての存在様式において同時に「世界内人間」としてそれ自身に与えられるが、そこでは、いずれかの存在の仕方が他の存在の仕方に対していずれかの程度において優越する***。存在様式（優越的な）の一方から他方への移行の可能性は、存在様式のすべてであるところのこれらすべての様式の同質性にかかっており、この同質性は、与えられのすべてのモードゥスに共通する与えられのトーヌスとして与えられる。それは存在と事物的実在一般の与えられのトーヌスであり、そしてそれは人間と世界とを純粋な無との根本的な区別において「世界内人間」として一体化する。

* コジェーヴは、「modus」を複数形としても単数形としても用いている。ここではそのままのかたちにしておく。
** コジェーヴはここでは二つの語を使用しており、不安を与える「疎遠なもの」と不安を与える「未知のもの」とのあいだで揺れ動いている。のちのテクストでは二番目の語がつねに用いられているので、ここではひとまずそちらを選んでおくことにする。
*** たとえば、物理学的対象と比較した場合の数学的対象の存在様式については、『古典物理学と現代物理学における決定論』(一五八頁以下)を参照せよ。

こうして、「世界内人間」は「世界内人間」として、自己自身への揺るぎない確信と親密さ(*Vertrautheit*)のトーヌスにおいて、その与えられの形式、その質的内容、その存在の仕方とは無関係に、それ自身に与えられる。「世界内人間」は、世界内で世界とは異なるものとしてそれ自身に与えられるが、それ自身と世界は、同質的なトーヌスのもとでそれに与えられるのであり、このトーヌスこそはまさしく、「世界内人間」へのその構成要素の同質性の与えられに他ならない。与えられのトーヌスは、非‐存在とはちがって存在の与えられであり、無とはちがって事物的実在の与えられである。(61) このトーヌスのもとで与えられるものはすべて、同質的な単一の全体を構成しており、この単一の全体とは「世界内人間」である。また逆に、「世界内人間」としての世界と人間は、つねにこのトーヌスのもとで「世界内人間」に与えられる。

［有神論と無神論の諸事例］

われわれはこれまで、「世界内人間」の有神論や無神論には取り組んでこなかった。今こそ、そこに立ち戻るべきときである。すでに述べたように、神は有神論者に対しては、自己自身および世界とは異なる何かとして、世界内の自己と自己がそこにおいて存在するところのこの世界にとって根本的に他なるものとして与えられる。神が「他なるもの」であるのは、単にそれが私と異なるからというだけの理由によってではないことは明らかである。なぜなら、世界もまた私とは異なるからであり、また、そのようなものとしての世界は非‐私として直接に私に与えられるからである。また、人間への神の与えられにおいて「他なるもの」が帯びる種差は、この与えられの質的内容によっては決定されないということも、同様に明らかである。つまり、神が神であるのは、単にそれが世界の一部をなす何であれ他の何かのもつ性質とは異なる性質をもつ何かだからというだけの理由によってではない。なぜなら、一方では、あらゆる何かもまたその質的内容によって他の何かから区別されるからであり、他方では、神の神的本性（すなわち神の「独異性*」）は個々の有神論の神に（または神々に）固有のものであるが、有神論の多様な形態における神の規定のおびただしさを考えれば、これらすべてに共通する一つの固有の性質が見出されるということはほとんどありそうにないからである。事実、形容的有神論の事例についても純粋有神論の事例についても同様に妥当するような神固有の単一の性質を見出すことは、不可能である。なぜなら、純粋有神論の神はいかなる規定ももたないからである。最後に、その他の事例に関して言えば、性質の不在それ自体は神の定義にはならない。なぜなら、かりに何らかの規定をもつ場合であっても、神はその神的な本性を失わないからである。このように、何であれ何らかの質的内容であるかぎりで（または、こうした内容の不在であるかぎりで）私からは区別されないということは、神と世界との区別の土台にはなり得ない。

＊ 神に適用されるこのSingulierというカテゴリーは、本書においては重要な意味をもつが、のちのテクストではそうした重要性はもはや失われ、このカテゴリーは〈言説〉の〈単一－全体性〉というカテゴリーに置き換わる（上記の編者の解説を参照せよ）。

人間への神の与えられの形式もまた、こうした区別の土台にはなり得ない。なぜなら、有神論的体系の大半が、人間に対する神の働きかけと神に対する人間のある種の働きかけの双方を認めているからであり、したがって、神の与えられは、世界の与えられがもつ形式と同じ二つの形式をもつということがわかるからである。だが、さきに述べたように、有神論者は、人間と神との相互作用を認めることによって人間と神との同質性を認めている。この同質性とは、人間と神の存在様式に着目した場合の同質性である。われわれは、次のように言うことができる（し、またそう言わなくてはならない）。神の存在様式は、世界の存在様式とは異なるということ、そして、人間は、存在のある特殊な様式のもとで神と相互作用するものとして自己自身に与えられるということ（それが、神が与えられる人間としてという意味であるとしても）。ある特定の存在様式の与えられは、与えられのトーヌスのある特定のモードゥスによって条件づけられている、というよりもむしろ、そうしたモードゥスとしてある。してみれば、神の与えられの独異性は、この与えられのトーヌスの特殊なモードゥスとして定義することができる。ただしここでも、与えられの質的内容にまつわる困難と同じ困難が再び立ち現れる。つまり、世界（「世界内人間」）がそれ自身、さまざまなトーヌスの諸様式のもとで与えられるということである。この場合、神の与えられがなぜ、「世界内人間」がそれ自身に与えられることの全体のなかにその特殊な与えられとして含まれる代わりに、世界全体と（すなわち、存在様式全体と）対立することになるのかがわからない。人間と世界の同質性は、それ自身と過不足なく一致する「世界内人間」のトーヌスとして与えられる。それに対して、この与えられのトーヌスのモードゥスは、世界内人間の存在様式に応じて変化する。とはいえ、この多様な存在様式であること、すなわち、同じものの変容であることに変わりはない。したがって、異なる諸モードゥスはそれ自身、世界内人間の与えられの特殊なトーヌスの異なる諸様式でしかない。あらゆる存在様式に共通するこの特徴は、単にトーヌスの各モードゥスにおいて現前し与えられるだけでなく、それはさらに、いかなる存在様式のもとでも人間の同質性の意識においてこうした特徴として直接に与えられる。たとえば、「数学的世界内の人間」は「物理学的世界内の人間」とは別の仕方で行動するし、その自己自身への与えられのトーヌスのモードゥスはそのつど異なる。だが、数学的世界内では、［人間は］物理学的世界の人間と同じものとして自己自身に直接に与えられるし、逆の場合も同様である。[62] また、このことは「世界内人間」のすべての存在様式について言えることである。あらゆる存在様式において自己自身との同一性が人間に与えられるということは、この存在の同質性が彼に与えられるということであり、「世界内人間」の過不足なきことが与えられるということである。また、存在様式の与えられのトーヌスのモードゥスであるならば、そこでの人間の同一性の与えられ（それは同時に、世界の存在の同質性がそのあらゆる様式において与えられることである）はこのモードゥスのトーヌスである。世界内人間は、［打ち解けた］親密さの同質的なトーヌスのもとでそれ自身に与えられる。なぜなら、世界内人間は、あらゆる存在様式において自己自身と同一のものとしてそれ自身に与えられるからである。

神が世界のその他の部分と異なるのは、その存在様式によってのみであるとすれば、その場合は、その存在が世界の存在と同じであるかぎり、神もまた世界とともに一つの全体をかたちづくることになる。他方で、この神の与えられのトーヌスのモードゥスは、「世界内人間」がそれ自身に与えられることのトーヌスのモードゥスにすぎない。だが、そうだとすると、これこれの神の肯定および否定は、世界に関する異なる二つの教義にすぎないということになり、肯定するほうを有神論的、否定するほうを無神論的と呼ぶべきいかなる理由ももはや存在しない。しかしながら、有神論者の神はこの「神」ではまったくない。それは、人間や世界とは根本的に異なるものである。つまり、それは「世界内人間」全体にとっての「他なるもの」である。有神論者の神が「他なるもの」であるのは、それが特殊な存在様式をもっているからではなくて、その存在それ自体が特殊だからである。したがって、人間に対して神が与えられることは、世界が与えられることとは異なるが、それが異なるのは、トーヌスのモードゥスによってではなくトーヌスそれ自体によってである。一方の、神の存在とこの神が人間に対して与えられることのトーヌス、他方の、世界の存在とこの世界が人間に対して与えられることのトーヌス、この両者のあいだの根本的な区別は、これまで言われたことすべてにとって揺るぎない土台として受け入れられなくてはならない。この区別なくして、すべての有神論者を結びあわせる絆を見いだすことはできないし、有神論と無神論とのあいだに真の境界線を引くこともできない――だが、この境界線はまぎれもなく現に存在する。

神との根本的な区別はこうして明確になったが、今度はそれを、神の真の独異性の本性に関してさきに述べられたことをもとにして解き明かさなくてはならない。

「人間と神、または二重化された人間」

私が世界内人間であるかぎり、私が神について語ることができるのは人間としてのみであり、神が私に与えられることができるのは世界内人間に対して与えられるものとしてのみである。これはトートロジーであり、あるいは同じことだが、絶対的真理である。人間（私）はつねに人間として自己自身に与えられるのであり、人間に与えられるものはすべて、自己自身が自己自身に与えられるかのようにして与えられる。こうして、世界は自己を「取り巻く」世界として人間に与えられ、自己自身は世界が与えられる人間として、すなわち「世界内人間」として自己自身に与えられる。同様に、神が人間に与えられるとすれば、この人間は神が与えられる者として、たとえば「神のもとにある人間」として自己自身に与えられる。何であれ何かが人間に与えられるということは、彼と彼に与えられるものとの相互作用の一形式である。ところで、すでに見たように、相互作用は人間の存在とこの人間に与えられるものとの同質性を前提しているか、あるいは別の言い方をすれば、この同質性を構成している（この人間の存在のモードゥス〔を規定している〕）。このように、世界が人間に与えられることは、世界と人間との同質性を構成することであり、この同質性は、人間が自己自身に対して「世界内人間」として与えられることのトーヌス（この与えられのモードゥスのトーヌス）として与えられる。そこに必要な変更を加えれば、人間への神の与えられについても同じことが言える。だが、神の存在が単にその様式によってのみならず、その存在それ自体によって世界の存在と異なるのだとすれば、「神のもとにある人間」の存在もやはり「世界内人間」の存在とは根本的に異なるものでなくてはならない。したがって、人間が「神のもとにある人間」として自己自身に与えられることのトーヌス（単にこのトーヌスのモードゥスだけではなく）と、人間が「世界内人間」として自己自身に与えられることのトーヌスとは、根本的に区別されなくてはならない。つまり、人間は、「神のもとにある人間」として与えられるのと同じ仕方で「世界内人間」として自己自身に与えられるのではない。なぜなら、もしそうでないとすると、この両者の与えられのトーヌスは同じものということになるが、それはあり得ないからである。もちろん、「神」が「世界内人間」に与えられるとすれば、その神はもはや神ではない。なぜなら、その場合この神は、その存在によってもその与えられのトーヌスによっても世界と同質的だからである。それゆえ、神が与えられる人間または「神のもとにある人間」、「世界内人間」ではないこの人間のことを、「世界外人間」と呼ぶことができる。とはいえ、「世界外人間」が「世界内人間」に与えられるとすれば、この「世界外人間」は、この「世界内人間」にとってはまぎれもなく自己と同じものとして与えられる。

厳密に言えば、「世界外人間」もまた、「世界内人間」と同じものとしてはそれ自身に与えられない。だが、「世界内」の誰ひとりとして「世界外人間」ではない。それゆえ、「世界内人間」であるかぎりで、私は必然的にこのような人間がいかにして世界内でそれ自身に与えられるかを知らないのであり、「世界外人間」が「世界内人間」と同じものとしてはそれ自身に与えられないという言明はあくまで空虚である。このように、私は「世界外人間」への神の与えられのトーヌスを知らない。とはいえ、表現がここでは依然として不正確である。ひとは、厳密に言えば、「世界内人間」に与えられるものについてしか語ることができない。この観点に立てば、次のようにしか言えない。神は「世界内人間」に対して与えられることはできない、と。世界が与えられる者（「世界内人間」）として自己自身に与えられる人間は、神が与えられる者（「神のもとにある人間」）であるかぎりでは、自己と同一のものとしての自己の意識をもつことができない。なぜならそれは、神がこの者にとって根本的に「他なるもの」としてではなく、世界のトーヌスのもとでこの者に与えられるということを意味することになるからである。「神のもとにある人間」はまさしく「世界外人間」である。「世界外人間」は、「世界内人間」にとって根本的に「他なるもの」である。それゆえ厳密に言えば、「世界外人間」についてはは何も言うことができない。だが、ここではそれについて何かを言う必要さえない。われわれが扱っているのは無神論であり、無神論的宗教だからである。ところで、無神論者によれば、世界の彼方には何もない。定義からして、彼は「世界外人間」であることができない。したがって、無神論について語るうえで「世界外人間」について語る必要はない。有神論者について言えば、彼は、無神論者と対立する者であるかぎりでわれわれの興味を引くにすぎない。ところで、無神論者との対立において考えられるかぎりで、有神論者は無神論者と同一平面上にある。ゆえに、有神論者は、ここでは「世界内人間」[63]としてのみわれわれの興味を引くにすぎない。ところで、神は「世界内人間」に対して与えられることはできない。それゆえ、神が「世界内」人間に与えられるかのようにして有神論者に「与えられる」としても（ある意味では、まさにそうである。なぜなら、有神論者が無神論者と区別されるのは、「世界内人間」の平面においてのみだからである）、神が有神論者に対して「与えられる」のは、直接にではなくて、いわば間接的に、つまり、神が与えられる「世界外人間」がこの有神論者に与えられるかぎりにおいてである[64]。いずれにせよ、「世界内人間」として自己自身に与えられる有神論者は、同時に「世界外人間」としても自己自身に与えられる。だが、すでに見たように、無神論がわれわれに与えられるのは、神の問いへの回答としてのみである。ゆえに、神への道は無神論者に対しても同様に与えられるのであり、この道は、無神論者[65]が「世界外人間」として自己自身に与えられること以外の何ものでもない。なぜなら、神が与えられることができるのは「世界外人間」に対してのみだからである。

このように、どの「世界内人間」も「世界外人間」[66]として自己自身に与えられることができる。だが、この与えられはなお神の与えられではない。なぜなら、この与えられは無神論者においても見いだされるからである。「世界外人間」は、有神論者に対しても無神論者に対しても同様に与えられる（「世界内人間」であるかぎりにおいて）。だが、「世界外人間」がつねに「神のもとにある人間」でもあるのは、前者においてのみである。とすれば、有神論者と無神論者との相違を理解するためには、「世界外人間」としての「世界外人間」が「世界内人間」に与えられること（無神論）と、「神のもとにある人間」としての「世界外人間」（有神論）との相違を理解しなくてはならない。とはいえ、この問いについて考える前に、予備的な問いとして、この最初の問いを提起することの可能性そのものを検討してみなくてはならない。すなわち、世界外人間が自己自身として「世界内人間」に与えられることの可能性という問いである。この予備的な問いに対して、われわれがこれから与える回答は、二番目の問いを正しく取り扱うことを可能にするだけでなく、その回答にも貢献することになるはずである。

「「世界内人間」への「世界外人間」の与えられ」

存在論的に可能であるのは、矛盾を含まないものだけであり、ただそれのみである。まさしくこの点からして、「世界内人間」に対してそれ自身が「世界外人間」として与えられることは不可能である。このような与えられは事実、逆説的であり、それは三つの点で逆説的である。第一に、この与えられは一種の相互作用である。ところで、相互作用は、相互作用するものたちの存在様式の同質性を自らの条件として表現し、現実化し、前提するものである。つまりここでは、「世界内人間」は単にその存在様式によってのみならず、その存在そのものによっても「世界外人間」から区別される。第二に、「世界外人間」は「世界内人間」とは根本的に異なるが、にもかかわらず、「世界外人間」は「世界内人間」に対して自己自身として与えられる。第三に、「世界外人間」は、世界の彼方には何もないと考える無神論者に対してても、すなわち、この者に与えられる人間が見いだされるはずの「世界の彼方」が実存しないと考える無神論者に対しても、まったく同様に与えられる。とすれば、どの「世界内人間」に対しても「世界外人間」が自己自身として与えられることが可能であるという言明は、間違っているか、あるいは逆説的であるかのいずれかである。なぜなら「おわかりのように」、三つの点で、「世界外人間」は「世界内人間」に対してこのように与えられることはできないからである。われわれの問題に直接関わりがない二番目のパラドックスは考慮の外においてもよい。その逆説的な性格は異論の余地がないが、似たようなパラドックスは「世界内人間」だけを分析するさいにも出会う。「数学的世界内の人間」もまた「物理学的世界内の人間」とは異なるが、にもかかわらず、前者は後者に対して同じものとして与えられる。[71] だがまたしても、違いはここでは存在様式にあるのではなくて存在それ自体にあり、このパラドックスの特殊性は、異なる諸実存における私（「自己自身と」異なるのではなく）の同一性に由来する。* ところで、最初のパラドックスはまさしく、異なる諸実存を同一のものと見なす点にある（与えられは同質性を前提している！）。こうして、最初のパラドックスの解決策が「見つかったのだから」、二番目のパラドックスは無視して差し支えない。[72] だが、他の二つのパラドックス「つまり、最初と三番目のパラドックス」は依然として残る。これらは無神論者に関わるものである。つまり、無神論者の事例において、われわれはこの二つのパラドックスに同時に——無神論者に対して「他なるもの」が与えられ、そして実存しないものもまた与えられる——関わってきたのであり、この両者の一方は他方を打ち消してしまう可能性がある。それに対して、有神論者の場合には、ただひとつのパラドックスしかない（「他なるもの」が「実存するもの」「として」与えられること）——このパラドックスは、疑問の余地なく、さきの二つのパラドックスのうちのひとつである。

＊ この文には訳語に関して二つの問題がある。第一に、「moi」と「je」はここでは十分に区別されていないので、た

とえば『純粋理性批判』のカント的地平において、この両者の一方を他方よりも優先するということはできない。他方で、ここで問題となっているのは実存だけではなくて、言ってみれば（ハイデガーの著作の訳語をめぐる昨今の哲学の見方に基づくものではないが）、むしろ「étantité」である。それは、ロシア語では「être」という実詞のジェロンディフである。

矛盾が今やはっきりしたのだから、代替案は以下の通りである。ひとつは、この矛盾から出発することで、この矛盾を構成するものの不可能性を演繹すること、すなわち、「世界外人間」が「世界内人間」に与えられるという言明を誤りと見なすこと（そうすることで問題を全体として取り除くこと。神も、人間への神の与えられも、神への道も存在しない。すなわち、有神論も無神論も神の問いへの答えも存在しない）。もうひとつは、このような与えられから出発することで、この与えられについての言明を解決すべき［真の］パラドックスと見なすこと。[73]このような与えられが現に存在するならば、それはまさしく逆説的である。それが現に存在すると仮定しよう。また、その逆説的な本性が単に現前している（an sich）のみならず、そのようなものとして与えられてもいる（für sich）と仮定してみよう。この場合、この本性は、「世界外人間」が「世界内人間」に与えられることのトーヌスとして与えられる。さきに見たように、「世界内人間」が自己自身に与えられることのトーヌス（それはこの与えられのモードゥスすべてに共通する）は自己と世界の同質性の与えられであり、われわれはこのトーヌスを揺るぎない確信のトーヌスと呼んだ。だが、「世界内人間」は「世界外人間」と同質的ではない。だから、この「世界外人間」と「世界内人間」との同質性は世界内人間には与えられない。それゆえ、「世界外人間」が「世界内人間」に与えられることのトーヌス（あるいは、より正確には「世界内人間」がそれ自身に対して、「世界外人間」が与えられるところの者として与えられることのトーヌス）は、それが異質性の与えられであるかぎり、揺るぎない確信のトーヌスであることはできない。表現としてもっとも適切というわけではないが、このトーヌスを、不安を与える未知のもの（*unruhigen Verlorenheit*）[*]のトーヌスと呼ぶことができる。このトーヌスは世界の与えられのトーヌスとは根本的に異なるが、そのことがただちにわれわれに不安を与えるわけではない。なぜなら、神の与えられそのものが世界の与えられから区別されるのは、トーヌスのモードゥスによってではなくトーヌスそれ自体によってだからである。だが、いまやわれわれはこの表現を修正することができる。私は神の与えられの特殊なトーヌスについて言及してきた。だが、神はただ「世界外人間」に対してのみ与えられる。ゆえに、「世界内人間」であるかぎりで、私は神については何も知ることができない。私はせいぜい「世界外人間」の与えられのトーヌスしか認識できないが（もちろん、この「世界外人間」が私に与えられるならば、ということだが）、今しがた見たように、このトーヌスはすでに世界の与えられのトーヌスとはまったく異なるものである。したがって、以下に続く部分において私が世界の与えられのトーヌスにとっての「他なる」トーヌスと言うとき、それは「世界外人間」の与えられのトーヌス、つまり、神の与えられではなく神への道の与えられのトーヌスであって、それは、有神論者に対してと同様に無神論者に対しても与えられるのである。この「他なる」トーヌスは、私と私に与えられるものとの異質性の与えられ、つまり、同質的なものの異質性と異質的なものの同質性の与えられ――あらゆるパラドックスの与えられである。

* これはまた「不安を与える疎遠なもの」とも訳せる。この「疎遠なもの」はまた「さまよう」ものを指すこともある。いずれにせよ、ひとはそこに「疎遠さ」の様相を認めるだろう。そしてこの様相は、ひとがそれを知らないこと、それを知ることができないことに由来する（ロシア語原文では、コジェーヴは、この意味に相当するドイツ語の表現に疑問を示す二つの点を打っている）。われわれは、事例に応じて、不安を与える「未知のもの」または「疎遠なもの」という訳語を用いることにする（上記一〇八頁のわれわれの注記を参照せよ）。

したがって、もし「世界外人間」の与えられの事実を証明することができた場合には、まさにそのことによって、この与えられのトーヌスを取りだし、形式的には否定的なこのトーヌスの定義を具体的な内容によって補うことができる。このような証明によって、こうした与えられの言明の逆説的性質の（誤りのではなく）の問いを解決することができるし、このパラドックスを記述することも可能になる——この記述は、有神論と無神論の性質の問いや、この両者の対立の意味について光を当てることになるはずである。

＊ロシア語では「vivant」または「concret」である。それは、のちにコジェーヴが一般に用いるようになった用語系に含まれていない二つの語に他ならない。われわれにとっては、「réel」という語のほうが、ここで言われている意味により適合的であるように見える。

「世界外人間」の与えられという事実が現に存在するならば、それを示すことができなくてはならない。ところで、それはまさしく現に存在する——それは**死**である。

［有神論、無神論、死のパラドックス］

これまで私が「世界内人間」について述べてきたことはすべて、単にごくあたりまえで皮相的なだけでなく、（意図的に）不完全でもある。というのも、私はこれまで、「世界内人間」については単に世界内で生きている人間のこととしてのみ語ってきたからであるが、しかし、人間（私）はただ世界内で生きているだけではない。人間はそこで死にもする。死という疑うべからざる事実は、単にある（*an sich*）というだけではなくて、与えられてある（*für sich*）ものでもある。つまり、「世界内人間」はそれ自身に対して、単に世界内で生きる者としてだけでなく、そこで死ぬ者としても与えられる。人間は、自分が死すべき者であることを知っている（三段論法のよく知られた事例では、ひとは自己自身についてよりもむしろソクラテスやカントについて語りたがるが）。私は、人間が死者として自己自身に与えられると言っているのではない。死者が死者として人間に与えられることが可能であるとしても、それは彼の死後においてでしかない。彼が生きているうちは、彼はこのような仕方で自己自身に与えられることはないし、このような与えられについて何も知らない。人間は、生きているうちは「私は死んだところである」、「私は死んでいる」と言うことはできない。「世界内人間」としての「世界内人間」[74]は、死せる人間がそれ自身に与えられることについても、この与えられの形式、その質的内容、その存在様式、そのトーヌスについても何も知らない。彼は、いかにして世界が、世界内人間としての自己自身が、「端的に」自己自身が、神が、等々、が与えられるのかを知らない[75]。人間は自己自身の死を想像することができないと言うとき、ひとがそこで言わんとしているのはこれらのことである[76]。もちろん、カントが言うように、私の思考のいかなるものにも「私は考える、ゆえに……」とつけ加えることができるとすれば、私自身のことを死者だと考えることは私には不可能である。「私は私が死んでいると思う」は、言葉の組み合わせとして非常識である。なぜなら、最初の事例では「私」は生きているが、二番目の事例では死んでいるからであり、また、「私は考える」と言うとき、私はすでに私が生きていると言っているからである。人間は、自己が「私」と言うこと——自己が生きているかぎりで「私」と言うのと同じ仕方で——ができないような状態に置かれている自己自身を想像できない。このことは次のことを意味する。「世界内人間」はそれ自身に対して死者として与えられることはできないということ、あるいはまた、人間に対してその人間自身の死は、自己が観察し、かつ「同時に」それについて語っているのが自己であると言うことができる何らかの状態としては与えられないということ。自己自身に対して「私」として与えられる人間は、まさにそのことによって、自己自身に対して生者として、すなわち「世界内人間」として与えられる。

だが、この事実から以下のこと、すなわち、「世界内人間」がそれ自身に対して死者として与えられることはできないということ、死としての死が「世界内人間」(「世界内人間」としてそれ自身に与えられてある)に与えられることはできないということ、とりわけ、人間が自己自身に対して死者として与えられることはできないということ、これらのことが帰結するわけではない。人間たるかぎりでの人間は、「死せる」「私」として、それとは別の「生ける」「私」に与えられることはできない。ところが、世界もまた「私」ではないにもかかわらず、それは私に与えられる。したがって難しいのは、「世界内人間」が死者としては「私」としてのそれ自身に与えられないということではなくて、むしろ逆に、この「非-私」がある程度まではこの「世界内人間」と同じであるという点である。この死せる「非-私」は、世界ではなくて人間それ自身である。この「非-私」たる「私」(*das Nichtigsein des Ich*)は、「非-私」として自己自身に与えられる「私」である。私が私の葬儀を想い浮かべるとき、私が見ているこの死せる何か(棺に納められた私の体であれ、天に昇った私の魂であれ)は、それを想い浮かべている私とは根本的に異なるものであることは明らかである。このようなことを私が想い浮かべていると私が言うかぎり、私は私が棺のなかに横たわっていると言うことはできない(もちろん、生きたまま埋葬されるというのでないかぎりは)。そこには、(私とは)まったく異なる何かがある。それは、パリにいる私がドイツにいる私とは異なるという意味で、あるいは、数学的な私が物理学的な私とは異なるという意味で根本的に異なるというだけではない。私は、これらすべての事例において「私」として私自身に与えられ、つねに同じ「私」として与えられる。私は、同じひとつの存在様式の別の「地点」において、あるいは別の存在様式において私に与えられるが、しかし、つねにこの同じ「私」、ある与えられた様式において、ある特定の「地点」において現に存在し、*これやあれが与えられるところのこの同じ「私」、として与えられる。「直接」において「現在において」、私は、それ自身が与えられるところの者としてそれ自身に与えられる「世界内人間」である。私の記憶において（過去において）[77]、私は、同じ形式、同じトーヌス、等々、のもとで、いま同様に私に与えられる者としてそれ自身に与えられる「世界内人間」である。最後に、未来を予期することにおいて[78]、私は、それ自身が、世界内における自己の存在（そこで何らかの内容が与えられるとすれば、それは、過去または現在において同様に与えられる内容だけである）[79]以外はいまだ何も与えられない者として与えられる（者としてそれ自身に与えられる）「世界内人間」である。これらすべての事例において、私は、なじみ深い親密性のトーヌスのもとで行動し生きている私として私自身に与えられる。たしかに、私はつねに私と異なると同時に私と同じであり、この点にこそ事態のパラドックスがある。このパラドックスは、私の生成として（記憶と予期を通じて）私に与えられる「私」の空間的－時間的本性という事実以外の何ものでもない。だが、生成の与えられというこのパラドックスは、私自身が私自身に対して死者として与えられるというパラドックスとはまったくといってよいほど異なる。生成することによって私は存在の限界から離れるわけではないし、私はあくまで「世界内人間」であり続け、私は私自身であり続ける。このことは、揺るぎない確信のトーヌスとして与えられる生成の連続性によって示される。逆に、死者としての私は存在の「平面にはもはやないし」、私はもはや「世界内人間」ではないし、私は私自身とは異なっているし、生ける私と死せる私とのあいだには死という深淵がある[80]。だが、こうした事実にもかかわらず、この他なるものは、ある程度までは私と同一である。なぜなら、私はこの死んでいるはずの者が私であって別の誰かではないということを知っているからである。つまり、私に与えられたものは単なる死者ではなくて、死者としての私だということである。もし、死者としての私がある程度まで私に与えられることがないとしたら、もし、死者としての私が私にとって「非－私」を意味するにすぎないとしたら、私は他人の死と自己自身の死とを区別できないだろう。だが、私はこの両者を区別することができるし、この両者をつねにはっきりと区別している。[81]

＊　われわれはここで、実存と存在との関係にまつわる上記六九頁と同じ困難に出会っている。厳密に言えば、ここにあるのは「étant」という語である（はじめは実詞化されていた「存在」という語は、ここでは形容詞に変化しているだけでなく、現在分詞になってもいる）。

われわれは、ここで再びさきに指摘した二つのパラドックスに遭遇している。ただし、これらのパラドックスは、さきほど見た場合では完全にアプリオリな性質のものであって、単なる錯誤によるもののように見える可能性があったが、それに対して今度の場合では、「世界内人間」に対してそれ自身が死者として与えられるという事実の分析から帰結するものとして現れる。もちろん、二番目のパラドックスは、「他なるもの」が「私」として私に与えられるという事実にあった。ここでは、私がいずれそうなるところの死者は私にとってあまりに「他なるもの」であるがゆえに、私が生ける「私」でありつつもなお、つまり、「世界内人間」たる「私」としての「私」（われわれが語っているのはひとえにこの者についてのみである）でありつつもなお「私は死んでいる」と言うことは、不可能である。だが同時に、この死者は、ある程度までは私でもある。なぜなら、私はそれを他のあらゆる死者（以前は生きていた）から区別するからである。われわれは、生成という事実において似たようなパラドックスに出会っている。生成においては、別の私が私と同一視される。このアナロジーが重要であるのは、ここでもわれわれが時間（*Welt*）と関わっているからである。つまり、私が死ぬことができるのは、私が生成しているあいだだけ（私が持続しているあいだだけ）であり、私の死が私に与えられるのは、私が持続するものとして私自身に与えられるかぎりにおいてでしかない（死者としての「私」は、ただ予期によってのみ――未来においてのみ――与えられる）。もっとも、生成のケースでは、別の私はなお私であって、それが他なるものであるのは、その位置どりかその存在様式によってのみである。この別の私は持続し、その存在をもっている。それに対して、死者の場合は、「他なるもの」は私ではまったくなく、それは存在をもたず、持続しない(82)。さきのパラドックスが「別の私」の実存という事実（このパラドックスは四角い円ではない）であったとすれば、ここでのそれはより深刻なものである。つまり、単に「別の私」が私だというだけではなくて、非‐私もまた私だということである。とはいえ、われわれが検討してきた事例からもわかるように、この二番目のパラドックスは最初のパラドックス――「完全に他なるもの」の与えられというパラドックス、すなわち、異質なもの同士の相互作用というパラドックス――と比べてあまり差がないように見える。しかも、この「他なるもの」の与えられという事実はあまりにも驚くべきものであるために、ひとはこの「他なるもの」がそれでもなお私であるということをほとんど不思議とも思わなくなってしまう。

　死がまったく特殊な出来事であり、世界の他のあらゆる出来事から根本的に区別されるということ、（私の）死という事実が私の人生における他のいかなる事実とも比較できないということ、そして、死せる私が生ける私と異なるのは、単に質的内容や存在様式によってだけではなくて、本質からして*そうであるということ、これらのことは疑問の余地がない。「魂の不滅性」、「死後の生活」、等々についての表象がどうであれ、それらとは無関係に、死という事実は、世界内における実存の限界または終焉として人間に直接に（あるいは少なくとも潜在的に）与えられる。と同時に、そこでは、死者としての自己自身が生ける自己自身にとって「完全に他なるもの」であるというはっきりとした感覚も与えられる。死という事実との関わりによって、与えられの質的内容、存在様式、形式の多様性そのものとして考えられる生全体は、同質的な何かとして与えられる。この同質的な何かは死のこちら側にあり、この死は、生全体をもはや生ではないものから切り離し、それから区別する。生のこの同質性、言い換えれば、生の内的多様性は、その与えられのトーヌス一般のもとで、揺るぎない確信となじみ深い親密性のトーヌスのもとで直接に与えられる。生ける人間が生者として自己自身に与えられることはすべて、こうしたトーヌスによって彩られている。生ける人間（私）は、世界（非‐私）との相互作用において自己自身に与えられる。この相互作用は、人間と世界との同質性を前提し表現するものであり、この同質性は、「世界内人間」がそれ自身に与えられることのトーヌスのもとで与えられる。「世界内に生きる人間」としての「世界内人間」は、同質的で自己へと閉じた（自己の自己自身への与えられにおいて）ひとつの全体、いわば、いたるところで死によって縁どられ限界づけられたひとつの全体を構成する。(83) このような意味で死のこちら側にあるものすべてを「世界内人間」と呼ぶならば、死の向こう側にあるものはすべて「世界外人間」と呼ばなくてはならない。

＊　これはまた「本性からして」と訳すこともできる。だが、「nature」という観念はのちにコジェーヴの語彙から姿を消すことになる。だから、「本質からして」というわれわれの訳語のほうがより適切である。上記のわれわれの説明も併せて参照せよ。

ただし、「世界外人間」を「世界の彼方の」人間という意味に受け取るべきではない。それはむしろ、それ自身ではないが、しかし、それと同質的なものとの対立および相互作用においてそれ自身に与えられる何か（私）である。なぜなら、この意味での「世界外人間」という語は、死者としての死者にしか適用できないからであり、われわれ生者にとって、それはいかなる具体的な内容ももたないからである。この語は、単に「世界内人間」との区別を強調しているにすぎず、それは、「世界内人間」に与えられる「世界外人間」（「世界外人間」としての「世界外人間」ではなくて）として理解すべきである。こうしたことは奇妙で逆説的に見えるかもしれない。だが、「世界内人間」と「世界外人間」とのあいだに現に存在する相違にもかかわらず、「世界外人間」がある意味で「世界内人間」に与えられるということは明白である。死は、生者としての「世界内人間」に与えられるものすべてを生の彼方にあるものすべてから分離する境界線として、深淵（裂け目）として、与えられる。死は「世界内人間」に対して、この死の背後にあるものが自身であるという意味で、それ自身の死として与えられる。だが、この死は「世界内人間」に対して、死後の質的内容とは無関係に、つねに彼方として、完全に「他なるもの」として与えられる。そこでは、生者としてのそれ自身に与えられる死者としてのそれ自身は、それ自身としてのそれ自身に与えられる生者としてのそれ自身とは根本的に異なるものである――そこでは、それ自身に与えられる「世界内人間」はもはや問題ではなくて、「世界内人間」に与えられる「世界外人間」こそが問題となる。

何であれ何かが「世界内人間」に与えられることは、「世界内人間」とこの「世界内人間」に与えられるものとのあいだの相互作用のある一つの形式である。この相互作用は、同質性を前提しているとともにこの同質性の条件でもある。あるいはむしろ、この同質性はそこでは、互いに分離しつつ結びついている二つの何かをまさしく分離しつつ結びつける相互作用としてある。この両者が分離しつつ結びついたものとして実存するのは、こうした相互作用がある場合だけであり、また、そこにおいてこの両者は同質的である。[84] 同質性の現前としての相互作用は、単に現前しているというだけではなく、それは与えられてあるもの、「世界内人間」の揺るぎない確信としてのトーヌスのもとで与えられるものでもある。もっとも、この相互作用は、いわば「世界内人間」の内部における相互作用に関わるだけであって、「世界内人間」と世界の彼方にあるものとの相互作用には関わらない。だが、「世界内人間」に対しては「世界外人間」

もまた与えられるのであり、このことが意味するのは、少なくとも、死後の人間が「世界内人間」に与えられる「世界内人間」と死後の人間とのあいだにある一定の相互作用が存在するということ、少なくとも、死後の人間が「世界内人間」に与えられることとしての相互作用が存在することである。[85] ところで、ここでは同質性は問題になり得ない。なぜなら、彼方は「完全に他なるもの」として直接に与えられるからである。この逆説的だが明白な事態は、死という事実の現前によって開示される。つまり、それに対して与えられるところの者（「世界内人間」）と与えられる当のもの（「世界外人間」）とのあいだには死という深淵があり、この深淵は、さきに相互作用がこの両者の同質性を前提して（かつ、それをつくり出して）いたのと同様に、この両者の異質性を前提している（と同時に、それをつくり出してもいる）ということである。死を媒介とする相互作用は異質なもの同士の相互作用であり、この異質性は死として現前する。この意味で死はパラドックスであり、「世界内人間」と「世界外人間」とを分離しつつ結びつける絶対的に非合理な深淵（*hiatus irrationalis*）である。この両者は死によって、死を媒介として相互に分離されると同時に結びつけられており、そのどちらも死の外部には実存しない。[86] まさしく死を媒介とする相互作用として存在するこの異質性は、単に現前しているだけではなくて、与えられるもの、「世界外人間」が「世界内人間」に与えられることのトーヌスとして「世界内人間」に与えられるものでもある。「世界外人間」は、不安を与える未知のもののトーヌスのもとで「世界内人間」に与えられる。[87] このトーヌスは、（根本的な）異質性の与えられである。あるいは同じことだが、それは死の与えられである。死は世界の何かと同じ平面にあるのでもなければ、世界の彼方に存在するものの平面にあるのでもない。それは端的にこの両者の境界線である。死は独立の何かとして実存するのではないし、「世界内人間」や「世界外人間」と同じ平面にあるのでもないが、しかしそれらの相互に関連する多様性の条件であり、一般にそれらの存在の条件である。死はある直線上に求められる仮想的な点のようなものである。それは実存しないにもかかわらず、二つの線分を分離し、またこれらを線分として生み出す。この点に線分の側から至りつくことはできないが、にもかかわらず、それはこの線分によって定義される。この死は何かではないのだから、それは限定された独立の質的内容として与えられることはできない。それは世界と世界の彼方にあるものとの差異としてしか与えられず、このようなものとしての死は質的内容としてではなく、「世界外人間」が「世界内人間」に与えられることの内容を伴わないトーヌスとして与えられる。死が現前するいかなる与えられにおいても、死は絶対的な他者性を伝えることにおいて自己の現前を開示する。この性格は、与えられのもつ不安を与える未知のもののトーヌスのもとで与えられる。

このように、われわれが提示した最初のパラドックスはまさしくパラドックスであって錯誤ではない。死が与えられるという事実は「他なるもの」が与えられるという事実であり、つまりは異質なもの同士の相互作用である。この「他なるもの」にして異質なものが同時に私自身として与えられるという点に、二番目のパラドックスの本質が集約的に現れている。これまたまさしくパラドックスであり、それは私の死が与えられるという事実や私が死者として与えられるという事実によって示される。(88) そして、いまや最後のパラドックスを検討してみなくてはならない。それは、あとで見るように、無神論のパラドックスである。

われわれの議論は死に関するものである。死と結びついた三つ目のパラドックスの本性は、世界の外部では何も与えられない者、つまり、世界の彼方が語の字義どおりの意味において、かつその根本的な意味において無であると考える者に対して「他なるもの」が与えられるという点にある。また、「世界内人間」

と「世界外人間」との何らかの同質性を語るということは明らかに不可能である。この両者の異質性は、一方が何かであるとすれば、他方はただ単にないというほどに徹底したものである。最初のパラドックスの矛盾した性格は、いまや極度に先鋭化しているように見える。だが、実を言えば、この先鋭化はその解決へと導くものである。最初のパラドックスはもちろん、「他なるもの」の現前にではなく、この「他なるもの」が異質なもの同士の相互作用として与えられる点にある。ところで、ここでは何らかの相互作用は明らかに問題になり得ない。なぜなら、それがあってはじめて相互作用が成り立つはずの当の他なるものが実存しないからである。無神論者によれば、(89)現前しているものはすべて紛れもなく何かであり、その何かのおかげで世界内人間は世界内に存在する。つまり、人間は世界外に存在することはできない。あるいはこの場合、彼はどこにもいない。なぜなら、「世界の外部」は存在しないからである。このように、異質なもの同士の相互作用という最初のパラドックスは、世界内人間にとって実存しない。だが、二つ目のパラドックスもやはり、そこでは無意味である。もちろん、「世界外人間」が世界内人間に対して世界内人間自身として与えられることはない。なぜなら、それは無だからであり、この無は実存しない以上はいかなる属性ももつことができないからである。ゆえに、死、あるいは世界の彼方にあるものは、ここでは無である。言い換えれば、死は存在しない。「われわれはない」「無としての私」、等々といったことばの連なりは無意味である。さらに言い換えれば、ここでは「世界内人間」に対してそれ自身が死者として与えられると言うことはできない。したがって、相互作用もなければ、世界の「彼方」が世界内人間に対してそれ自身として与えられることもない。要するに、与えられそのものがない。つまり、無は存在しない。なぜなら、世界の彼方には何もないからであり、世界の彼方で与えられることができるものは何もないからである。(90)

無神論の三つのパラドックス、すなわち⑴「無」が与えられること、⑵私が「他なるもの」として私に与えられること、⑶無としての「他なるもの」、という三つのパラドックスを、形式の点からより詳しく分析してみよう。仔細に検討してみれば、三つ目のパラドックスは前の二つのパラドックスを無効にしてしまうことに気づかされる。なぜなら、「他なるもの」が無であるならば、それは「他なるもの」として与えられることはできないからであり、ましてや、私として与えられることはできないからである。だが、三つ目のパラドックスが前の二つのパラドックスを無効にするからといって、それで無神論それ自体の逆説的な性質が解消されるわけではない。言い換えれば、無神論者の世界観が完全に合理的であると言うことはできない。無が与えられることはできないが、それでもなおわれわれは無について語る。たとえそれが、無については何も言うことができないと言うためであるとしても。死は端的に世界と彼方とのあいだの境界線であり、彼方がなければ、死もまたない。したがって、死は与えられることができない。だが、有神論者と同様に、無神論者はそれでもなお死について語る。つまり、世界の外部で無神論者に与えられるものは何もないのである。だが、「何も与えられない」ということは何を意味しているのか？「世界内人間」に対してつねに何かが与えられるとすれば、この「世界内人間」に対して何も与えられないということはこの者にとって何を意味するのか？ それは明らかに、およそ与えられ一般の不在ということではなくて、与えられにおける何かの（この場合であれば、世界の彼方にあるもの[91]）不在を意味している。言い換えれば、それは不在の与えられ、すなわち、無の与えられを意味している。なぜなら、与えられのなかに現前しないものは、与えられないものであり、与えられないものは結局は、与えられのなかにないからである[92]。ところで、与えられのなかにないものはすべて同じひとつのものであり、それは区別もあり得べき分割ももたないまま非‐存在の闇へと消失してしまう。

このように、無神論者の世界観にはひとつのパラドックスが、非‐与えられのパラドックスが、与えられないものの「与えられ」が、無の「与えられ」が、残る。この非‐存在の（無の）パラドックスは異論の余地なくパラドックスであるが、しかし、それはもっぱら無神論者にとってそうであるというだけではない。なぜなら、それは有神論者の考え方のなかにもあるからである。有神論者がこの非‐存在をいくら満たそうとしても無駄であり、彼が世界の彼方を何ものかで可能なかぎり埋め尽くそうとしても無駄である。有神論者がそれを満たすことができない（この「彼方」が厳密には存在しないというもっともな理由によってのみそうであるとしても！）のは、それが、無神論者にとってそう「である」のとまったく同様に有神論者にとっても同じ無として残るからである。いわば万人に共通するこのパラドックスに加えて、無神論者はさらに自己に固有のもう一つのパラドックスを追加する。それは、死が無神論者にとっては無であること、したがって、死に関する言説は無に関する言説以外の何ものでもないということであり、この同じ無については、無神論者だけがそれについて論じているだけでなく、有神論者もまたそれについて論じている。死が無であるとすれば、それは端的に実存しない。にもかかわらず、無神論者は死すべき者として自己自身に与えられる。

この無のパラドックスについてはひとまず措くとして、自己が死すべき者として与えられるということの最後のパラドックス（無神論者の）を次に検討してみることにしよう。


［無神論者と有神論者の可死性について——自己意識へ］

「世界内人間」に対してそれ自身が死すべき者として与えられることと、「世界内人間」に対して死が与えられることや「世界内人間」自身が死者として与えられることとは、区別しなくてはならない。とはいえ、無神論者にとってこの最後の与えられは、それ自体としては無意味である。つまり、死せる無神論者は無であるか、または、ない。同様に、死の与えられそれ自体について語ることもまたできないということは、すでに見たとおりである。死は、無神論者にとっても自己自身に死者として与えられる者にとっても、自律的な何かではない。後者に対しては、死は自己が死者として与えられることにおいてしか与えられない。死は、この与えられのトーヌスのもとで異質なものの与えられとして与えられる。だが、無神論者が死者として自己自身に与えられることはないし、死もまたこの与えられのトーヌスのもとで無神論者に与えられることはできない。それゆえ、厳密に言えば、無神論者にとって死は存在しない。死は無神論者には与えられない。だが、無神論者は、それでもなお死すべき者として自己に与えられる。このことは何を意味しているのか？

死者が与えられることにおいて、死は生者と死者との境界線として「世界内人間」に与えられる。死は、生者と死者との異質性の条件であると同時にこの異質性の表現でもあり、その与えられは、何よりもこの異質性の与えられであって、その異質性は死として与えられる。死という事実そのものを除けば、生者と死者とのあいだに違いはないが、その理由は単純に、この死という事実がなければ死せる「人間」は端的に存在しないからである。同様に、死そのものの与えられの外部においては、この差異の与えられもまた存在しない。だが、この差異の与えられがなければ、この差異がいままさにそこで現れたところの当の異質性の与えられもまた存在しない。何であれ何かの与えられは、つねに同時に、この何かとこの何かではないものとの差異の与えられである。あるいはむしろ、この差異は与えられそれ自体である。何かが、それ自身ではないものとの何であれ何らかの関係の外部において何かとして現前するというのでないかぎり。このような何かは「しかし」必然的におよそ質的内容を欠いている。なぜなら、この何かがもつはずの何らかの性質、それこそが、この何かをこの性質をもたないあらゆる何かから区別すると同時に、この前者の何かを後者の何かへと実際に関わらせるからである。だが、そうだとすると、このような何かは「何か」でさえない。なぜなら、何かとしての何かもまた無とは区別されるからである。したがって、何かがそれ以外のものとの何であれ何らかの関わりの外部において現前するというのは一つの抽象にすぎず、およそそれ自身ではないものとしてのあらゆる何かとは無関係な一つの契機にすぎない。したがって、何かとは真実には、他の何かを地とした場合においてのみ、あるいは、この他のものとの差異においてのみ、何かであるにすぎない。このような何かを与えられた何かと呼ぶことにしよう。というのも、何かの与えられとはまさしく、この何かと、この何かがそこにおいて浮かび上がるところの他の何かという地との差異に他ならないからである。この差異は、それ自体として考えられた場合にはやはり一つの抽象であり、与えられた何かのひとつの非自律的な境位である。与えられの与えられとは異なる、与えられれであるのは*。与えられた何かだけが、具体的で自立した何か、すなわち、それと異なる他の何かを地として現前する何かである。(93) 同様に、生者が生者であるのは死者との差異によって、すなわち、与えられた生者としてのみであり、生者は死者との差異において生者である。さらに、生者と死者との差異は生者の与えられの現前であるとすれば、その場合、与えられの与えられは生者の与えられのトーヌスである。しかしながら、生者と死者との差異は死であり、［あるいはまた、］この差異の与えられは死の与えられである。言い換えれば、生者は生者として、すなわち死者との差異において、死のトーヌスのもとで、与えられる——生者は死すべき者として与えられる。

* 傍点は編者による。

死が生者と死者との差異、「世界内人間」と「世界外人間」との差異であるとすれば、その場合、「世界内人間」は「世界内人間」として、すなわち世界内の生者として、死のトーヌスのもとでそれ自身に与えられる――「世界内人間」は、死すべき者としてそれ自身に与えられる。生ける人間は死者から区別されるが、彼が生者であるのはまさしく、生ける彼と死せる彼とのあいだに差異が存在するからである。生は死へと向かう生である（*Leben ist Leben zum Tod*）。生は死ではないが、死がなければ生もない。生は死者の永遠の眠りとはちがって時間的な生成であるが、この生成の形式は可死性の形式以外の何ものでもない(94)。同様に、生の与えられは死の与えられではないが、しかし、生者は死者との区別においてのみ、そして死を媒介として死者と関わりをもつことによってのみ、つまりは死すべきものとしてのみ与えられることができる。どの「世界内人間」も死すべき者として、世界内で死にゆく者としてそれ自身に与えられるのであり、ただこのことによってのみ、「世界内人間」は世界内の生者として、また世界外のあらゆるものと異なるものとして、それ自身に与えられる。どの「世界内人間」も、このようにしてそれ自身に与えられる。また、このようにして、無神論者は自己自身に与えられる。だが、われわれはさきに、「世界内人間」が単に生者としてそれ自身に与えられるのみならず、死者としてもまたそれ自身に与えられる事例を検討した。それゆえ、死はそこでは「世界内人間」に対して、単に自己が生者として、すなわち死すべき者として与えられることにおいて与えられるのみならず、自己が死者として与えられることにおいて［もまた］与えられるのであった。ところで、差異の性格規定、すなわち死の性格規定は、生ける人間に与えられる死者の性格規定に応じて変化する。* この差異はたしかに、自立した何かでも固有の質的内容をもった何かでもなく、むしろ、互いに差異化された諸空間の質的内容こそがこの差異を決定している（たとえば、黄色と青の差異は、赤と緑の差異とは明確に異なる)(95)。してみれば、死は死者の与えられのトーヌスとして与えられるのであり、それは与えられのトーヌスの多様なモードゥスのもとで異なる仕方で与えられることができる。

＊　とりわけ、生ける人間に与えられる死者が自己自身であるか、他者であるか、あるいは無であるかに応じて。

したがって、死は「世界内人間」に対して二通りの仕方で与えられることができる。第一に、自己自身が生者として、すなわち死すべき者として与えられることにおいて。第二に、自己自身が死者として与えられることにおいて。だが、死はただ非‐無神論者に対してのみ、このような仕方で与えられる。それに対して、死が無神論者に対して与えられるのは、生の与えられにおいてのみである。われわれはさきに、この二つの与えられの差異を強調することで、死は無神論者に対して与えられないと述べたが、それはこのような意味においてである。後者の場合、死は生者の与えられのトーヌスとして与えられ、前者の場合、死は死者の与えられのトーヌスとして与えられる。この二つの事例においては、トーヌスのさまざまなモードゥスが可能であるが、二番目の事例［有神論者の事例］において死の与えられの諸モードゥスについて語るのであれば、最初の事例［無神論者の事例］においては生の与えられの諸モードゥスについて語るべきである。この二つの事例のいずれにおいても、死は自立した何かとしては与えられず、ただ単に生者と死者との差異として与えられる。ただし、二番目の事例におけるそれは死者を生者から区別するものであるのに対して、最初の事例では［それは］生者を死者から［区別するものである］。最初の事例では生者の特殊性が与えられるが、二番目の事例では死者の特殊性が与えられる。また、生が死すべき者の生であるかぎり、したがって、それが生と死との関わりを内に含むかぎり、死も与えられる。だが、死は最初の事例においてはいわば生者の終わりであるのに対して、二番目の事例におけるそれは死者の始まりである。したがって、死については二番目の事例においてのみ語るのが妥当である(96)。つまり、この二つの事例のいずれにおいても二つの異なる何かが存在するのであるが、最初の事例では二つの何かとしては存在せず、ただ単に差異が存在するだけであり、その差異は何かの与えられのトーヌスのもとで与えられる。また、これらの何か(生者と死者)が互いに区別されるのは、それらが互いに「異なる」かぎりにおいてでしかない。それゆえ、用語の上でも違いをはっきりさせるために、最初の事例においては「終わり」という語を用い、二番目の事例においてのみ「死」という語を用いるべきである。すると次のように言うことができる。「世界内人間」はそれ自身に対して「一方では」有限な者として、「他方では」死すべき者として与えられる、と。「世界内人間」は、それが生者としてそれ自身に与えられるかぎりは有限者としてそれ自身に与えられるが、他方でそれは、無神論者に対しては「世界内人間」としてしか与えられない。無神論者は生者として、すなわち有限者として自己自身に与えられ、この与えられにおいて自己の終わり(生者の終焉としての死)が与えられる。それに対して、非-無神論者は死者として自己自身に与えられ、この与えられにおいて自己の終わりが他なるものの始まりとして与えられる。死(死者の始まりとしての)が人間に与えられると言えるのはこの場合だけである。この場合、次のように言うことができる。非-無神論者には生の有限性(可死性)に加えてさらに死が与えられ、そしてこの者自身は死者として与えられるが、それに対して、無神論者にはその生(有限なものとしての)のみが与えられる、と。

以上のような用語上の区別に準拠するならば、われわれは死が無神論者に与えられることを否定しなくてはならないが、この区別は以下に続く箇所からも必然的に帰結する。つまり、非-無神論者は単に生者としてのみならず、死者としても同様に自己自身に与えられるということである。それゆえ、死は非-無神論者に対しては、単に生者と非‐生者との差異としてのみならず、生者と死者とのあいだの限界としても、すなわち、絶対的に他なるものであるが、しかしそれでもなお何かであるところのもの（死者）から何か（生者）を分け隔てる境界線としても与えられる。この限界それ自体は何かではないが、それは二つの何かのあいだの境界線であるかぎりでこの二つの何かの色合いを同時に帯びており、またそれは単に生者を定義するものとしてのみならず、死者を定義するものとしても与えられる。こうした限界であるかぎりで、それは形容的なものであり、他の限界の諸類型から区別されるものであり、とりわけ何かと無との差異から区別される。それゆえ、われわれがこれまでそうしてきたように、それをたとえば「死」と呼ぶことによって、用語の上でもそれを明確に定義できる（し、またそうしなくてはならない）。だが、無神論者にとって死とは無である。つまり、無神論者にとって生者と死者とのあいだの境界線は存在せず、そこには単に差異があるのみであり、この差異とは何かと無との差異以外の何ものでもない[97]。それゆえ、無神論者にしてみれば、死を用語の上で他と区別すべき理由はないし、無神論者への死の与えられについて語る理由もない。無神論的な「世界内人間」は無神論的な「世界内人間」として、つまりは生者にして有限者としてそれ自身に与えられるのであり、この与えられにおいて、無もまたこの者に「与えられる」。それに対して、非無神論的な「世界内人間」は「世界外人間」としてもそれ自身に与えられるのであり、この与えられにおいて、死（自己の死）がこの者に与えられる。

以上のことはすべて次のことを示唆している。われわれがさきに無神論者特有のパラドックスと見なしていたこと、すなわち、自己自身が死者として与えられず、死の与えられがないにもかかわらず、自己自身が死すべき者（＝有限者）として与えられるということが、無神論者に限った話ではない、ということを。その理由は第一に、非‐無神論者もまたこうした与えられをもつからである。つまり、非‐無神論者もまた、死が与えられることや自己自身が死者として与えられることとは別に、有限者として自己自身に与えられるが、それは、有限性の与えられが自己と無との差異の与えられ以外の何ものでもないからである。第二に、このパラドックスはわれわれがさきに無の「与えられ」のパラドックスと呼んだものと同型的であり、それはあらゆる人間に共通のものだからである。(98)

〔揺るぎない確信のトーヌスと不安を与える未知のもののトーヌス〕

私は、ここでこのパラドックスの分析を提示するつもりはない（し、そうすべきところでもない）。それは話をあまりに複雑なものにしてしまう。というのも、ここにあるのがまさしく、ハイデガーの正鵠を射た指摘によれば、形而上学（ここでは存在論として考えられる）の中心問題に他ならないからである。もちろん、これまで述べられてきたことがすべてごく当たり前で皮相的であるのは明らかである。無の与えられが何かの有限性の与えられであると言うことは何も言っていないに等しいし、さらには間違った物言いでさえある。ただし、繰り返すが、私は今のところこうした点にこだわるつもりはないし、この問題はむしろいずれあらためて検討すべきである。ここでは単に（なお不十分な仕方によってではあるが）、有神論のいくつかのパラドックスが無神論においては消えてしまうということだけでなく、それでもなお残るパラドックスが無神論に特有のものではないということを示しておくだけでよい。

その前に、なおひとつの問いを明らかにしておかなくてはならない。それはさきの議論のなかにも現れていたものであるが、それについてはこれまで語らずにすませてきた。それはこういうことである。さきに存在は揺るぎない確信のトーヌスのもとでわれわれに与えられたが、それが今や死のトーヌスのもとで与えられるということ、そして、われわれはこの後者のトーヌスを前者のトーヌスから根本的に区別しているということ、これである。

すでに述べたように、人間（「世界内人間」としての）は世界との相互作用においてあり、この相互作用は人間と世界との同質性の表現であるとともにその現実化でもある。[*] この相互作用と同質性[99]は、「世界内人間」のそれ自身へのトーヌスのもとで与えられる。このトーヌスを、私はなじみ深い親密性や揺るぎない安心感と呼んできた。このトーヌスの対極に置かれたのが、異質なもの[100]の逆説的な相互作用の与えられのトーヌスや、「世界外人間」が「世界内人間」に与えられることのトーヌスであり、それを私は、あまり適切な言い方ではないが、「不安を与える未知のものの」トーヌスと呼んできた。そこでは、この二つのトーヌスのあいだの根本的な差異を強調することだけが重要な点であり、こうして「不安を与えるもの」が「揺るぎない安心感」に、「不安を与える未知のもの」が「なじみ深いもの」に対置されたのだった。だが、今となっては、この単純な対置のみではもはや十分ではない。つまり、世界のトーヌスに対しては、一つだけでなく二つのトーヌスが対置されなくてはならないのであり、その一つは語の広い意味での[**]「世界」のトーヌスであり、もう一つは世界の彼方にあるもののトーヌスである。

＊　この表現については、*EPD*. p. 18を参照せよ（正義の理念の進化に関して）。
＊＊　私と世界のほかに神をも含む。

無神論者には、世界の彼方においては何も与えられないのだから、無神論者にとって世界の彼方のトーヌスは存在しない。なぜなら、そこで不在であるのは世界の彼方の与えられそのものだからである。それゆえ、このトーヌスについては分析しないでおくが、ここではひとまず次のことを強調しておきたい。ここでの力点は、不安を与えるものにではなく、異なるものの方にかかっているということを。これとは反対に、有神論者は「世界外人間」を「他なるもの」として理解しており、それゆえに、この「世界外人間」は「異なるもの」のトーヌスのもとで有神論者に与えられる。[*] とはいえ、神がこのような仕方で与えられるのは他ならぬこの有神論者自身である——それは何かであって無ではないのであり、この同質性の残余によって「他なるもの」のもつ不安を抱かせる様相が取り除かれる。不安のトーヌスのもとで、有神論者は（無神論者と同様に）この「他なるもの」とは異なるものとして自己自身に与えられる。それに対して、自己と同じものとしての「他なるもの」と、この「他なるもの」と同じものとしての自己とは、互いに揺るぎない安心感のトーヌスのもとで与えられる。[101] この揺るぎない安心感のトーヌスを、「未知の隔たり」のトーヌスと「揺るぎない確信」のトーヌスのいずれからも区別しなくてはならない。「未知の隔たり」のトーヌスのもとでは、有神論者は死者として自己自身に与えられるが、「揺るぎない確信」のトーヌスのもとでは、彼は死すべき者として自己自身に与えられる。一度死んだ自己自身が「自己自身に与えられること」においては、有神論者は「世界内人間」が自己自身に与えられるのと同じ仕方で自己自身に与えられる。それは自己自身に与えられた「世界内人間」であり、この与えられのトーヌスのもとで、「未知の隔たり」という要素は、「われわれが生きている」この世界の与えられの場合と同様に、なじみ深い親密性という要素にとって代わられる。だが、有神論者はまた死すべき者としても、すなわち、いずれは死ぬか「異なるもの」になる者としても、いずれは世界の限界の外へと離脱してゆく者としても、自己自身に与えられるのであり、このようなものであるかぎりで、有神論者は世界内における自己の実存に対する揺るぎない確信のトーヌスのもとで自己自身に与えられることはもはやなく、むしろ、他なるものへの移行の与えられのトーヌスのもとで、存在の変容のトーヌスのもとで、すなわち「不安を与える不確実さ」のトーヌスのもとで、自己自身に与えられる。それは無神論者にとって唯一の可能性であるが、その無神論者と同様に、有神論的な「世界内人間」もまた有限者として自己自身に与えられる。こうして、「われわれが生きているこの世界に固有の」なじみ深い親密性のトーヌスはいっそう強固なものになる。なぜなら、ここでは、この有神論的な「世界内人間」のなかにあって、彼と死者としての彼自身とを結び合わせ、そうして彼を世界から区別する「他なるもの」が与えられないからである。この場合は逆に、「他なるもの」への移行の与えられが消滅する。この与えられはたしかに平静を不安に、確信を不確実さに変えるが、しかし、それは何か（死者は何かであって無ではない）がそこで保持されているという確信を維持させる。ところが、ここでは単に世界内存在の決定的な終焉が与えられるだけであり、この終焉は「恐怖と絶望」のトーヌスのもとで与えられるのである。

＊　この世のあらゆる何かとはまったく別の何かとして、だがそれでもなお何かとして。

＊＊　こう言ってよければ。

＊＊＊　死者として持続することの確信は、有神論者を平静にさせる。それに対して、死者（すなわち、生ける自己自身とはまったく別のもの）にいつの日かなるという確信は、彼を不安を与える未知のもののトーヌスのもとに留め置く。自己がこの世においてそうなるのではないところのこの「対象」（死者）は、彼を恐怖させるが、死後の「彼方」においてなおも何かとして持続することの確信は、彼を平静にさせる（「終わりの恐怖」はこうして彼にとって「死の不安」へと転化するが、それは、無神論者の場合とは逆に、彼が自己の死後に「何かを見出す」ことを確信しているからである）。

「なじみ深い親密性への揺るぎない確信と、不安を与える疎遠なものへの絶望からくる恐怖――内部と外部」

「死に対する有神論者の態度と無神論者の態度とのあいだの」差異をこのように素描しておけば、「世界内人間」がそれ自身に与えられることのトーヌスについてのわれわれの最前の記述がそれ以前になされた記述と矛盾しないことを示すことは難しくない。ただし、次のことはつけ加えておかなくてはならない。「世界外人間」が「世界内人間」に与えられることのトーヌスとはらがって、「不安を与える未知のもの」のトーヌスの場合、力点はいまや「未知のもの」にではなく「不安を与える」の方にかかっているということを。われわれはさきに、「世界内人間」は「揺るぎない確信」および「なじみ深い親密性」のトーヌスのもとでそれ自身に与えられると述べた。今後は次のように言うことにしよう。「世界内人間」は「なじみ深い親密性の」トーヌスのもとで、「しかしながら絶望からくる恐怖のなかで」それ自身に与えられる、と。ここにあるのは、さきの場合と同様に「世界内人間」の与えられであり、「なじみ深い親密性」という共通の要素によって強調される存在の与えられのトーヌスであり、人間と世界との共通の本性の与えられであり、人間と世界との同質性（与えられの二つの形式の同質性という意味での）であり、人間の生成（所与の存在様式の内部での、あるいは、その一方から他方への移行を通じての）におけるこの人間とそれ自身との同質性である。また、さきにわれわれは「揺るぎない確信」（むしろ不安げな）について語っていたが、ここでは「絶望からくる恐怖」について語っている（だがそこに矛盾はない）。さきにわれわれは、世界との相互作用においてそれ自身に与えられる「世界内人間」について語っていたが、ここでは、世界の彼方にあるものとは異なるものとして、すなわち無とは異なるものとしてそれ自身に与えられる者について語っている。この二つの事例においては「世界内人間」と存在が与えられるが、この存在はこれまでは内部のものとして、どこまでもそれ自身の内部において、それが人間と世界とに差異化されることの緊張（*Spannung*）の内部において与えられていたのであり、また、相互作用においてこの緊張によって分割されると同時に結びあわされるものとして与えられていた。この緊張が不安を呼び起こしていた、というよりもむしろ、この不安を通じて緊張が顕在化していた（まさにそれゆえに、「揺るぎない確信」について語るよりもむしろ、世界の与えられについての「不安げな確信」について語るべきなのである）。だが、まさにそのことによって、この緊張は人間と世界の存在についての確信をも同時に呼び起こしていたのであり、この確信は、この緊張そのものが続くかぎり、すなわち、人間が世界内にとどまるかぎり維持される。人間が自己の存在への確信のトーヌスのもとで自己自身に与えられるかぎり、彼はこのように世界と向き合いつつ自己自身に与えられる。世界と向き合いつつ自己自身に与えられるかぎり、彼はむろん［存在において世界と一体化したもの］として、［また］非‐存在とは異なるものとして現前しているが、この差異の現前は彼には与えられない。ゆえに、こう言うことができる。存在は内部からのみそれ自身に与えられるということ、存在に与えられるのは存在の内的緊張のみであって、存在と無との差異ではないということ。この差異は、「外部」からの存在の与えられにおいて存在に与えられるのであり、それが与えられるのは、世界と人間との差異が――非‐存在を地として――消え去るときである。そのとき、世界と人間は無に対してともに対立することにおいて一体化し、この一体化によってともに緊張（確信のトーヌスのもとで与えられる）を失うのである。それ自身へと折り返された（「内部」*から与えられる存在のように、緊張によって際限なく引き延ばされる（*ausgedehnt*）のではなく）一つの全体として「外部」から与えられる存在は、こうして内的緊張をもたない以上、もはや確信のトーヌスのもとでは与えられない。それは、無とは異なるという理由によってのみ存在する有限な存在として与えられ、この有限性は、非‐存在の闇を前にした絶望と恐怖のトーヌスのもとで与えられる（なぜなら、無だけが頼りであるということは、頼りうるものが何もないということだからである）。

＊「内部から」、「外部から」、「内から」、「外から」という表現はそれぞれ、⑴これこれの実体がそこから考えられるところの視点、および⑵この視点そのもののもつ実体的な性格とを強調している。こうして、たとえば「内部から」の代わりに「内部」から、がしばしば見いだされるのは、有神論者にとって、人間を含む世界にとって「外的な」視点――それは存在に対する神の「視点」である――が現に存在するということを指摘するためである。

この二つの与えられは、存在の与えられと「世界内人間」のそれ自身への与えられである。人間が絶望や恐怖を感じるのは、自己が死んだあとではなく（つまるところ、生者たるかぎりでは、われわれはこの状態について何も知らない）、自己が死者として自己自身に与えられる場合でもなく、自己が生者（世界内の）として自己自身に与えられる場合であり、ここでいま死ぬ可能性のある、死にゆく死すべき者として自己自身に与えられる場合である。だが、「外部」からの与えられは存在の普通の与えられではない。通常、人間は世界と向き合い世界と相互作用することにおいて、自己の存在への限りない確信[102]のもとで自己自身に与えられる。「外部」の与えられは哲学の与えられである――というよりもむしろ、このような与えられは哲学の出発点であり、哲学の根拠である。ただし、この与えられは哲学者においてのみ見いだされるものではない。それは、諸々の危機のさいにも同様に見出される。たとえば、人間が死に直面しているときや、人間が恐怖と絶望のトーヌスの［判読不能］有無を言わさぬ力のもとに置かれているときである。

われわれはこれまで、ある重要な点をなお自覚的かつ自発的に見落としてきた。われわれは、人間と世界との相互作用があたかも「世界内人間」の単なる同質性の表現であり現実化であるかのように語ってきた。しかしながら、この相互作用はきわめて特殊なかたちをとることがあり得る。世界は人間を殺すことがあり得る。また、世界が人間を殺すことの可能性は、ただ単に事実として存在するだけでなく、それは与えられるものでもある。「世界内人間」は、ただ単に世界内の生者として、また死ぬことができるものとしてそれ自身に与えられるだけでなく、世界内で死ぬことができるものとしてもそれ自身に与えられる。すなわち、世界のなかで、また世界によって死ぬことができ、また死にゆく者としてである。「世界内人間」に対してはさらに、その外部にあるものの死や殺害もまた与えられるのであり、その死や殺害は、「世界内人間」の外部にあるものによって与えられることもあれば、「世界内人間」自身によって与えられることもある。人間は殺害者として（少なくとも潜在的には[103]）自己自身に与えられる。最後に、人間は潜在的な自殺者として自己自身に与えられる。また、人間は世界を（それ全体として）殺害することはできないとしても、自己を殺害し、世界を——自己自身のために——殺害することができる。自己自身を殺害する「世界内人間」は、「世界内人間」のみならず、人間を取り巻く世界をも自己自身のために殺害する。私はこれまで、「世界内人間」がそれ自身に与えられることのもつこうした様相については語ってこなかった。それについて詳しく論じることはやはりやめておこう。殺害や自殺は重要で複雑な問題をはらんでいるが、それをここで分析することはできない。とはいえ、それらが無神論の主題と多かれ少なかれ直接的な関わりをもつかぎり、それらについてある程度は論じなくてはならない。

殺害の（そして自殺の）問題は、「個体とは何であるかの定義」という問題と不可分である。この問題は著しく複雑であるから、ここでは深入りしないでおこう。ここでは個体とは何かについて抱かれている「通俗的な」見解に依拠しておくことにする。もっとも、ひとが殺すことができるものは個体のみであることを理解するためであれば、この見解で十分用が足りる。単純な例をひとつ取り上げてみよう。私が一枚の皿を割る。ここには疑いなく殺害に似た何かがある（もちろん、皿の殺害などとは言われないけれども）。「殺害」という出来事はここでは、ある具体的な個体が実存しなくなるという事実にある。そこにあるのは皿の（空間的な）かたちの単なる変化ではない。なぜなら、皿（たとえば金属製の）を折り曲げたりすることと皿の「殺害」とのあいだには何の共通点もないからである。また、そこにあるのは何であれ現実に実存するものの破壊でもない[104]。なぜなら、割れた皿の材質はいかなる点でももとの皿の材質と区別がつかないからである。いずれにせよ、そこにたとえ違いがあるとしても（たとえば、分子間の諸力の変化［皿をつくる材質の］）、その違いはここではいかなる役割も演じていない。ある特定の皿を割るということは、すべての皿を破壊することではないし、「皿一般」、すなわち皿という概念を破壊することでもない（ここにあるこの皿という概念の破壊でさえない[105]*）。ここで重要なことは、皿であったものが[106]皿でなくなるという事実だけであり、この皿の空間的‐時間的実存の連続性がそこで途切れるという事実だけである。割れた「皿」が無傷の皿と結びつかないというのは、同じものの異なるものが、異なるものの同一性と結びつかないということと同様である（こうしたことは、たとえば皿が単に折り曲げられただけ、等々の場合でも生じる）。割れた「皿」はもはや皿ではまったくない。この皿を割ることによって、われわれはそれを皿として破壊する。この［割るという］行為の対象が皿であれそれ以外のものであれ、この行為が殺害と似ているのは、それがこの具体的な皿を具体的な皿として破壊するという結果をもたらす場合だけである。たしかに、皿が皿でなくなる瞬間を経験的な仕方で定義することはできない（それに、この瞬間は現に存在することさえない**）。だが、われわれが個体の「殺害」と呼んでいるのは、この個体が個体として破壊されることが含まれている（あるいは、より正確には、この破壊が成し遂げられる）この個体の歴史のある特定の時間帯である。皿の「殺害」とは、この皿の有限性の現実化以外の何ものでもない。この有限性は、いつ何どきでも「殺される」ことの（すなわち、ここにおいて破壊されることの[107]）

可能性として、この皿のなかにつねに潜在的に現前している。

* 「概念」という観念とは区別されたものとしての（この差異は「〈知の体系〉」にとって決定的である）「観念」という観念が、ここではいまだ体系的に明確化されていないということを指摘しておかなくてはならない。ちなみに、ロシア語では二つの訳語が可能である。

** 『概念・時間・言説』、一五三―一五五頁において、この問いが再び取り上げられる（目下の主題については、二四四―二四五頁のきわめて重要な注も併せて参照せよ）。

ここで言われていることはすべて、動物または生物一般の殺害についても当てはまる――ただしその場合は、単純に殺害（*Mord*）と言うよりも殺害行為（*Tötung*）と言うほうがよい。[*] ここでもまた、殺害と死は、生きた個体が生きた個体として終焉するということを意味する。ここにあるのはなお個体の破壊（もちろん経験的な、ただしその時点は特定されない）[**] であり、その歴史の連続性の破棄であって、この個体がある存在様式から別の存在様式へと移行すること――生者の状態から死者の状態へと移行すること――ではない。なぜなら、第一に、その死の前と後とで「同じ」個体について（すなわち、その空間的形式、科学的特性、等々について）語るかぎり、その死について語ることはできず、ただその生成と変化について語ることができるだけだからである。第二に、動物の死がこの動物を有機的世界の外へと連れ出すことは決してないからである。なぜなら、死骸もまた有機体だからである。[108] 動物は別の存在様式へと移行することなく、結局は動物として破壊されていきながら動物的世界のなかで死ぬ。また、この動物の破壊という意味でのみ、われわれはその死と殺害について語る。有機的でない物体の事例と同様に、死と殺害はここでは個体の潜在的な有限性の現実化以外の何ものでもない。

* この問いについては、以下のパラグラフの冒頭における著者の考察を参照せよ。

** なぜなら、何かの破壊そのものの瞬間は経験的には同定し得ないからであり、その破壊それ自体もまたその所在が「特定可能」ではないからである。

さきに導入した用語法に従うならば、生きた物体や存在（人間的でない）については死ではなく終わりという語を用いるほうが妥当であり、したがって、殺害ではなく廃棄と言うほうが妥当である。[109] また、ここでは死や殺害という語を人間——それも非 - 無神論者の観点からのみ見た——に対してのみ用いることにしよう。もちろん、無神論者もまた動物の廃棄と人間の廃棄を区別するが、それは単に生きた動物が生きた人間とは異なるからにすぎない。つまり、無神論者にとってそれらの終わりは終わりとしては完全に同じである。それは単純にして絶対的な破壊である。非 - 無神論者（「アニミスト」でない）にとっては逆に、人間の終わりは動物の終わりとは根本的に異なる——そこにあるのは廃棄ではなく、人間が他界へと移行することであり、こうした移行（「自然的な」または「暴力的な」）のみをわれわれは死または殺害と呼ぶのである。ただしここでも、当然のことながら、死と殺害がまさに死と殺害であるのはこの移行のゆえにではなく、単にそれらが生者としての人間の終わりだからであり、「世界内人間」[110] の廃棄だからである。もっとも、このような破壊は同時に、非 - 無神論者にとっては保存または維持（すなわち生成や変化[111]でもあるのだから、それが非 - 無神論者にとってもつ意味はそれが無神論者にとってもつ意味とは異なる。なぜなら、無神論者にとってそれは根本的な終わりを意味するからである。さきの場合と同様に、ここでも死と殺害は無神論者にとってと同じく非 - 無神論者にとっても「世界内人間」（それは定義からして個体である）の有限性の現実化である。

このように、死と殺害とは個体の終わりのことであり、また個体の死であり殺害でしかない。だがすでに見たように、生者とは死ぬことができるもののことでしかない。実存するものとは、実存しなくなる可能性をもつもののことでしかない。つまり、非‐存在とは違って、存在は有限であり生成途上にある。* 非‐存在とは違って、ただ個体のみが生き、かつ実存することができる。また、個体が生きかつ実存することができるのは、潜在的には死にゆくものとして、また現実的には遅かれ早かれ無化されるものとしてのみである。個体の実存は世界の相互作用としてある。より正確には、世界内の他の諸個体との相互作用としてある。また、その破壊可能性は、この相互作用が破壊に転ずることがつねにあり得るということ以外の何ものでもない。相互作用とは相互作用する諸個体の同質性の表現であり、この同質性は互いに殺し合うことの可能性として（つまりはそういう事実として）ある。(112)** 殺害とは相互作用の有限性の現実化である。つまり、相互作用の際には、一方が最終的に他方を破壊するか、あるいは一方が他方によって破壊されるかのいずれかであって、この破壊は自然死であると同時に殺害、自殺である。潜在的な破壊であるかぎりで、あるいは相互に変化させあうことであるかぎりで、相互作用は世界を地とする諸個体の同質性の表現であり、所与の存在様式の内部における同質性の表現である（また、この表現はこの様式に応じて変化する）。それに対して、現実の破壊としての相互作用は無との関わりによる（個体と世界との）同質性の表現であり、非‐存在とは異なるものとしての有限性の現実化である。

* 字義通りには「存在は開始する存在であり、終焉する存在である」。

** 猫に食べられることで鼠は猫の生成に貢献する、つまり、猫が破壊へと向かう運動に貢献する（注一一三を参照せよ）。

このように、「世界内人間」に対して死が与えられること、および、世界内人間自身の内部で、すなわち世界内で殺害が与えられることは、殺害される者の有限性の与えられであり、同時に、まさにそのことによって、その者と非‐存在との差異の与えられである。それはあらゆる存在の有限性の与えられではない。なぜなら、この与えられにおいては、人間それ自身とそれ以外の世界とはともに実存するものおよび生者として与えられるからであり、その各々が死の「証人」および「地」として与えられるからである。ゆえに、それは無との「対立」において「外的」に捉えられた存在の与えられではない。ただしここでも、存在全体の有限性の与えられの場合と同様に、非‐存在はある程度までは「与えられる」。非‐存在はここでは世界と存在の外部にある「何か」として与えられるのではなく、存在と世界の内部で与えられるのであり、この存在と世界は何らかの個体が死ぬときに顕在化する非‐存在によって麻痺させられたものとして与えられる。[113]* もちろん、以上のことはすべて形而上学的に理解しなくてはならない。なぜなら、非‐存在は存在しないからである。非‐存在は無である。したがって、それは世界内に現れることはできないし、世界内に存在することはできない。つまり、それは世界内に浸透することはできない。あるいは、非‐存在は現れることの不可能性によって「現れる」とも言える（それは存在の不可能性であって存在の可能性ではない）。それは、その永遠の現前によって「現前する」（非‐存在は無であり、それは実存しない）。それに対して、存在が非‐存在によって浸透されるということは無によって**浸透されるということであり、つまりは存在の浸透し得なさや非‐断絶性によって浸透されることである。[114] 非‐存在が与えられることができないのは、それが実存しないから、あるいはまた、それが非‐与えられにおいて与えられるからであり、あるいは、非‐与えられ一般においては、死せる個体の非‐与えられにおいては、非‐与えられ同士のあいだに差異は存在しないからである（なぜなら、「それらは」存在しないからである）。にもかかわらず、死せる個体の非‐与えられは非‐与えられ一般ではない。つまり、それは個体（個体としての個体、すなわち生者としての個体）の非‐与えられの非‐与えられであり、個体の有限性が単に潜在的な終わりとしてだけでなく現実の終わりとしても与えられるということである。[115] したがって次のように言うことができる。世界内での個体の死の与えられにおいては、無は世界外の何かとしてではなく（世界の外部には何もない）、あるいはほとんど「そのようなもの」としてではなく、世界内に「現前している」ものとして与えられる、と。存在の有限性の与えられがその総体として非‐存在としての非‐存在の「与えられ」であるとしても、と同時に、まさしくそのことによって「外部からの」存在の与えられであるとしても、このとき存在は「内部から」与えられる。それに対して、非‐存在は存在から出発して存在のなかに「現前している」ものとして、そしてその存在を「制限する」ものとして与えられる。だが、この存在を制限する無は無以上のものではまったくない。だから、この制限は制限の不在である。それは存在の無制限化である。それゆえ、個体の死は存在の終焉ではない。それは個体が制限づけられることである。ただし、それは「無」による制限づけである。ところで、無はいかなる制限とも対立しない。したがって、有限の個体の存在は無制限的である。個体の死は存在の生成の連続性を切断しない。なぜなら、存在としての存在は個体的なものではなく、個体の終わりはこの存在とは無関係だからである。だが、個体は実存する存在であり、およそ実存する存在は個体的である。それに対して、存在それ自体は理念的にのみ制限づけられる要素にすぎない。それは個体の外部においては実存せず、あるいは無と区別がつかないものになる。それゆえ、実存の終わり、個体性の終わりは存在の終わりでもある。[116] だが、個体の終わりは個体性の終わりではない。定義からして、個体は存在のすべてを汲み尽くすことはない。つまり、個体は他の実存者、すなわち他の個体と区別されるのであり、この個体は同じものたちのうちの一つであって、それらのなかにあるものである。[117] まさにそれゆえに、個体の終わりは存在の終わりではない。なぜなら、存在にとって自己の終わりはないからであり、この意味で「内部」から与えられてある存在は無限だからである。だが、実存するものまたはかつて実存していたもの（個体）の終わりであるかぎりで、それは存在の終わりである——存在としての存在の終わりではなく、存在一般の終わり、すなわちこの実存のなかにかつて実存していたものの終わりである。それゆえ、たとえ個体の死の与えられが存在の終わりの与えられではないとしても、それはこの個体の有限性の（すなわち、この個体の終わりの可能性の）与えられである。ある所与の個体が存在すべてを汲み尽くすことはない。それゆえ、その終わりは存在とは無関係である。だが、存在は諸個体によって汲み尽くされるのだから、それらの有限性は存在の有限性でもある。個体の死（それ以外の死は存在しない）は存在を破壊するものではないが、存在は個体のもとでのみ実存する、つまり、死すべきもの、死にゆくもの、あるいは個体のなかで破壊される可能性をもつものとして実存する。存在の無限性は死ぬ個体の無限性である。無との「対立」において「外部」から与えられる存在それ自体としての存在それ自体は、有限かつ限界づけられた（それがただ「無」による限界づけでしかないとしても）ものとして与えられる。「内部」から与えられる存在は限界なきものとして与えられるが、しかし、実存するものとして、無数の有限な諸個体のうちのひとつとして生きるものとして、その生命が現実に終わりを迎えるものとして与えられるのではない。このようにして与えられる存在は有限なものとして与えられるが、それは他なる何かに対して有限なのではなく（「外部から」の与えられの場合のように）、それ自体として有限であり、有限者として、その実存のどの形式においても（すなわち、いずれの個体においても）、その延長のいずれの地点においても、またその持続（*Dauer*）のいずれの瞬間においても終わりをもつ。それは、非‐存在によって「浸透されたもの」として、いずれの地点においても非‐存在によって「中断されるもの」として、「無」によって中断されるものとして、切れ目なく無限者として与えられる。

＊ロシア語では「侵入された」、「貫かれた」、「浸透された」（非‐存在によって）のいずれとも表現できる。以下ではこれらの表現を用いることにする。
＊＊　字義通りには「まったくの無によって」。だが、この文の続きでは、ここでの無が結局は存在の浸透し得なさや非断絶性（つまり連続性）に「帰着する」ことが明言されている。つまり、ここにあるのはまさしく「何か」であるが、ただしそれは規定の完全な不在によって特徴づけられる「無」である（この点についてコジェーヴはヘーゲルの見方と対立するがゆえに、『論理学』の最初の二つのカテゴリーの分析にきわめて近い）。
＊＊＊　字義通りには「数あるもののうちの、またそれらのなかの一つ」。「beaucoup」はロシア語でも複数の意味で用いられる。われわれがここで示した『同じものたちのうちの一つでそれらのなかにあるもの』『論理学諸学のエンチュクロペディー』五〇（九七）、B・ブルジョワ訳、ヴラン社、一九七九年、二〇九頁を参照している。
＊＊＊＊　それは個体にとっては実存の終焉であり、つまりは存在様式「そのもの」の終焉である。

［不安の与えられについて……］

このように、死が「世界内人間」に対してその外部において、すなわち世界内で与えられることは、存在が「世界内人間」に対して「内部」から、その総体としては切れ目がなく際限のないものとして、だがしかし、いついかなるところでも切断され限界づけられたものとして、その（個体的な）実存の各形式のもとで有限であり終わりをもつものとして与えられることである。世界はその総体としては、人間がそれを当てにできるような確固とした何かとして人間に与えられてあり、世界内における人間自身の与えられは、揺るぎない、あるいは不安げな（判読不能）確信（*Gewißheit*）のトーヌスのもとで与えられる。とはいえ実際には、[118] 人間は世界を当てにしているのではなく、そこで見いだされる諸々の個体を当てにしているのであり、それら自身はといえば、有限で移ろいやすく、きわめて不安定である。ある者は敵から逃れようとして自分の馬に助けを求めるが、その馬がなんと足の骨を折ってしまう。別の者は、自分の金を篤実な友人のもとに預けようとするが、その友人がちょうどそのとき亡くなってしまう、等々、等々。もちろん、彼は大地があした消滅したりはしないと知っているが、それはしかし彼にとってどうでもよいことである。なぜなら、いままさにこの瞬間に、地震によって大地が裂けて、そこに自分が落ちて死ぬなどということはありそうにないではないか？　全体として見れば、世界は安定した何かとして自己に与えられてあるが、この世界が諸個体において差異化され、諸個体のなかで汲み尽くされるのに対して、これら諸個体の安定性を保証するものはない（あるいは、その完全な保証がない）。人間は、死にゆき、互いに殺し合う有限の個体たちからなる世界のなかで自己自身に与えられるのであり、この個体たちの生命は絶えず終止符が打たれている。[119] より正確には、世界との相互作用において、人間はこれら諸個体のうちのひとつと相互作用するのであるが、しかし彼はこの相互作用においてこの個体を当てにしてもよいという確信をもつことがない。彼は、この個体が個体としてはいつ何どきでも滅び去り、消滅する可能性があることを知っている。なぜなら、相互作用は相互作用するものたち同士の同質性の現れに他ならないからである。だが、彼はこの相互作用それ自体については確信をもつことがない。なぜなら、この相互作用が前提している同質性は、相互作用するもののうちの一方が消滅すればともに消え去ってしまう可能性があるからである。何であれ何かとの相互作用においては、人間は確信のトーヌスのもとで自己自身に与えられる（「内部」からの相互作用の与えられ）が、この「何か」や自己自身、さらに相互作用それ自体（「外部」から与えられる）はこのトーヌスのもとでは与えられない。世界と相互作用するものとして、そして死と殺害の世界において自己自身に与えられる人間は、揺るぎない確信のトーヌスのもとで自己自身に与えられることはないし、またそうすることはできない。

＊　ここでのコジェーヴは――「ハイデガー的」な意味で――特殊に近代的である。L・シュトラウス『プラトンの「法律」における論議と行為』「第八巻」（O・セイデン訳、ヴラン社、一九九〇年）における死の主題の取り扱いと、本書七四頁、一〇六―一〇七頁、一一六―一一七頁および一四四頁におけるそれとを比較せよ。

このようにして自己自身に与えられる人間は、沼地のふちにいる人間に似ている。彼は沼地全体が間近に迫っていることを察知しており、せいいっぱい体を伸ばして足場を確保できれば自分の身は安泰であるとわかっている。だが、彼はそうすることができない。彼は可能な限り多くの足場を得ようとし、板を置く、等々のことをするが、自分が十分な手立てを尽くしたかどうかは決してわからない。彼は一片の土塊によって身を支えているが、それが自分を長いこと支えていられるかどうかわからないし、この状態がいつまでも続くことを恐れている。彼は自分の周囲を眺めわたし、明らかに流動的と見える場所は避けながら（もっとも、それこそがおそらくはいちばんしっかりした足場にちがいないのだが）、別のもっと堅固な地面を探し求め、そこへと飛び移り、そこでまたしても恐れを抱き、さらなる探索を続け、以下同様にして終わりなく事態は進行する、あるいはむしろ、終わりまでこのような状態が続く。彼は自分が溺れないうちは駆けずりまわり、また溺れないかぎりで駆けずりまわる――このような人間は平静ではないし、自己を確信することがない。彼は不安に駆られているのである。

このような仕方で自己に与えられる人間は、不安のトーヌスのもとで与えられてある。彼は、不安を掻き立てる殺害と死の世界のなかで不安に駆られているのである。彼は、諸々の事物が（たとえば火事のさいに）壊れてしまうことを確認することで不安に駆られ[120]、死と殺害を目の当たりにして不安に駆られる。彼はまた、死が通り過ぎた場所、かつてそこにあったものがもはやない場所（たとえば、死の町の場合）、そこにあるはずのものの不在が見える場所（不安は、「満たされていない」空間ばかりが広がる砂漠で生じるのではないか？）を目の当たりにして不安に駆られ、とりわけ、何も見えない（たとえばわれわれが夜に不安を感じるときのように）ところでは不安に駆られる。[121] 彼はまた、終わりはないが有限性は存在するところでは、死と殺害はいまだ存在しないが死と殺害が生じる可能性のあるところでは、不安に駆られる（ひとは、治癒の見込みのない病人や死刑宣告を受けた者のそばにいると不安に駆られるのではないか、また、ひとは「殺害の気配がある」ところでは不安に駆られるのではないか？）。では、「世界内人間」がいつでもどこでも不安に駆られている、あるいは少なくとも、どこでもいつでもそうなる可能性があるということは何を意味しているのだろうか？

殺害と死が「世界内人間」に対して、彼自身の外部において（すなわち世界内において）与えられることとは、世界の有限性がそれ自体として与えられることであり、世界が不安のトーヌスのもとで与えられることであり、不安だけが与えられることである。[122] この不安が恐怖になる、というよりもむしろ、恐怖に置き換わるのは、自己自身の死が人間に対して与えられるときだけである。[123]「世界内人間」が恐怖のトーヌスのもとでそれ自身に与えられるのは、「世界内人間」が有限者として、そして、死ぬ可能性があり、いずれは死ぬ者としてそれ自身に与えられる場合においてのみである。また、世界が恐ろしいのは、人間がそれ自身そこにおいて死ぬ可能性があり、そこにおいて殺される可能性があり、世界によって殺される可能性がある場合においてのみである。ただし、この死が彼に与えられるのは、他者の死の与えられにおいてであるか、または世界全体の有限性においてであるかのいずれかである。だが、世界の有限性は彼には与えられないし、かりに何であれ何らかの個体との相互作用が有限なものとして彼に与えられるとしても、だからといって、何であれ何らかの相互作用の有限性が直接に彼に与えられるわけではない。世界はいずれも有限な諸個体において差異化され、それらのなかで汲み尽くされるが、世界それ自体はこの差異化のなかで限界をもたず、またこの差異化において汲み尽くされることはあり得ない。このように、人間は生きているかぎり、つねに個体を見出して、それと相互作用する。ところで、彼はこの相互作用については確信をもっており、この安心感ゆえに、死と殺害の世界への不安が恐怖の世界へと転化することが抑止される(124)。

[恐怖の与えられに対して……]

有限の「世界内人間」が恐怖のトーヌスのもとでそれ自身に与えられるのは、いかにしてか？　およそ存在の有限性は、無との「対立」において、また無との区別において、世界内人間に対して、その有限性において与えられる。その有限性において、「世界内人間」はそれ自身に対して「外部から」同質的存在として与えられるのであり、非‐存在としての非‐存在との区別においてそれ自身に与えられるのであり、この区別において「世界内人間」は有限である。世界（総体としての）と相互作用する場合、「世界内人間」は逆に「内部から」自己自身に与えられ、世界との同質性において、そして確信のトーヌスのもとでそれ自身に与えられる。この同じ相互作用は、「外部から」は有限なものとして（なぜならそれは無とは異なるのだから）「世界内人間」に与えられ、有限なものとしてのそれは、恐怖のトーヌスのもとで与えられる。有限者としての「世界内人間」は、世界との相互作用においてそれ自身に与えられる。ということはつまり、世界は「世界内人間」に対して、自己がそこで死ぬ可能性のある（そしてそこでいずれ死ぬ）世界として、ひとがそこで自己を殺す可能性のある世界として与えられるということである。「世界内人間」は、世界のなかで死にゆく者としてそれ自身に与えられるのである。世界内で生きる者としての「世界内人間」は、世界との相互作用においてそれ自身に与えられるのであり、この与えられに対応する緊張（*Spannung*）の与えられは、［「世界内人間」への］それ自身の存在と世界の存在の与えられである。ところで、この相互作用は終局的なものとして与えられる。それが相互作用として与えられるのは、線分の末端のように外部との境界との関わりによってであるのみならず、それ自体において有限なものとしてである。つまり、緊張はいつ何どきでもその最大限の強度に達することがあり得るのであり、その強度に耐えられなければそれは断ち切られ、人間と世界とをともに飲み込んでしまう、すなわち、「世界内人間」［がかたちづくる全体］を破壊してしまう。「世界内人間」の実存が「世界内人間」に対して、その充溢とともにその有限性において、その絶頂において、その避けがたい終わりを目前にして与えられるのは、ひとえにこの最高度の緊張においてのみであり、死の危険とそれに続く死の恐怖（死への恐怖）の瞬間においてのみである。(125) 人間はつねに世界内で死ぬ可能性があり、世界はつねに人間を殺す可能性がある。また、人間と世界との相互作用がつねに実際に最高度の緊張にまで到るわけではないとはいえ、「世界内人間」がそれ自身に対してつねに「外部から」恐怖のトーヌスのもとで与えられるわけではないとはいえ、そうなる可能性はつねにある。「世界内人間」は死すべきものとしてそれ自身に与えられる。つまり、いつかは死ぬ者として、それまでは自己の生への揺るぎない確信のもとで生きる者としてのみならず、ここでいま死ぬ可能性がつねにある者として与えられる。お望みであれば、こう言ってもよい。「世界内人間」は「生ける死者」としてそれ自身に与えられる、と。

〔与えられの外部性について……〕

とはいえ、私がさきに述べたように、「世界内人間」は有限者としてそれ自身に与えられるのであり、「内部から」ではなくて「外部から」有限者として与えられる。「内部から」は、彼は世界と対立し、世界と相互作用するものとして自己自身に与えられるのであり、あるいはむしろ、この対立とその結果としての相互作用の与えられは、まさしく自己自身が「内部から」与えられることに他ならない。自己自身に対して「内部から」与えられる「世界内人間」は、確信のトーヌスのもとで与えられる。相互作用は世界との対立を前提している（より適切に言えば、その対立を含んでいる）。相互作用の与えられは、自己の実存と世界の実存の与えられ、すなわち「世界内人間」の実存の与えられである。こうして、「世界内人間」は事実として実存するものとして自己に与えられる。この実存はたしかに必ずしも無限なものとして与えられるわけではないが、しかし――相互作用のさいには、すなわち「内部からは」――その有限性、その限界もまたこの「世界内人間」には与えられない。言い換えれば、相互作用の観点からすれば、相互作用は無際限なものとして（あるいは無限定なものとして）「世界内人間」に与えられる。実際、人間の（あるいは世界の）終わりは同時に相互作用の終わりである。つまり、人間の（あるいは世界の）終わりは相互作用において与えられることはできない。言い換えれば、人間と世界との相互作用が存在するかぎり、この両者はともに実存するのであり、この両者が相互作用するかぎり、この両者は実存するのである。それゆえ、相互作用の終わりがひとつの限界をなすことができるのは、世界の彼方にあるものとの関わりによってのみである。だが、相互作用の観点からすれば、世界の彼方には何もない、つまり、このような限界は存在しないし、相互作用は無際限なものとして与えられる。このように、「世界内人間」が世界との対立において、すなわち世界との相互作用において、あるいは「内部から」自己自身に与えられるかぎり、彼は有限者として自己自身に与えられることがない(126)。

世界との相互作用において、人間は現に存在するものとして、世界内で生きるものとして、自己自身に与えられる。だが、彼はまた、世界内で世界と相互作用して「いるものとして」自己自身に与えられる。この相互作用それ自体は有限なものとして与えられる。この与えられこそ、「世界内人間」がそれ自身に対して「外部から」与えられることと私が呼んでいる当のものに他ならない。「世界内人間」はただ単に現前しているのではない。それはつねに同時に、世界と相互作用し世界内で相互作用するものとしてそれ自身に与えられるのであり、それ自身へのこの与えられは、それが「内部から」であれ「外部から」であれ、この相互作用が「内部から」、そして「外部から」与えられることである。「内部から」は、「世界内人間」は世界との相互作用のなかで世界との対立において自己自身に与えられ、この与えられは無際限なものとして自己に与えられる（あるいは、もっと言えば、それは限界づけられたものとして、有限なものとして与えられることがない）。「外部から」は、相互作用それ自体が与えられ、「世界内人間」自身はこの相互作用において、無との共通の差異において世界と一体化したものとして与えられるのであり、この相互作用は、まさにそのことによって有限なものとして与えられる。さらに、厳密に言えば、相互作用は有限なものとしてのみ与えられる、すなわち、「外部から」のみ与えられる。「世界内人間」が全体的で現に存在する何かとして、非‐存在とは異なる何かとして自己自身に与えられるのは、ただ「外部から」のみである。「内部から」は、与えられるのは相互作用ではなく、相互作用において相互作用するものたちである。「世界内人間」それ自体ではなく、人間と世界である。人間と世界は相互作用において一体化しており、この両者の同質性は与えられへの確信のトーヌスのもとで与えられるが、しかし、この両者はいずれも無とは異なるものとして与えられることはないのであり、有限なものとしては与えられないこの両者は、語のもっとも強い意味で実存するものとして与えられることもまたない——そうではなく、むしろ、単に現前しているかのようにして与えられるだけである。「世界内人間」が自己の同一性や自己の実存、自己と非‐存在との根本的な差異を直接的な激しさとともに感じとるのは、「外部から」の与えられにおいてのみであるが、しかし、彼がこの差異を感じとるのは、自己の有限性を恐怖と死のトーヌスのもとで感覚するときだけである[127]。

〔……人間の自由としての自殺の可能性について〕

「世界内人間」は、つねに必ず恐怖のトーヌスのもとで「外部から」それ自身に与えられるわけではない。それは、実際にはきわめて稀なことでさえある[128]。「世界内人間」は、死の危険の瞬間においてこのトーヌスのもとでそれ自身に与えられるが、しかし、こうした瞬間においてだけではない。なぜなら、それは死にゆく者としてのみならず、死すべき者としても、すなわち、「いつ何どきでも」死ぬことができる者としてもそれ自身に与えられるからである。原理的には、「世界内人間」は、その実存のいかなる瞬間においても「外部から」それ自身に与えられることがあり得る。なぜなら、「世界内人間」が有限であるのはその死の瞬間においてのみであるが、しかしそれは、その生のあらゆる瞬間においてそうなる可能性があるからである。いつ何どきでも「外部から」、そして死が与えられることとの可能性は、有限性が「いたるところで」(*durch und durch Endlichkeit*) 与えられることにおいて与えられる。この与えられは、特殊なかたちをとることがあり得る。なぜなら、「世界内人間」は潜在的な自殺者としても、いつ何どきでも自殺することがあり得る者としてもそれ自身に与えられるからである。[129] 何であれ何かの、動物の、そしてもちろん生者としての人間の終わりは、つねに同時に死（「自然の」）、殺害、そして自殺である。互いに区別されてあるものとしてのこれらの語は、厳密に言えば無意味である。[130] それらが有意味であるのは、自己の有限性において自己自身に与えられる「世界内人間」にそれらが適用される場合に限られる。この場合はさらに、死（「自然の」）と殺害との相違もまた原理的な意味をもたない。[131] それゆえ今後この点についてては言及しない。だが、死（自然死または暴力による死）と自殺との相違はその反対に本質的なものであり、いずれかの仕方でそれについて語らなくてはならない。

ひとは自殺を、「世界内人間の」実存の自覚的かつ自発的な終わりと呼ぶ。あるいは逆に、（潜在的な）自殺者たるかぎりで、人間は「世界内人間」としての自己自身とその総体において対立し、自己が存在すべきかすべきでないかを自由に決定する。この場合は、「外部から」与えられる存在の与えられがあるだけでなく、自己自身の与えられが同時に、「外部」に、「世界内人間」の外部に（世界内の自己自身の外部に）身を置きながら、世界の限界の外に出たものとして自己の存在の問いを議論している者の与えられでもあるかのように、事態は進行する。だが、無神論者にとって、世界の外部には何もない。つまり、世界外人間はいわばどこにも存在することができないのであり、それゆえ、人間に対してそれ自身が自殺者として与えられることは、「世界内人間」に対してそれ自身が「世界外人間」として与えられることではあり得ない。

「世界内人間」がそれ自身に対して（潜在的な）自殺者として、つまり「世界外人間」として与えられるということを、当面は認めておくことにしよう。というのも（この無神論的な「世界内人間」の観点からすれば）、世界の外部には何も存在せず、「世界内人間」には何ものも与えられることができず、「世界内人間」がまさしくその存在の問いに関して決定を下すところの「世界内人間」の与えられを除けば、何ものも「世界内人間」には与えられないからである。それゆえ、ここにあるのは「世界内人間」が「世界内人間」としてそれ自身に与えられること以外では決してあり得ず、「世界内人間」が「世界外人間」としてそれ自身に与えられることではない。にもかかわらず、（潜在的な）自殺者としてそれ自身に与えられる「世界内人間」は、単に「外部から」（すなわち、有限者としてであって無としてではない）与えられるだけでなく、自由なものとしてもそれ自身に与えられる。それは単に死すべき者としてだけでなく、いつ何どきでも自己自身を殺すことができる、そしてまた、決してそうしないこともできる者としても、それ自身に与えられる。「世界内人間」の自由とは、「世界内人間」がそれ自身に対して与えられることのもつこの新たな様相であり、それをわれわれはさきに「世界内人間」がそれ自身に対して与えられることとして解釈し、そしてただちに、この解釈を誤りと認めたのであった。とはいえ、それを論じることが無益であったわけではない。

〔境界線としての死と差異としての意識――無神論者と自殺〕

自己自身が自己に対して「外部から」与えられることにおいて、「世界内人間」は無としてではなく有限者として自己自身に与えられるのであり、そこで与えられるのは存在と非-存在との差異である。あるいはむしろ、この「差異」とはまさしく、存在がその有限性において、そして非-存在との差異において与えられることである。むろん、この「差異」が自立的な何かであって、それが存在や非‐存在の側にあると言うことはできない（同様に、存在や非‐存在もまた、それら自体が互いに自立的であるわけではないし、それら同士の差異から自立しているわけでもない）。また、この「差異」が存在の外部にあるとも言えない。それは存在と非‐存在との単なる境界線である。なぜなら、非‐存在は存在しないからであり、この境界線は存在に全面的に帰属しているからである。この差異それ自体は存在であり、存在そのものである。なぜなら、存在はこの「差異」によってのみ存在だからである。言い換えれば、存在が（有限――*verkommlich*――であり、また）非‐存在と異なるのはこの差異によってのみである。非‐存在と異なるということはつまり、自己（それは存在である）[*]ではないものと異なるということである。この存在は有限であり、自己に固有の本質を満たすだけであって、自己が存在しないところ、むしろ他なるものが存在するところへは延長しない[132]。それゆえ、この「差異」は単に存在の与えられであるというだけでなく、それは自己の有限性の、有限者としての存在の与えられでもある。われわれは、以上のことをこれまでこのように記述してきた。だがいまや、自殺の与えられの事例においては、この「差異」をある程度までは自立的な「何か」と見なさなくてはならない。それは単に有限な存在の与えられであるというだけでなく、自己を終焉させる、そして自己を破壊する存在の与えられでもある。終わり、存在の破壊は、自己と非‐自己との「差異」の廃棄である。換言すれば、存在の自己破壊は「差異」の自己破壊である。「差異」はそこでは単に「現前している」だけではない。逆に、それは「差異」[133]として自己自身に与えられたかのようである。それは、自己自身と自己自身に与えられるもの（それが自己自身に与えられるかぎりで）とを同時に破壊することによって自己自身を破壊することができるがゆえに、そして、いつでもそのことを行い得るがゆえに、自己自身に与えられ自己自身に現前してあるものとしてのそれは、この自己破壊の不在によってのみ（自己自身に）現前し与えられる。あたかも、それが自己原因であるかのように、それはそれ自身がそれの現前の理由である。なぜなら、それが現前しているのは、それが破壊されないかぎりにおいてだからである。この点からすれば、この差異は「自立的な」、存在と非‐存在とは別の、だがそれらと同じ平面に実存する何かとしてある。この差異が実際に存在および非‐存在の外部の、そしてそれらと同じ平面にある何かであるのは、それ自身に与えられてある固有のものにおいて、その固有の自由と自立においてのみである。だが、厳密に言えば、現前であるかぎりでのそれは存在しない（それは抽象であり、単に理念的に形成されたものである）。なぜなら、非‐存在は存在しない以上、非‐存在と何であれそれ以外のものとの差異も存在しないからである。だが、この差異なしには存在もない。言い換えれば、存在が実存し得るのは差異によってであり、自立的な何かとしての差異は、存在と非‐存在のはざまにあって存在を有限なものにし、存在を現実に実存する何かへと変容させる。存在は「差異」によってのみ実存する、［すなわち、それは存在としては］自由に［実存する］が、しかし［それ自身にとって他なるものに対しては］自由に実存しない［なぜなら、存在の「外部には」何もないからである］＊＊。存在は有限者としてのみ実存するのであり、有限者としての存在は個体的である。それがこのように個体的であるのはその自由によってのみであり、それが自由であるのはその個体性によってのみである。なぜなら、非‐存在と異なるのは、有限な、すなわち個体的な存在だけだからである[134]。

＊　それは存在の水準にある。

＊＊　この訳文が問題である。ロシア語原文は文字通りにはこう言っている。「存在は〈差異〉によってのみ実存する、すなわち自由に実存し、かつ自由に実存しない。」

だがすでに見たように、無神論者にとって、何であれ「世界内人間」の外部にあるものの実存は問題になり得ない。したがって、その場合は「差異」を「世界の彼方の何か」として解釈することもできない。それゆえ、われわれがいましがた「差異」について述べたことのすべてを、無神論者は形而上学的に理解する。事実、ここにあるのは、「世界内人間」がそれ自身に対して与えられることに他ならない。「差異」の存在は、「世界内人間」が「外部から」それ自身に与えられることであり、それに対して、「差異」それ自体の与えられは、自己自身が自己自身に対して「外部から」与えられるというこの与えられが「世界内人間」に対して与えられることである。「差異」が存在の意識であるとすれば、そのとき[135]「差異」の与えられは、この意識についての意識、すなわち「存在の」自己意識である。「世界内人間」の意識は、まさにそのことによってそれ自身についての意識、すなわち自己意識なのだから、「差異」の現前が差異のそれ自身への与えられから理念的にしか切り離せないのはなぜかがわかる。「世界内人間」は、自己意識のなかで「外部から」それ自身に与えられるのであり、この自己意識のなかで「世界内人間」は自由な者としてそれ自身に与えられる。あるいはむしろ、自己意識は自由である。「世界内人間」はそれゆえ、その自己意識のなかで有限者として、また自由な者として、すなわち、いつ何どきでも自由に自殺し得るものとしてそれ自身に与えられる。したがって、「世界内人間」は、いつ何どきでも自殺を自ら自由に拒否することによってしか生きていない、すなわち、彼が自由であるのは、自殺の瞬間においてのみならず、その実存のいかなる瞬間においてもそうである。[136]だが、意識は自己意識の単なる抽象的な（そして必要な）契機であり、意識はこの自己意識からは理念的に切り離し得るだけである。「世界内人間」はそれ自身に対して有限者として、すなわち無とは異なるものとして、実存する者として、個体として与えられるのであり、自己自身が自己に対して与えられることにおいてのみ、自由な者として与えられる。逆に言えば、それはつねにそれ自身に対して自由な個体として与えられる。（自覚的な）自殺者としての「世界内人間」

は、それ自身に対して単に有限者としてのみならず、自己の有限性において自由なものとして、そして自己の自由において有限者としても与えられる。[137] まさにそれゆえに、それ自身に与えられるかぎりにおいて（すなわち自己意識において）、世界内人間はそれ自身に与えられるのである。[138]

〔潜在的自殺者としての無神論者――個体性、自由、そして有限性〕

これまで言われてきたことには何ら「演繹」的なところはないし、何らかの演繹的な「弁証法」らしいところもない。私は自由を演繹しなかっただけではなく、それを試みようとさえしなかった。なぜなら、それはどう見ても不可能だからである。私がしたことは、出発点となる直観の与えられを記述し分析すること（きわめて皮相的で不完全にではあるが）でしかなかった。本書の冒頭から、出発点はそれ自身（ということはつまり、私自身）に与えられた「世界内人間」である。われわれが最初に記述し分析したのは与えられそれ自体であり、何らかの与えられが自己自身に与えられることの記述と分析はそのあとで行ったものにすぎない。だが、後者は前者から「演繹」されたわけではない。逆に、前者は後者の抽象的要素として提示されたのであり、後者は前者からはただ理念的にのみ区別されるにすぎない（さらに言えば、その逆も同様である）。「世界内人間」は、われわれにとっては、初めから単に意識をもつ何かであるだけでなく、自己自身にのみ依拠する意識をもつ何かであった。われわれがたて続けに明らかにし記述してきたすべての要素はその異なる様相にすぎず、それらは一個同一の不可分な全体を形成しているだけである。現実に実存する個体としてそれ自身に与えられる「世界内人間」、有限である、自己自身にのみ依拠している、自由である、[139] 以下同様。これらの定義はすべて具体的な「世界内人間」の記述にとって必要であり、それらはある意味ですべて同義である。「世界内人間」が個体であると言うことによって、われわれはまさにそのことによって、それが実存していること、それが有限であり、自己自身にのみ依拠していること、それが自由であること、と言っているのである。自由に関して言えば、われわれはとりわけ次のことを明らかにすべく試みた。存在が自己の存在をもつのは自己と非‐存在との「差異」によってのみであり、この「差異」*が現前し得るのは与えられたものとしてのみであること、［ただし］この与えられからじかに自立しているかのようにしてのみであるということ。以上のことは、「世界内人間」が自由な者として実存している（それ自身に与えられる）という事実の形式的な記述であった。「世界内人間」がそれゆえ非‐存在と区別されるのは、それが自由であるかぎりにおいてであるか、または、それが非‐存在から自由な仕方で区別されるかぎりにおいてである。まさにそれゆえに、自由の廃棄はこの区別の廃棄（そして自由な廃棄）、すなわちその無化であるから、「世界内人間」が何かであって無ではない、すなわちそれが何かであるのは自由な何かとしてでしかないのは自由な仕方によってなのである(140)**。また、そのようなものであるかぎりで、それは有限である、個体的である、等々。

＊　差異としての自由は理念的にしか与えられない。だが、それはやはりこのようにして与えられなくてはならない。

＊＊　非‐存在との「差異」がなければ（つまり、人間がなければ）、存在は無と同一化してしまう（人間発生に関する有名な論考（*ILH* 序論）が信じさせるところとは反対に、コジェーヴはホモ・サピエンスとしての人間という（語の科学的な意味での）人類学的定義に信を置いていない）。

すでに指摘したように、「世界内人間」に関するこれらの記述はきわめて皮相的かつ不完全である。むろん、私は当面それについて完全に適切な説明を与えることができない。*なぜなら、こうした記述は、その総体としては、哲学の体系以外の何ものでもないからである。ただし、それでもやはり、これまで言われたことを部分的に補う必要がある。たしかに、自殺と自由の与えられについて（あるいはむしろ、潜在的な自殺の与えられにおける、またその与えられとしての自由の与えられについて）語ることによって、私は無神論的な「世界内人間」、すなわち、それ自身と世界以外の、あるいは世界内のそれ自身以外の何ものも与えられない者について考察した。だが、すべての人間が無神論者であるわけではないし、また、このような無神論的でない「世界内人間」がそれ自身に与えられることについて（より皮相的に、そしてなお不完全にではあるが）記述する必要がある。[141]

＊ ロシア語は、「不定冠詞つきの」哲学体系と「定冠詞つきの」哲学体系とを明確に区別することができない。のちに〈知の体系〉の「単一－全体性」に対して与えられる重要性を考慮して、ここでは二度とも定冠詞つきを選んでおく。

〔有神論あるいは境界線としての死――神への道へ〕

本質的な差異はここでは次のとおりである。無神論者は「外部から」のみ自己自身に与えられるのに対して、非－無神論者は「内部から」のみ自己自身に与えられると（*Außerlich-von äußern*）。あるいは逆に、無神論者を限界づける界面がこの無神論者に対して与えられるのは、内部からではなく、外部からですらなく、いわばこの界面そのものからである（その内容は外部から与えられる）のに対して、非－無神論者は、「内部から」の与えられに加えてさらに、およそ界面の（そして、外部から、すなわち、この界面の彼方にあり、この界面の外にあるものから受け取られるこの界面の内容の）与えられを手にしているのである。この「界面」は、これまでは存在と非－存在との単なる差異にすぎなかったが、いまやこの界面の内部にあるものと外部にあるものとの「境界線」である。してみれば、それはさきには「世界内人間」の存在のみによって現前していた（なぜなら、世界内人間にとって非‐存在は存在しないのだから）のであり、したがって、存在が自己の存在を「もつ」のは非‐存在との差異によってのみであった、すなわち、この界面が現前していたのは、それ自身に対して与えられたもの、自立的で自由なものとしてのみであった。もっとも、（これら二つのものの）*差異たるかぎりで、二番目のもの**であることはできないし、「二番目のもの」の（存在しない非‐存在の）不在においては三番目のものでもまたないのだから、***この界面は端的に実存しないのである。換言すれば、この界面について言われたことはすべて存在そのものと関わりがあり、またそれゆえに自由である「世界内人間」と（それのみと）関わりがある。だがいまや、二番目のもの（「世界内人間」の彼方にあるもの）が存在するのだから、この差異はこの二番目のものによって「三番目のもの」として現前することができるのである。しかし、だからと言ってそれが自立的で自由な何かであるというわけでもない。「単なる」「差異」たるかぎりではそうあることはできないからである。死として捉えられる「差異」は、それゆえいまや単に存在と非‐存在との差異であるだけでなく（すなわち、単に存在の終わりであるだけでなく）、存在と他なる‐存在****との境界線、他なる‐存在への移行、「世界内人間」が「世界外人間」へと変化することでもある。「有神論的な」「世界内人間」はこれ以降、「無神論的な「世界内人間」と同様に、」自己の存在をもつのはこの「差異」によって、すなわち自己の有限性によってのみである。だが、差異そのものが現前するのは他なる‐存在によってのみであるから、このとき「世界内人間」の存在もまた「世界内人間」(142)にとってもはや自立的なものでも自由なものでもなく、むしろ逆にこの他なる‐存在に依存している。だが、「差異」はいまやむしろ自由で自立的なものである。なぜなら、それは存在と他なる‐存在なしには実存しないというだけでなく、存在と他なる‐存在もまた「差異」なしには実存しないからである。だが、それが自由なものであるのは存在と他なる‐存在との

「差異」としてのみであり、この存在と他なる－存在は、その差異において、この差異によって、分離されていると同時に結びつけられている。これを別様に言えば、互いに自立して自由であるのは「世界内人間」でも「世界外人間」でもなく、ともに捉えられたこの二者だけ、すなわち「世界内人間」における「世界外人間」だけである。かりに、話を簡単にするために、「世界外人間」を魂と呼ぶとすれば（このように、魂はここでは人間のなかの「霊魂」ではなくて、ただ単に定義からして人間のなかの不死なるものである）、そのとき自由であるのは（魂なき）人間ではないし魂だけがそうだというのでもなく(143)、魂を吹き込まれた人間が自由なのである。*****それゆえ、ここでもさきの事例と同様に、「世界内人間」は自由であるが、しかしこれ以降は、世界の彼方にあるもの、すなわち人間が終わった（すなわち、彼が死ぬとき。死を魂が吹き込まれた人間のただひとつの終わりと呼ぶのが適切なのであった）あとも残り続けるこの魂が「世界内人間」の一部であるかぎりにおいてのみそうである。この魂は世界の彼方にあるものとしての「他なる」何かであるが、しかしそれはまた人間それ自身でもある。なぜなら、差異すなわち死の廃棄以降は、「世界内人間」と「世界外人間」（魂）は一致するからである。

*　存在と非－存在とのあいだの。

**　なぜなら、その場合それは（ひょっとすれば）存在の非－存在「であるだろう」からである。

***　なぜなら、そのとき二番目のものは存在しないからである。

****　文字どおりには、「別の仕方で－存在すること」。ここでは、この観念を実詞と見なさなくてはならない（この意味での「他なるもの」の観念に関する九二―九三頁の編者注を参照せよ）。

*****　それゆえもちろん強い意味においてであり、単なる生物学的「動物」として理解される人間ではない。

いましがた言われたことはすべてもちろん、「演繹」として理解されるべきではない。非－無神論者は、自己の思考の何らかの抽象的な空間において「世界外人間」を構築するのではないし、「世界外人間」と

「世界内人間」との関係をそこで構築するのでもない。彼は自己の直観をこの形式的な図式をもとにして解釈するのではない。この図式は逆に、非‐無神論者的な直観の記述の、あるいはお望みであれば、非‐無神論的な直観についての非‐無神論的な直接的解釈のと言ってもよいが、その結果にすぎない。無神論者の場合、「世界内人間」は潜在的な自殺者として、いかなる瞬間においても自由に自殺し得る、したがっていかなる瞬間においても自由な者として生きる者として自己自身に与えられる。だが、この直観についての直接的な非‐無神論的解釈においては、自殺は「世界内人間」とは「別の」何かによる「世界内人間」の殺害として与えられる。「世界内人間」が存在すべきか否かの問いについて決定を下すものは、この存在と非‐存在との「彼方」に見いだされる（そして「実存するもの」として理解される）はずである。それは「世界内人間」の彼方にあるものであるはずであり、また「世界内人間」にとっての「他なるもの」であるはずである。「世界内人間」は「他なるもの」との差異によってのみ「世界内人間」として実存するが、しかし「他なるもの」としての「他なるもの」との差異によってではなく、自己にとっての「他なるもの」との差異によってである。このように、この「他なるもの」はいわば自己に近接しており、自己と結びあわされている。それゆえ、自殺において、有神論者は自己自身に対して単に「他なるもの」によって殺害される者としてだけでなく、自殺者としてもまた与えられる。つまり、有神論者を殺害する「他なるもの」は、自己自身でもあるものとしてこの有神論者に与えられる。言い換えれば、有神論者は「他なるもの」としてもまた自己自身に与えられる。自己自身が自己自身に与えられることにおいて、「他なる私」または魂、自己の魂が自己に与えられる(144)。この魂は、自己が「世界内人間」として存在すべきでないかの決定を自由に行うのである。だが、魂は魂として、すなわちそれ自身に与えられるものとして「世界内人間」に与えられるのではない。魂は「世界内人間」に与えられるものとして、そして、この与えられにおいてこの「世界内人間」と分かちがたく結びついたものとして、この「世界内人間」に与えられる。その魂はそれゆえ「世界内人間」の魂として「世界内人間」に与えられる。言い換えれば、「世界内人間」の存在に関して魂が下す決定は、この「世界内人間」に対しては、自己自身が存在に関して自由に下す決定として与えられる。それゆえ、決定を下すのは魂であるが、しかしこの魂がそうするのは、「世界内人間」のなかにそれが宿るかぎりにおいてのみであり、したがって、決定を下すのは「世界内人間」自身であると言うことができる。だが、「世界内人間」が「世界内人間」として実存するのは、自己と自己の魂との差異においてのみ、すなわち、結局はこの自己の同じ魂によってのみであり、してみれば、「世界内人間」が決断し得るのは魂を吹き込まれた者たるかぎりにおいてのみである。[145] それゆえ厳密に言えば、「世界内人間」としての「世界内人間」に対しては、自己のなかに宿るものとしての自己の魂は与えられず、むしろ「世界内人間」は魂を吹き込まれた者としてそれ自身に与えられるのである。[146] したがって、潜在的な自殺者としてそれ自身に与えられる非‐無神論的な「世界内人間」は、自己の存在に関して自由に決定を下す者として、すなわち自由に実存する者として、自由な者として自己に与えられる。[147] だが、無神論者とはちがって、非‐無神論的な「世界内人間」が非‐無神論的な「世界内人間」としてそれ自身に与えられるのは、自己が自己自身に対して魂を吹き込まれた者として与えられることにおいてのみ、すなわち、自己自身のなかの「他なるもの」が、そして「他なるもの」のなかの自己自身が自己に与えられることにおいてのみである。

［非‐無神論者の魂と死、無神論者の自由と有限性］

自殺は、「世界内人間」と「世界内人間」の彼方にあるものとの、あるいは「世界内人間」にとって「他なるもの」との差異の自由な廃棄である。つまり、非‐無神論者にとって、それは自己と自己の魂との差異の自由な廃棄である。非‐無神論者によれば、「世界内人間」が実存するのはこの「差異」によってのみであり、この「差異」の廃棄は「世界内人間」の破壊それ自体に等しい。だが、ここでは「他なるもの」は何かであって無ではないのだから、「世界内人間」の破壊は単に破壊であるだけではなくて、「世界内人間」と「他なるもの」との差異の廃棄、すなわち、「世界内人間」と「他なるもの」[148]との一体性と同一性の確立（ないし再確立）でもある。自殺の与えられにおいて、この「他なるもの」は「世界内人間」に対してそれ自身として直接に与えられる。「世界内人間」を殺害することによって、この「他なるもの」は「他なるもの」自身を破壊するわけではない（なぜなら、さもなければ――非無神論的直観においては――、「世界内人間」に対して適用可能なもの、さらには無限に対しても適用可能なもののいっさいがそれに対して適用可能となるからである）[149]のだから、自殺において与えられるのは「世界内人間」の「不滅性」、すなわち、「世界内人間」の死後もその魂が維持されることである。だが、魂の「不滅性」が自殺の与えられから演繹されないのは明らかである。魂の不滅性は、「世界内人間」に対してその死の与えられにおいて直接に与えられる。あるいは、お望みであれば、それは自殺の殺害的様相においてすでに現前していると言ってもよい。死は終わりとしてではなく、まさしく死として、すなわち非‐存在への移行として、「世界内人間」の「生成」として、ただし自己自身が自己自身として破壊されることによって顕在化する特殊な生成として直接に与えられる。死の「彼方に」ある「死後」は、自己自身として、ただし「他なるもの」として、「死者としての自己」として、人間に与えられる。人間は自己自身に対して死すべき者としても、すなわち、いつでも死ぬことがあり得る者としても与えられるのだから、この「他なる私」（魂であるところの）は単に死後において存在することになるものとしてだけでなく、つねに生のなかに含まれているものとしても与えられる。[150] このような仕方で自己に与えられる人間は、魂を吹き込まれた者として自己自身に与えられるのであり、われわれは正しく（そして、おそらくはさらに一歩ふみこんで）次のように言うことができる。人間が魂を吹き込まれた者として自己自身に与えられるのは、人間が（潜在的な）自殺者として自己自身に与えられるからではなくて、むしろ逆に、人間が潜在的な自殺者として自己自身に与えられることができるのは、人間が魂を吹き込まれた者として（つまり、単に終わった者としてではなく死すべき者として）自己自身に与えられるからである、と。人間の魂がこの死の問いに関して決定を下しうるのは、それが死とともに消滅してしまわないからでしかない。* 魂が決定を下しうるのはただこの理由によってのみであるが、しかしそれゆえに、重要なのはこの可能性のみであって、決定の実在性ではない。死の与えられにおける不滅性の与えられは、自殺の与えられの必然的な契機である（それは自殺における不滅性の与えられの契機である）が、しかし、それはこの与えられのひとつの（抽象的な？）様相にすぎず、そこから自殺を「演繹する」ことはできない。自殺の特殊性はこの行為の自由にあるのに対して、魂の自由はその不滅性の与えられにおいては与えられない（その不滅性が魂の自由として想定されるとしても）。同様に、（自殺における、そして死における）魂の不滅性は、自殺によって開示される自由の事実から演繹することはできない。なぜなら、自由な者として自己自身に与えられる無神論者は、有限者（魂の不滅性をもたない）として自己自身に与えられるからである。不滅性は、自由が自殺の与えられにおいて非‐無神論者に与えられることから「演繹」することができる。なぜなら、不滅性はこの与えられのなかに含まれているからである。とはいえ、そこで問題となるのは、厳密に言えば演繹ではない。なぜなら、非無神論的な自殺の与えられについて語ることによって、われわれはこの与えられのなかに不滅性の与えられの契機を無媒介的に含めているからである。それゆえ、問題は演繹ではなくて、この与えられについての記述であり分析である。[151] それ自身に与えられる非無神論的な「世界内人間」(すなわち、ここでは、自己の魂が自己自身に与えられること)は、自由で魂を吹き込まれた者としての(すなわち、自己の死において不滅であるものとしての)自己自身、それも――無神論の場合とちがって――、魂を吹き込まれてあるかぎりでのみ自由であり、[152] 自由であるかぎりで魂を吹き込まれてある者としての自己自身という自己の直観に関する直接的な解釈に端を発しているのである。[153]

* この点について、L・シュトラウスを参照せよ。彼にとって、存在論は無媒介的に心理学である(『僭主政治について』、次いで『アレクサンドル・コジェーヴとレオ・シュトラウスとの往復書簡』(ガリマール社、一九九九年)、*CTD* 第二導入部(一七七頁以下)における、「ひとがそれについて語るところの存在」というコジェーヴの「存在」の定義と比較せよ)。

[有神論的直観についての有神論的解釈――神の問い]

すでに述べたように、無神論者にとって世界の彼方には何もないのであり、[154] それゆえに、「世界外人間」は無神論者に与えられることができない。その理由はまったく単純で、それがどこにも見出されないからである。逆に、非‐無神論者に対してその魂が、つまり、「世界内人間」の破壊のあとも残り続け、まさにそれゆえに、この「世界内人間」とときに一致せず、むしろこの「世界内人間」の「彼方」にあり続ける非‐無神論者のなかの「他なる私」が与えられるとすれば、その場合は、この魂が見いだされるはずの場所もまたこの非‐無神論者に与えられるのでなくてはならない。こうして、非‐無神論者に対して「彼方」が、「死後」が、「他界」が、「世界の彼方に」あるものが、そして自己の魂が見いだされる場所が与えられる。もちろん、ここでは演繹や構築は問題ではない*。死者として自己自身に与えられる「世界内人間」は、「他界」においても存在するものとして自己自身に直接に与えられる。同様に、魂が「世界内人間」に与えられるかぎりで、この「世界内人間」は世界の「彼方に」もあるものとして自己自身に与えられる。一般に、魂が「世界内人間」に対して与えられる（それは、つねに現実的なものであるわけではないが）ということは、単に「世界内の世界外人間」（すなわち、魂｛anima=âme｝を吹き込まれたものとしての自己自身）としての「世界内人間」に対してのみならず、世界の彼方の自己自身としての、すなわち、「（世界内）人間」がまさに世界内に「置かれて」ある（ここでは位置づけられてあると言うことができる）のと同じ仕方で彼方に、「他界」に「置かれて」もいる（もちろん、それはアナロジーによってであって、同じようにという意味ではない）「人間」（たとえば死者としての自己）としての「世界内人間」に対しても与えられるということである。言い換えれば、非無神論的な「世界内人間」は、単に「世界内の世界外人間」としてだけでなく、（ときには）端的に「世界外人間」としても自己自身に与えられる。[155]

無神論者について語りながら、私はいましがた、人間が見いだされるかもしれない「世界の彼方の場所」が現に存在するという仮説（もちろん、この点からすればあり得ないが）を立ててみた。と同時に、次のことを指摘しておいた。この場所は空虚であり、世界の外部には何もないのだから、「世界外人間」に対しては、人間を含む世界を除けば何も与えられようがない、と。それゆえ、ここで問題となるのは「世界外人間」ではなく、それ自身に与えられる（もちろん「外部から」）「世界内人間」である。にもかかわらず、ここにあるのは「世界外人間」がそれ自身に与えられることではなくて、この「世界外人間」が「世界内人間」に与えられることなのだから、以下のように表現するほうがより適切である。もしも「世界外人間」が、世界内で世界と人間が、「世界内人間」が、「世界外人間」としてそれ自身に与えられることができないということを除けば、いかなるものも与えられない者としてそれ自身に与えられるとすれば、この場合はたしかに、「世界外人間」は「世界内人間」に対してはまったく与えられない（あるいはまた、「世界外人間」は実存しないものとして「世界内人間」に与えられる）が、しかし、「世界内人間」に対して「外部から」、恐怖のトーヌスのもとで、つまり非‐存在とは異なる（それゆえ、実存しない「世界外人間」とも異なる）ものとして、そしてこの差異において有限なものとして（自己自身に与えられるものとして）与えられるのは「世界内人間」自身である、と。それゆえ、もし非無神論的な「世界内人間」が「世界外人間」として自己自身に与えられるとすれば、その場合は、「世界外人間」は、世界と「世界内人間」自身の彼方にある何か、完全に「他なる」何かが世界内で与えられる者として「世界内人間」に与えられるのでなくてはならない。もちろん、ここにもやはりいかなる演繹も存在していない。この「完全に他なるもの」が与えられるのは、われわれがさきほど述べたように、それが与えられなくてはならないからではなくて、むしろ逆にこう言うべきである。それがこのように与えられなくてはならなかったのは、それが実際に、「世界外人間」が「世界内人間」へと与えられることについての有神論的解釈においてこのようにして与えられるからである、と。この「完全に他なるもの」を仮に神と呼ぶならば、「世界外人間」は「神のもとにある人間」として、そしてただ「神のもとにある人間」としてのみ直接に与えられると言うことができる。（非無神論的な）「世界内人間」に対してそれ自身が魂{anima=âme}を吹き込まれた者として、「世界外人間」（または魂）として与えられることについてこれまで言われてきたことのすべてはそれゆえ、全体として捉えられた有神論的直観の、すなわち自己自身に対して「神のもとにある人間」として与えられる「世界内人間」の、抽象的で単に理念的にのみ分離可能な諸要素を明らかにするものでしかない。

＊　「演繹」という語と同様に、コジェーヴは「構築」という語を大抵の場合、探究されている真理とはほとんど無関係な詐術という意味で用いている。だから、今後はこの語をこのように読むことにしよう。

＊＊　それゆえ、いつ何どきでも存在し終えることができる。

演繹なしに、「論証」なしに、この状況を端的に分析することによって、われわれは次のように言うことができる。人間が「世界内人間」であるかぎり、それがそれ自身に対して与えられることは、「世界外人間」が「世界外人間」自身に対して与えられることではない、と（私が生者であるかぎり、私は生者として私自身に与えられるのであって、死者がそれ自身に与えられるように与えられるのではない）。だがその場合、「世界外人間」は「世界外人間」自身に与えられる者として「世界内人間」に与えられるのではない。なぜなら、自己自身の与えられは、他者にではなく自己自身にしか与えられることはできないからである。与えられた自己意識はやはり自己意識であるが、それに対して、「世界外人間」が「世界内人間」に与えられることは、他なるものが与えられることである。(156)＊ それゆえ「世界外人間」は、自己自身に与えられる者としては、(157) すなわち、「世界内人間」の外部にあるがしかし世界内にある何であれ何かが「世界内人間」に与えられることの外部においては、「世界内人間」に与えられることはできない。してみれば、「世界外人間」は異論の余地なく「世界内人間」と世界の外部にある何かが与えられる者として与えられるのであり、それが「世界の彼方に」あるのは、「他なる」何か、世界や世界内人間とは根本的に異なる何かがそれに与えられるからでしかない。だが、またしても「世界内人間」は、神が与えられる者に対してこのように「世界外人間」が与えられることについて何も知らない――あるいはむしろ、厳密に言えば、「世界内人間」は「世界外人間」への神の与えられについて何も知らない。「世界内人間」に対して実際に与えられるのは、神がそれに対して与えられるところの「世界外人間」ではなくて、「世界外人間」(非無神論的な)に与えられるものとしての神である。換言すれば、自己自身が神が与えられる者として与えられるという直接的な直観(についての解釈)において、神は「この世の何であれ何らかの「何か」にとって」完全に他なるもの」として(非無神論的な)「世界内人間」に与えられる。したがって、神が与えられる者であるかぎりで、(非無神論的な)「世界内人間」は「他なるもの」として、「魂」として、それ自身に与えられる。与えられは相互作用であり、相互作用は同質性を前提し条件としている(すなわち、表現している)のだから、「他なるもの」が自己に与えられるということは、まさにそれゆえに、自己は「他なるもの」として与えられるということである。私はさきに、「世界外人間」(すなわち死せる人間)は「世界内人間」に対して「疎遠な隔たり」(ほとんど適切な語ではないが)**のトーヌスのもとで与えられると述べた。われわれはいまや次のように理解することができる。この「疎遠なもの」のトーヌスは、「他なるもの」の与えられのトーヌス、神の与えられのトーヌスである、と。(158) 神は「完全に他なる」何かとして、「疎遠なもの」のトーヌスのもとで人間に与えられる。だが、人間は神が与えられる者として、すなわち、神との相互作用において、この相互作用のなかで神と同質的な者としても自己自身に与えられる。それゆえ、彼は自己自身に対して「他なるもの」として、「疎遠なもの」のトーヌスのもとで、だが同時に「確信」のトーヌスのもとで与えられる。なぜなら、神が与えられるのはこの者自身だからである。

＊　もちろん、語のラディカルな意味での「他なるもの」である。上記九二―九三頁および一七二頁を参照せよ。

＊＊　「ほとんど適切な語ではない」とはいえ、これはあとでもしばしば用いられている。それは「完全に他なるもの」の性格を帯びているという意味あいを強調するものである――たとえ、この「完全に他なるもの」がときに有神論者にとって「近しい」ものであるとしても。

　神が人間に与えられることは、人間が自己自身に対して有限者として、死すべき者として、死者として、「世界外人間」として、あるいはさらに「神のもとにある人間」として与えられることからさえも演繹することができない。有神論的直観において、あるいはお望みであれば、この直観についての直接的な有神論的解釈において、神は人間に対して直接に与えられる。[159]「世界内人間」が「神のもとにある人間」としてそれ自身に与えられるのは、神がこの「世界内人間」に与えられるかぎりにおいてでしかない、等々。しかしながら、これらの与えられはすべて神の与えられの抽象的な要素にすぎない。それゆえ、神の与えられから出発して、そこからさきに言及された他の諸々の与えられを「演繹する」というのがより正しいであろう。神は「世界内人間」に与えられる。それゆえに、この「世界内人間」は自己自身に対して単に「世界内人間」としてのみならず、「神のもとにある人間」としてもまた、すなわち「世界外人間」としてもまた与えられる。「世界外人間」たるかぎりで、「世界内人間」は、世界の終わりのあとでなお存続する者として自己自身に与えられるのであり、彼は死者として自己自身に与えられる。だが、神はこの「世界内人間」に対してつねに与えられる（潜在的にでしかないとしても）のであり、それゆえ「世界内人間」が「世界外人間」として自己自身に与えられるというのは、単に死者としてのみならず、生者としてもそうである。「世界内人間」は魂を吹き込まれた者としても自己自身に与えられる。彼はいつ何どきでも滅し去ることがあり得るが、しかし死にゆきつつもなお彼は「世界外人間」であり続けるのであり、それゆえに彼は単なる有限者としてではなく、死すべき者として自己自身に与えられる。最後に、彼が滅し去ることができるのは彼が有限者だからであり、彼が有限者であるのは彼が単なる「世界外人間」ではないからである。そして、彼が有限者として、すなわち「世界内人間」として自己自身に与えられるのは、この自己と「世界外人間」との区別においてである。

神の与えられから出発するこの「演繹」についてはさきに詳しく論じないでおくが、しかしそれはさきに提示された神の与えられの「演繹」の必然的な補完物となっている。この二つの演繹を、私が行ったよりもはるかに詳細に、またはるかに完全に提示することはもちろん可能である。われわれは、諸々の「段階」をさらに引き出して、それらについて正確に描写することができる。また、はるかにいっそう重要なことだが、われわれはどのような要素について語ろうとも、そこから他のすべての要素を「演繹する」ことができる。言い換えれば、一方の、有限性と死（および自殺）の与えられから出発してなされる神の与えられの「演繹」と、他方の、神の与えられから出発する死、等々の与えられの演繹は、同じように必然的で相互に補完的なただ二つの可能性であるが、その各々はしかし一方向的であり、他方によって補完されなくてはならないものである。このことは、われわれがここで関わっているのが強い意味での何らかの「演繹」ではいささかもなく[160]、むしろ［有神論的］直観（についての有神論的解釈）の分析であるという事実によって説明される。可死的性質の与えられ、魂の吹き込みの与えられ、等々は、神の与えられの抽象的な要素にすぎず、それらは神の与えられの外部には存在しないが、それらはしかし同時にその必然的な要素であり、われわれが神の与えられからこれらの要素を導出し得るのもひとえにこのゆえである。それらはそこにはじめから含まれているのである[161]。神は非無神論的な「世界内人間」に対して直接に与えられるのであり、この非無神論的な「世界内人間」は同時に神が与えられる者として、すなわち「世界の彼方の神内人間」としてそれ自身に与えられる。彼は魂を吹き込まれた者、等々としてある[162]。言い換えれば、非無神論的な「世界内人間」は、無神論的な「世界内人間」がそれ自身に与えられるのとはまったく別の仕方で、それ自身に与えられる。それは、まったく別の「世界内人間」であり、他なる世界における他なるものである。見てのとおり、われわれがこれまで慎重に非無神論的と呼んできた者は、有神論者と別ものではまったくない。なぜなら、有神論者は死すべき者として（単に有神論者としてだけでなく）それ自身に与えられるからであり、まさにそれゆえに、神が「それのうちで」与えられるところの者によって魂を吹き込まれてもいるからである[163]。

非‐無神論者を有神論者と同一視することによって、私は世界ではないあらゆるものを神または神的なものと同一視した。すでに見たように、どのような有神論者にとっても世界の彼方の何か、すなわち神的な何か、神的な何ものかが存在する。あるいはまた、有神論者が無神論者から区別されるのは、とりわけ、そして何よりも、世界の彼方がこの有神論者にとって何かであって無ではないからである（無神論者にとって、世界の彼方は無であるか、または何もない。「無」は大文字の「無」ではなくて、可能なかぎり小さな小文字の「無」であり、さらに言えば、いかなる文字でも表されない――*nichts weniger als nichts*）。私の用語法においては、この世の外部にあると同時に神的でない（あるいは、この世のものであるが神的な）何かが存在するか否かという問いは、提起することさえできない。「この世のものではないもの」という観念と「神的なもの」という観念は定義からして同値である。私にとって、「この世のものではないもの」という観念と「神的なもの」という観念は定義からして同値である。同じ事物をこのように二つの異なる語によって指示することは、それ自体としてはむろん、指示されている事物の理解に資するところは何もない。だが、（「世界内人間」に与えられる）この神的なものが何であるかという問いについては、二つの仕方で答えることができる。第一に、神的な与えられの質的内容を指し示すことによって（*Gegenstand der Gegebenheit*）、第二に、この与えられのトーヌスを指し示すことによって――*Gegebenheitstonus (Gegebenheitsweise?) der Gegenstands*[164]。

神的なものは地上的なものの彼方にあると言うこと、そしてそれが疎遠な隔たりの（オットー*の用語法では「ヌーメン」の）トーヌスのもとで与えられると言うことは、私の用語法においては、神的なものは神的なトーヌスのもとで与えられる神的なものであるという事実以上のことは何も意味していない。その点については何ら驚くべきものはない。なぜなら、われわれは「神的なものとしての」神的なものたるゆえんを、それについての特殊的な規定とは無関係に問うているからである。だが、神的なものは神的でないすべてのものから根本的に区別されるのであり、このことが含意しているのは、神的でないものに固有のいかなるカテゴリーもこの神的なものには適用されないということである[165]。これとまったく同様に、その与えられのトーヌスは神的なものの、そして神的なものというただひとつのものの与えられのトーヌスであり、「あたかもそれは」それ以外の事物からは「けっして」導出され得ないままに写し取られたかのようである。したがって次のように言うことができる。有神論者は何かが神的なものの（「疎遠な隔たり」の）トーヌスのもとで与えられる者であるのに対して、無神論者はこのトーヌスのもとでは何も与えられない者である、と[166]。

＊「地上的」という語は、なじみ深いもの、知られているもの、見慣れたもの——この世的であるものという直接的な意味をもっている（この語はさらに、ロシア語では「平穏さのなかに」あるもの、あるいはまた、平穏さのなかで生きている共同体への帰属の感情を指し示すものである）。

だが、もしそうだとすれば、われわれがこれまでたどってきた道のりはすべて無駄で実りのないものだったように見える。なぜなら、私がいましがた述べたことを冒頭部分で述べることは明らかに可能だったからである。だが、それは正しくない。

［有神論、無神論、そして神への道］

［神への道の観念］

私の問題は何よりも、「他なるもの」の人間への逆説的な与えられを明らかにすることにあった。*確かに、何らかの与えられに対して根本的に盲目的な者に対しては、いかなる「証示」も不可能であるし[167]、他方で、このような与えられが余すところなく与えられてある者に対しては、こうした証示はおそらくまったく必要ではない。だが、それは「近眼の人」や「もぐら眼の人」**にとっては意味をもつ。いずれにせよ、それは記述や分析の土台や「素材」として必要であり、とりわけそれは、このような与えられがひとつのパラドックスではあっても、空しい幻想や誤りではないということを示すことになるはずである。目下の証示のために私が選んだのは、死の与えられである。それは、有神論の逆説的な与えられに光を当てる唯一の仕方というわけではないし[168]、おそらくその最良の仕方[169]でもないが、それでもなお、それはそれらのうちのひとつである。どの有神論者も有限者として自己自身に与えられ、この与えられにおいて彼は自己に対して直接に、死すべき者として、すなわち魂を吹き込まれた者として、神が与えられる者として与えられる。神はまた別の仕方で、いわば別の「きっかけ」から与えられることもあり得る。だが有神論者は、少なくとも自己の死においては神が自己に与えられるということを知っている。彼は自己の死をつねに「他界すること」として、それを過ぎれば自己が「神と向き合い」、神と「二人きり」になるはずのものとして感じとっている。他方で、死者として自己自身に与えられる有神論者は、〔自己にとって〕根本的に「他なる」何か、生者たるかぎりでの自己とは根本的に「他なる」何かとして自己に与えられるのだから、自己の終わりは「他なる存在」への移行にすぎないにもかかわらず（あるいはむしろ、まさにそれゆえに）、それは恐怖のトーヌスのもとでも与えられる（ゆえに、それは無神論者にかぎった話ではない）。また、この「他なるもの」は同時に自己自身としても与えられる。なぜなら、自己の死が自己の他なる存在への「移行」として与えられるからである（私の死だけが恐怖のトーヌスのもとで私に与えられる）。このように、魂の不滅性が（有神論的）人間に対して与えられることを認めることは——ほとんどすべての宗教がそれについて語っているというのに、どうしてそれを認めずにいられようか。むしろ、その逆、すなわち、（無神論者に対して）その生の有限性が与えられることを否定するほうが容易である——、「他なるもの」の逆説的な与えられ、この「他なるもの」が自己自身として逆説的に与えられることを認めることである。自己の有限性が自己自身に与えられることにおいて、有神論者は「世界外人間」として与えられるのであり、この「世界外人間」はそのとき神が与えられる者として与えられるのだから、この「世界外人間」は「神のもとにある人間」である。神は、この自己の有限性の与えられにおいて有神論者に与えられるのである。それゆえ、神的なものは、ある意味で死せる人間と同質的であると言うことができる。神的なものは、「神的なものとは」「別の」「諸々の」もの」が「世界内で」生者や地上的なものと同質的であるのと同様に、死せる人間と同質的である。ただしもちろん、「これら諸々の「別のもの」にとって」完全に他なるものとしてであるが。同様に、神的なもののトーヌスもまた、自己が死者として与えられることのトーヌスとある程度までは「同質的」である。もちろん、神的なものと死せる人間との同質性は、死せる人間が人間であると同時に死者であるという事実に基づいているのではなくて、神が死せる人間に与えられるという事実に基づいている。死者は神の与えられにおいてのみ与えられ、神は（魂としての）死者の与えられにおいてのみ与えられるのだから、次のように言うことができる。有神論者への有限性の与えられにおける「他なるもの」の逆説的な与えられに「光を当てる」ことで、われわれは神的なものの与えられとこの与えられのトーヌスとを開示してみせたのだと。

＊「証示」という語（これは今後なんども登場することになる）はフランス語にはないものである。「証明」という観念との関連においてコジェーヴがそれに与えている重要性を考慮して、ここではそのままにしておく。

＊＊コジェーヴはこの表現を強調している。それはほとんど盲目なのである。この点については、レオ・シュトラウスの「迷える者たちの導きの文学的性格」（『迫害と書く技法』O・ベリション＝ルディン訳、プレス＝ポケット社、一九八九年、所収）を参照せよ。

われわれは「他なるもの」の、自己としての「他なるもの」の逆説的な与えられの事実を探し求め、それを有神論者へのその有限性の与えられのなかに見いだした。この有限性は、自己の死として恐怖のトーヌスのもとで与えられる。この自己の死の与えられにおいて、有神論者は死者として、すなわち、生ける「世界内人間」とは根本的に異なるものとして自己自身に与えられる。われわれは、「世界外人間」が「世界内人間」に与えられるという事実を探究し、それを、有神論者に対してその有神論者自身が死者として与えられるという事実のなかに見いだした。われわれが「世界外人間」の与えられを探究してきたのは、神がこの「世界外人間」に対して与えられるからであり、「世界外人間」が「神のもとにある人間」だからである。われわれはさらに、「神のもとにある人間」の与えられを、有神論者へのその有限性の与えられというこの同じ与えられのなかに見いだした。なぜなら、この与えられにおいて、有神論者は魂{anima=âme}を吹き込まれた者として、すなわち神が与えられる者として、自己に対して直接に与えられるからである[170]。要するに、われわれは「神への道」(*Zugang zu Gott*)を探し求め、この道を、有神論者にその有限性と死とが与えられることのなかに見いだしたのである。

心理学的には、それが唯一の神への道ではないと言うことはできる。神は「別のきっかけ」で与えられることもあり得る。なぜなら、いかなる事物も、あるいはいかなる出来事もヌーメンの感情を呼び覚ますことができるからである。だが、心理学的に見ればやはり、人間に対してその死が与えられることは疑いなくひとつの神への道であり、死を目前にした数々の「回心」の事例がよく示しているように、それはあらゆる者にとって比類なき道である(この表現はあまり適切ではない。*Psychologische*［判読不能］*Zugang* を参照せよ)。だが、さらに有神論的直観(ヌーメン的な)とこの直観についての(直接的な)有神論的解釈とを区別しなくてはならない。十分に堅固な有神論的見解をもつ人間は、あらゆるヌーメン的感覚を自動的に神的なものの与えられとして解釈する*。ところで、有神論的世界観が、死の与えられにおいて現れるこのヌーメン的感覚の外部で生じることは果たして可能なのであろうか。われわれは「最初の」有神論者についてては何も知らないとはいえ、次のように想定することが自然ではないだろうか。神は「最初の」有神論者に開示されたということ、「最初の」祈りは神へとさし向けられた死の恐怖の叫びであったということを？　神が人間の「欲望」の投影（フォイアーバッハ、ショーペンハウアー）ではなかったということ、有神論が恐怖にもとづく創作や構築物ではないということ、これらのことは明らかであり自明である。もしも神が死の危険のさいに「最初の」有神論者に開示されることがなかったならば、そのときこの者の叫びはあくまで叫びにとどまったであろうし、また「最初の」祈りにはならなかったであろう。また、古代詩人のことば――「最初に神々を世界のなかに産み出したのは恐怖である（*primus in vita deos fecit timor*）」――に対して、皮肉ではなく、むしろ逆にきわめて真剣で深い意味を認めることができる。自己の死の与えられによって激しい恐怖に襲われた人間に対して初めて「他なるもの」が与えられるのであり、この「他なるもの」はただちに、自らに与えられ、またそれによってまさに自らと相互作用している神的なものとして解釈されるのである。[171]

＊「ヌーメン的感覚」という表現は、本書のこの部分で繰り返し用いられている。ここでは、著者の表現の一般的性格を維持するために、「ヌーメンの感覚」ではなく「ヌーメン的感覚」としておく。定義からして、もし仮にカント的地平において「ヌーメン」の性質をもつ「何か」が指示されるとすれば、ひとがそれについて言うことができるただひとつのことは、ひとが生き、かつ知っている世界にとって到達し得ない平面に「それ」があるということを除けば、それについては何も言うことができないということである。コジェーヴ『カント』におけるコジェーヴの意図を参照せよ（たとえば、一〇七頁以下）。

だが、心理学はここでのわれわれの関心事ではない。存在論的には、人間としての人間の（つまり、およそ魂なき人間の）有限性は、神の存在の十分条件ではないが、必要条件である。もし人間が無限であるならば、その場合は、比喩的に言えば（比喩的にというのは、世界にとっての無限は単なる空間的‐時間的無限ではないからである）[172]、神が見いだされ得る場所は存在しないであろう。あるいはお望みであれば、世界それ自体が「神」なのだと言ってもよい。それゆえ、「世界内人間」への神の与えられは、「世界内人間」の有限性の与えられを必然的に含んでいる。人間の有限性は神の存在の十分な理由ではないのだから、有限性の与えられがそれ自体として神の与えられであると言うことはできない。有限性が神の与えられであるのは、人間に対してその死が与えられることとしてのみ、すなわち、有神論者に対してその有限性が与えられることとしてのみである。だが、人間の有限性は神の存在の必要条件なのだから、この有限性の与えられは、神の与えられの必要条件（そして、有神論者にとっては十分条件）である――なぜなら存在論的には、人間が有限であるのはまさしくその有限性の与えられにおいてだからである（人間にとって、神が神であるのは与えられた神としてのみである）*。もし人間が無限者として自己自身に与えられるならば、神はこの者に与えられることはできない。それゆえ、神がこの者に対して与えられることができるのは、この者が無限者としては与えられ－ないことにおいてのみである。だが存在論的には、人間はつねに全体性として自己自身に与えられるのだから、人間が無限者としては与えられ－ないということは、人間が有限者として与えられることを意味する。つまり、神が人間に与えられることができるのは、人間の有限性においてのみであるということである。してみれば、神へと導く、そして神へと現実に至りつくただひとつの道は、有神論者に対してその有限性が死すべき者として与えられることに他ならない[173]。

＊　人間と神との関係は、人間への神の与えられを含んでいる（し、さらには必然的にそれのうちにある）。

だが、われわれが神への道を探し求めたとき、そこで求めていたのは、神へと確実に導き、しかも有神論者にとっても無神論者にとってもひとしく接近可能な道であった。われわれが見いだした、有限性の与えられを媒介とする道は、この条件にまさしく合致している。なぜなら、有限性の与えられは神の与えられの十分条件ではないからである。無（ないこと）とは違って、人間の有限性が人間に与えられるのは、自己が自己自身に対して「外部」から与えられることにおいてであり、この与えられは必ずしも「他なるもの」[174]の与えられを含意するものではない。人間の有限性の、そして人間の可死的性質の有神論的与えられは、有限性としての有限性の無神論的与えられとは根本的に異なるものであり、自己自身に与えられる有神論者はそれゆえ、自己自身に与えられる無神論者とは根本的に異なるものである。だが無神論者にとっても、自己の有限性の与えられは、それが世界からの退出であるという意味では神への道である。また、無神論者は、いつ何どきでもこの世を「離脱する」ことができ、この世を遅かれ早かれ確実に「離脱することになる」者として自己自身に与えられる[175]。世界の外部において何も与えられないのは無神論者だけであり、そして――有神論者とは違って――彼は行くべきところをもたない。有限性の与えられは無神論者にとっても「神への道」であるが、無神論者にとって神は存在しないのだから、この道はどこへも導かない。彼はこの道をたどりながら、どこにも至りつかないのである。次のように言うことができる。自己の有限性の与えられにおいて、「世界外人間」は無神論者に対しても与えられるが、それは何も与えられない者としてであって、「神のもとにある人間」としてではない、と。何かの存在論的な非‐与えられは、この非‐与えられの不在の与えられを意味する[176]。なぜなら、何も与えられ‐ないということは、無の与えられを意味するからである。「世界外人間」の与えられにおいて、神的な何かとしての何かが有神論者に与えられるのと同様に、無神論者のなかの「世界外人間」に対しては、神の非‐存在としての無が「与えられる」。なぜなら、「世界内人間」に対してではなく「世界外人間」に対して与えられるものは、世界内には存在しないものの非‐存在だからである。だが、無神論者には何も与えられないとすれば、そのとき無が彼に「与えられる」。無神論者は「無内人間」(*ein wichtiger Mensche*)、消去された人間、実存しない「人間」である[177](*ein nichtiger Mensche, dersich in Nichts gegeben ist, der sich nicht gegeben ist, sich nichtet und vernichtet*)。だが、この人間[‐無]は無神論者自身であり、「他なるもの」として実存しないのは彼であり、この意味においてのみ、彼は自己自身に対して「世界外人間」として与えられると言うことができる。無神論者に対しては、その有限性の与えられにおいてその魂の不在が「与えられる」のであり、この与えられにおいて神の非 - 存在が与えられる（あるいは逆に、神の非 - 存在の与えられにおいて、自己の魂の不在と有限性が無神論者に与えられる——有神論者の場合のように死が与えられるのではなく）。それゆえ、無神論者に対してはその魂の「可死性」が与えられるのであり、この「魂の可死性」においてその魂の不在が与えられる、あるいはお望みであれば、「世界内人間」としての自己自身との絶対的で完全な同一性が与えられると言ってもよい(178)。このように、無神論者に対しては、世界の彼方において何も与えられない。無神論者にとっては、死も魂の不滅性も、この魂に与えられる神も存在しない。だが、この非 - 与えられは、これらすべてのものの不在の与えられという性格をもっている。有神論者に対してと同じく無神論者に対しても、有限性の与えられにおいて神への道が与えられる。だが、この道をたどる過程で、無神論者は何も見いださず、何にも出会わない。それは、単にそこに何もない（無神論者にとって）からではない。彼が見いだすものが無であるというのではなくて、有神論者が何かを見いだすまさにその場所に彼は無を見いだすのである。無神論者は単に自己自身に与えられた「世界内人間」であるが、しかし、世界の外部には何もない（あるいはお望みであれば、無があると言ってもよい）ということを知っている者として、神が存在しないことを知っている者として、すなわち無神論者として自己自身に与えられる「世界内人間」である。このような人間だけが、この語の絶対的な意味における無神論者、すなわち、神の問いに対して否定的な回答を与える人間であり、それは、この問いを問うことすらない、そして問うことができない動物ではない。有神論者は、自己が自己自身に対して有限者として与えられることにおいてのみ有神論者として自己自身に与えられるが、これとまったく同様に、無神論者は、自己にその有限性が与えられるこの同じ与えられにおいて無神論者として自己自身に与えられるのである。

この観点からすれば、人間に対してその有限性の与えられを指摘することは、単に有神論の「証示」であるばかりでなく、無神論の「証示」でもある。無神論者に対してと同じく有神論者に対しても、地上的なものは地上的なものとして「なじみ深い親密性」のトーヌスのもとで直接に与えられる。それゆえ、この与えられを指摘することは無神論の「証示」ではない。また、いかなる固定的内容も有神論者に対しては疎遠な（ヌーメン的な）隔たりのトーヌスのもとで与えられ、無神論者に対しては「なじみ深い親密性」のトーヌスのもとで与えられるということを指摘することも、「証示」ではない。なぜなら、すべての有神論者が同じ内容を同じトーヌスのもとで感受するわけではないからである（ついでに言えば、「フェティッシュ」が自己にとっての神でない者は、なお無神論者ではない）。したがって、無神論者における「隔たり」のトーヌスの不在を指摘することは、彼を神の問いに回答を与える無神論者として定義するには不十分である。なぜなら、動物においてもまた、このトーヌスは存在しないからである。無神論者に対してその有限性が与えられることの指摘のみが、それをなし得る。なぜなら、その場合は神的なものが彼に与えられないというだけでなく、神の非‐存在が彼に「与えられる」からである[179]。自己の死が恐怖のトーヌスのもとで与えられることにおいて、人間は有神論者になることができるが、しかしまさにそのことによって、人間は無神論者になることもできる。この与えられにおいて人間は神の問いを提起し、その問いに対していずれかの仕方で回答する。すべての有神論者、そこには自己の存命中は自己の有神論を自覚していない者も含まれるが、彼らは死の恐怖において有神論者としての自己を見いだす。同様に、真に無神論的であることの何たるかを知っている者だけが、この恐怖において無神論者としての自己を見いだすのである。こうして、死の与えられの事実を指摘することで、われわれは「他なるもの」の与えられという逆説的な事実を明らかにしただけでなく、そこに神への道も見いだした。この道をたどる過程で、有神論者と無神論者は根本的に袂を分かち、各々が互いに他との相違において自己自身を有神論者または無神論者として定義するのである(180)。

〔有神論と無神論――定義〕

死の与えられが同時に神への道でもあるという事実を踏まえたうえで、無神論の形式的定義を無神論と有神論との差異において提示することができる。あるいは逆に、それをより簡潔に言い表すために、死に関する有神論的見解を以下のように特徴づけることができる(181)。

〔有神論〕

人間は自己自身に対して、単に有限者としてだけでなく、死すべき者としても、すなわち、死を媒介として他なる‐存在へと移行する者としても与えられる。この「他なる‐存在」は人間それ自身である、すなわち、それは人間がその死以前においてそうであるところのものでもある。人間は、「世界外人間」としてと同時に「世界内人間」として、すなわち、魂を吹き込まれた者として自己自身に与えられる。しかしながら、死は単に移行であるだけではなくて、終わりでもあり、世界内人間と人間にとっての世界との終わりでもある。死において、魂は身体から切り離される。死以前においても死後においても、神はこの魂に与えられるのであり、それゆえに、魂は神と「同質的」である、または神と相互作用している。魂は神と同じではなくて、単に神と「同質的」であるにすぎず、それは、「世界内人間」が世界と異なるにもかかわらず世界と「同質的」[182]であるのと同様である。死はこの「同質性」を破壊しない。なぜなら、死は相互作用を中断しないからである。死が神と相互作用する人間に対して演じる役割は、それが世界と相互作用する人間に対して演じる役割と同じではない。なぜなら、前者の事例において死が人間を変化させるとすれば、それは、この人間を神へと接近させ、この両者の同質性をいっそう強めることによってであり（魂は、それ自身と神との間に介在する身体から解放される[183]）、後者の事例におけるように、人間の完全な廃棄、人間と世界との同質性の破棄という意味においてではないからである[184]。人間は世界のなかで、世界のために死ぬのであり、それゆえに、世界は人間のために死ぬ――それは、人間と世界との同質性の最大限の現実化である。逆の事例では、人間は神のもとで、神のために死すべき者であり、それゆえに、その死のさいに神はこの人間のために消滅することはなく、むしろ逆に、それはよりいっそうの明晰さをもって見いだされる。ここには、神と世界との異質性の最大限の現実化がある。人間にとって世界を破壊する当のものが、人間に神を発見させるのであり、そして――同時に――神と魂との同質性を顕在化させるのである。神が魂に向けて開示されることは、この魂にとって破壊と喪失を意味しない。神の前で、神にとって、死は人間の破壊を意味しない。それゆえ、神のもとで死にゆく有神論者は、恐怖のトーヌスのもとで自己自身に与えられるのではない。「世界内人間」たるかぎりでのその終わりは、このトーヌスのもとで感受されるのではない。彼は、この終わりを神に寄り添う別の生への移行として感受している。有神論者たるかぎりでの有神論者は、死への恐怖をもたない、というよりもむしろ、死への恐怖をもつべきではない。だが、彼は神の面前に、神の「他なる-存在」の前に出で立つことを畏れる（*Seelen*）。有神論において死への恐怖が抑止されるのは、有神論者にとって、死がそれとの関わりにおいては廃棄ではないところの〈何か〉が存在するから、つまり、この〈何か〉は、神は、死においても変化しないからである。死せる有神論者は、神のもとで揺るぎないものとして与えられるのだから、彼は「他なる－存在」において、すなわち、「疎遠な隔たり」のトーヌスのもとで自己自身に与えられる。だが、この「他なる－存在」はそれでもなおひとつの存在（そしてその者自身の存在）なのだから、この有神論者は、死んでいるにもかかわらず、自己の存在への「揺るぎない確信」のトーヌスのもとで自己自身に与えられるのである。

　有神論者が自己自身に対して死者として、すなわち、「神のもとにある人間」として与えられることのトーヌスにおける揺るぎない確信の要素は、存在論的には以下の事実によって条件づけられる。一方では、神と魂との、他方では、（「死者の」）魂と「世界内人間」との根本的差異にもかかわらず、そのいずれもがそれでもなお〈何か〉であって無ではない、ということである。死者が生者と根本的に異なるのは、この両者のあいだに死が存在するからである。それゆえ、死者は「疎遠な隔たり」のトーヌスのもとで与えられる。だが、それはたしかに異なるもの、すなわち、異なる〈何か〉、「他なる」〈何か〉であるが、それでもやはり何かであって無ではない。無は、いかなるものからも区別されることはできない。なぜなら、それは存在しないからである[185]。生者と死者との同質性は、両者に共通する「事物的」実在にあり、その実在は、自己が何かとして維持されることへの生者の「揺るぎない確信」のトーヌスのもとで与えられる。また、神が与えられる魂が何かであるとすれば、その場合は神もまた〈何か〉である。あるいはお望みであれば、魂が何かであるのは、それ自体が〈何か〉であって無ではない神がこの魂に与えられるからでしかないと言ってもよい。この〈何か〉は「他なる〈何か〉」であるが、しかしそれは、魂と世界のいずれにおいても存在する純粋な「事物的実在」ということの同じ要素を含んでもいる。無としてのではなく、何かとしての「世界内人間」に対しては、それ自身、魂、世界のみならず、神もまた与えられるのである。神が「世界内人間」に対して（この「世界内人間」自身が、神が与えられる「世界外人間」としてそれ自身に与えられることを通じて）（存在論的に）与えられることができるのは、神がこの「世界外人間」と似た何かだからでしかない[186]。

　このように、どの有神論者にとっても、神は何かであって無ではない[187]。有神論者にとっては、世界のみならず神もまた何かであり、この両者のあいだの相互作用が可能であるのは、この事実によってのみである。してみれば、神は世界内で開示されるのであり、世界から出発して神へと至る道が存在するのである。世界と神（あるいは「世界内人間」と「神のもとにある人間」）は、ある意味で「同質的」、「比較可能」、「通約可能」である。だが、神的な〈何か〉が神的であるのは、それが〈何か〉だからではなくて、それが「他なるもの」だからである。神と世界とがこのように「同質的」であるのは、その異質性においてのみであり、それらが「比較可能」であるのは、その比較不可能性においてのみであり、それらが「通約可能」であるのは、その通約不可能性においてのみである。だが、この両者が比較不可能であるとすれば、その理由は単に、それらが互いに何かであって無ではなく、それらがある意味で互いに対立しているからである。神と世界のこの「独異性」の要素[188]は、形式的には、人間への神の与えられがその人間の死後において持続することと形容することができる。

　神とは、人間に対してその死後においても与えられるこの〈何か〉である。より正確には、神は、人間の存命中は、この人間の死後に神がそれに対して与えられるところのものと同じ人間に対して（つまり、この「世界内人間」の魂に対して）与えられる――それに対して、世界がかりに死後の人間に対して与えられるとしても、それは「他なる」人間に対して与えられるのであって、この人間の存命中に世界がそれに対して与えられるところのものに対してではない（なぜなら、世界はこのとき魂に対して与えられるのであって、「世界内人間」に対して与えられるのではないからである）。神が人間の存命中にこの人間に対して何かとして与えられるという事実そのものは、地上的なものと神的なものとの同質性を含意している（どちらも何かである）が、神の「独異性」の要素は、それが死後においても与えられるという事実にある（「〈他なる〉」〈もの〉としての神）。以上が、有神論の（形式的な）特徴である。そこでは、一方で、地上的なものと「他界」とのあいだの、死のこちら側にあるものと向こう側にあるものとのあいだの深淵が緩和される。なぜなら、そのいずれもが何かとして与えられるからである。他方で、何かとして与えられる何かと神とのあいだの根本的な差異化がある。なぜなら、神は「絶対的に」「他なる」何かとして与えられるからである。[189]

［無神論］

あらゆる有神論の特徴であるこれらの要素が、有神論［のすべてのヴァリアント］を無神論から区別する。無神論において、死は人間の根本的な破壊という意味作用を余すところなく保持している。世界内での生成の他のすべての形式と違って、死は、それによって世界からの退出が与えられるという意味で、「他界」への道である。だが、この「他界」はいまや、事物的実在の要素をこの世と共有することすらもはやないほどに「他なるもの」である。それはないのであり、端的に実存しないのである。「他なるもの」の独異性をこうして潜在化してしまうことで、「他なるもの」の与えられという有神論的パラドックスは取り除かれる――「他なるもの」が与えられないのは、それが実存しないからである。たしかに、非‐存在の与えられというパラドックスは残るが、それは単に存在が「外部」から有限なものとして与えられるということであり、要するに有神論者にもある与えられである。なぜなら、有神論者に対してもまた、「世界内人間」の有限性が有限性として与えられるからである。こうして、与えられの「独異性」という有神論的パラドックスもまた取り除かれる。無神論者によれば、いかなる何かも自己の死とともに消滅するのであり、死を前にした存在のこの平等性こそ、与えられるものすべての同質性がもつ力の淵源である。無神論者は、与えられが世界と「他なるもの」とに差異化されるということを知らない。いかなる何かも、この無神論者に対しては有限で地上的な何かとして与えられる。[190] 無神論者による神の否定は、形式的には、死後も人間に対して与えられることができるはずの何かを否定するということを意味する。それは魂の不死性を否定しているに等しいし、自己自身を含む「世界内人間」に対して与えられるものすべての同質性を主張しているに等しい。無神論的な「世界内人間」に対しては、その死の与えられにおいては、その有限性――すなわち、この者に与えられるものすべての有限的同質性と同質的有限性――を除けば、何も与えられない。

こうして与えられた有神論と無神論の形式的定義は、明らかにこれらの現象を汲み尽くすものではないし、これらの定義をこれまで言われてきたこと全体の帰結や結論と見なすことはできない。[さらに言えば、] 私は当初からこれらを定式化しようと思えば当然できたのであるが、そうするつもりはもちろんなかった。なぜなら、それらはそのままでは無価値だからである。繰り返すが、それらの定義が何であれ何らかの意味を持つのは、それらが、これまで論じられた有神論的直観と無神論的直観に関するきわめて不十分で皮相的な存在論的分析と関連づけられるかぎりにおいてのみである。

［無神論の問いへの回帰］

［無神論、有神論、哲学——導入部］

さきに与えられた有神論の分析はまったく不十分なままである。私は、人間のなかの「他なるもの」が有神論者に対して与えられること、すなわち、有神論者に対してその不滅の魂が与えられること、そして、この与えられのなかに含まれる与えられとして、神が魂に対して与えられること、これらについて語ってきた。だが私は、この神の与えられについては何も言っていないし、「世界内人間」が神とともに実存する者として与えられることについてもいっさい語らなかった。ただし、神が無としてではなく何かとして「世界内人間」に与えられるとは言ってきた。この点についても、ここで論じるつもりはない。なぜなら、私の主題は有神論ではなくて無神論だからであり、私が有神論について語るのは、言ってみれば、それを無神論と比較することで無神論の本質をよりよく把握するためでしかないからである。無神論の分析に関しては、何もつけ加えることはできない。「世界内人間」が死すべき者としてではなく有限者としてそれ自身に与えられることを分析することを通じて、われわれはすでに無神論的直観を分析している。なぜなら、この与えられは、世界でないものすべての非‐存在の「与えられ」を含んでおり、したがって、神の与えられを含まないからである。人間の絶対的な有限性についてのこの直観の外部には、特殊に無神論的ないかなる直観も存在しないのであり、この意味で、私がさきに提示した分析については何ひとつつけ加えることができないと言うことができる。われわれにできることは、それを深め、補うことだけである［たとえば、無神論者にその有限性が与えられることについてのより深く完全な存在論的分析を提案することによって］。この分析を、有神論的直観についてのさまざまな有神論的解釈（構築的であれ直接的であれ）の分析と比較すれば、無神論の本質理解にとって大いに役立つことは間違いない。神のあり得べき定義についての（そして実際に与えられた定義についての）知識や、これらの定義の存在論的意味を解明することは、神が実存しないという無神論的言明の射程（*Frageweise*）全体を明らかにする手助けになることは確かである。だが、有神論としての有神論の分析は、われわれをあまりに遠くまで連れ出すことになる。ここでは、〈私がすでにそうしたように〉以下のことを指摘するにとどめたい。魂に対して（人間の死以前においても以降においても）〈何か〉（神）が与えられるという言明を満たす純粋有神論のほかに、この〈何か〉の質的内容について、つまり神の属性について語ることが可能であると信じる「質的」有神論もまた可能であり、それは、神的内容の定義いかんに応じて無数のあり得べき神学へと分解される、と[191]。

この用語法に従えば、次のように言うことができる。私がこれまで無神論に対置してきたのは「純粋有神論」のみであること、だが、そこで恣意的なことは何も述べていないということ、無神論を「質的」有神論の明確に定義された何らかの形式に対置させるとすれば、それはとんでもない間違いであるということ。他方で、次のように言うことができる。いかなる神学においても神は何よりもまず〈何か〉として定義されるという意味で、「純粋有神論」はあらゆる有神論の根底に見いだされるものである、と。[192] それゆえ、神の事物的実在の否定はおよそ神学の否定を含意しており、無神論に等しい。それに対して、神の何らかの属性の否定は、それ自体としては無神論と呼び得ない。したがって、「純粋有神論」と無神論との比較のみが、神の非 - 実存の主張としての無神論の本質的性質を直接に発見させることができるのである。無神論的直観の分析を通じて、われわれは端的に次のように言うことができる。無神論者は絶対的に有限なものとしてそれ自身に与えられるのであり、世界の外部では何も与えられない、あるいはお望みであれば、無が「与えられる」のだ、と。何であれ何かが世界の外部においては与えられ - ないということが同時に神的なものの非 - 存在の「与えられ」であるということは、ただ無神論と（純粋）有神論との比較を通じてのみ立ち現れる。[193] 無神論を有神論のさまざまな形態と比較することは、神の非 - 実存の無神論的主張に何かをつけ加えるわけではないとはいえ、神の与えられの何らかの質的内容であり得るものいっさいを否定するものとしての純粋有神論の意味（*Frageweise*）を理解させてくれる。だが、無神論的直観（あるいは、それに関する直接的解釈）についての私の存在論的分析と、有神論的直観（と、それに関する純粋有神論と質的有神論の立場からの直接的解釈）についての分析から帰結するものとを比較することで、前者を可能なかぎり深め、補うとしても、それはなお不完全なものにとどまるだろう。なぜなら、この分析は、「世界内人間」にその有限性が与えられることに関する（証示と）現象学的記述のなかから人為的に取りだされた分析にすぎないからである。[194] 換言すれば、それはなお無神論についての分析であって、無神論者についての分析ではない、つまり、抽象についての分析であって、具体的に実存する何かについての分析ではない。現に存在するのは無神論ではなく、「世界内人間」にその有限性が与えられることでもなく、無神論者であり、「世界内人間」に対してそれ自身が有限者として与えられることである。われわれはこれまで、この有限性の与えられを人為的に取りだして分析してきた。だが、それで満足するわけにはいかない。この与えられを、「世界内人間」がそれ自身に与えられることの全体という自然の地のなかに置きいれなくてはならない。なぜなら、単に無神論が無神論者に与えられるというだけでなく、無神論者がそれ自身、それ自身に対して無神論者として、すなわち、世界との相互作用において生きる人間として、完全に有限なものとして、与えられるからである。無神論者に対してはそれゆえ、単に存在の抽象的な有限性が与えられるのみならず、「世界内人間」がそれ自身に対して与えられることの内容すべての具体的な有限性もまた与えられる。現実の無神論者は、単に無神論者であるというだけでなく、自己と向き合う世界（*gegenständlich, objective Welt*）と、この世界と対立し、かつ科学的な［判読不能］態度と対立する自己自身とを「記述する者」（そして説明する者）としても、世界内で能動的に行為する者としても、自己が自己自身に対して与えられることを現象論的に判定し、存在論的に分析する者としても、自己自身に与えられる。言い換えれば、人間は単に有神論者や無神論者として自己に与えられるのみならず、同時に、知識人、宗教的人間、哲学者、等々、としても与えられるのであり、これらのものに対して有神論者と無神論者のいずれかが与えられる。より正確には、人間は自己が自己自身に対して学者、哲学者、等々、として与えられることにおいて、有神論者または無神論者として自己に与えられるのであり、それがつまり、学者（または無神論者）、哲学者、等々、として自己に与えられるということである。実際には、有神論や無神論が存在するのではなくて、単に科学、宗教、有神論的ないし無神論的な哲学、等々が存在するだけである。それゆえ実際には、学者でしかない者、哲学者でしかない者もまた存在せず、同時にこれらすべてである（ただし、ある傾向性が他のそれよりも優越する可能性をもった）世界内の具体的な人間がいるだけである。したがって、無神論の記述と分析は、無神論的な「世界内人間」が無神論的な「世界内人間」としてそれ自身に対して具体的に与えられることの十全性の記述であり分析でなくてはならない[195]。

のちほど、私はこうした方向で、無神論に関する現象論的記述と存在論的分析についてさきに行った説明を補ってみようと思う。そのためには、「世界内人間」の（科学的、能動的、感性的、宗教的、哲学的な）生のさまざまな態度について語らなくてはならない。語るべきは第一に無神論的な「世界内人間」であるが、有神論的な「世界内人間」についてもまた語らなくてはならない。なぜなら、そこでも有神論との比較が無神論の本質を解明するうえで有効だからである。それゆえ最終的には、「世界内人間」がそれ自身に与えられることの十全性を記述し分析しなくてはならない（もちろん、それらはすべて皮相的で不完全なものにとどまるだろうが）。だが、そこに移る前に、無神論と有神論との論争についてなお手短に検討しておきたい[196]。つまり、有神論的直観に関する無神論的解釈と無神論的直観に関する有神論的解釈についで論じておきたい。

［有神論と無神論との論争］

［無神論的直観に関する有神論的解釈］

有神論の観点からすれば、無神論者は盲目である。それは、万人にとって、そして彼自身にとって明白であるはずのものが見えない欠陥者である。盲者に色が見えないのと同様に、無神論者には神的なものが見えない。有神論者にとって、神の実在は疑問の余地がない。神は多少とも実在的であるが、いずれにせよ、その周囲の世界よりもその実在性において劣るわけではない。それは抽象的思考にとって（あるいは、啓示または権威によって獲得された信仰にとって）実在的であるだけでなく、あらゆる正常な人間の直観において（多少とも大きな規模の完全性において）神として与えられるのでもある。[197] それゆえ、真の無神論者、つまり、およそ有神論的直観を欠いた人間は、正常な人間であれば誰もが見てとるものをそれ自身で見る能力をもたない「道徳的怪物」と見なされる。このような無神論者に対する有神論者の態度としては、次の二つが可能である。神についての個人的な直観がないにもかかわらず、この者を有神論的権威にあくまで従わせようとするか、無神論者のなかの有神論的直観を何らかの仕方で目覚めさせようとする一方で、この直観を一時的にくもらせているのは単なる不注意、修練の欠如、薄弱な意志であると考えるか、そのいずれかである。有神論者は、神に見すてられた人間、神との接触が永久に断たれてしまった人間が存在することを認めることもできる。ただし、有神論者にとってこの場合、これらは厳密に言えば人間ではなくて、むしろ「地獄の手先」[198]である。だが、一般に有神論者は、無神論者における有神論的直観の完全な欠如、あるいは一時的な欠如さえ認めないし、無神論者がこの直観を単に誤って解釈しているだけであると考える。この点からすれば、無神論者は、直観において与えられる神的なものを不正確に形容する非正統者や異端者とは異なっている。[199] ゆえに、神的なものそれ自体の与えられや実存を否定することによって、神的なものを地上的なものと見なすというのは、誤りである。有神論者は、彼の間違いを証明するためにこうした議論をもちだす無神論者と論争することになるが、それらの「証拠」はすべて、よくいって有神論的直観の生起を促す「証明」*にしかならない。無神論者が盲目であるかぎり、（ヌーメンの）「疎遠な隔たり」のトーヌスのもとで無神論者に与えられるものが何もないかぎり、あらゆる有神論的議論は、この無神論者にとって生きた意味をもたない。これらの議論が無神論者の意見を変えさせるとしても、それは純粋に形式的な仕方によってであり、無神論者が「有神論者」になるのは、せいぜい権威への信奉心からにすぎない。その反対に、何かがひとたびヌーメン的トーヌスのもとで無神論者に与えられたとすれば、その無神論者はもはや無神論者ではないのであり、最悪でも、それは異端の有神論者である。このように、有神論のあらゆる議論はつまるところ、いまだ自覚されていない有神論との関わりにおいてしか意味をもたない[200]。神の問いへの回答としての有神論にとって、これらの議論は必然的に無意味な回答であり続けるだろう（*Begriffen ohne Anschauung sind leer*〔直観なき観念は空虚である〕）。

＊ そして、強い意味での「証示」ではない。上記一八七頁および一九五頁を参照せよ。

［有神論的直観に関する無神論的解釈について］

私は、有神論的議論の内容についても、無神論からの攻撃に対する有神論の防御の様式についても論じるつもりはない[201]。また、有神論に対する無神論的批判の内容についても論じない。神についての個人的直観をもつ有神論者にとって、こうした批判は明らかにほとんど説得力がない。それは、有神論の何らかの形式の、あるいはよくて有神論一般のもつ論理的矛盾を論証し得るにすぎない。だが、有神論的事実が与えられる人間がこの批判の正しさを認めるとしても、それはこの者にとって、この事実の逆説的性質を認めるということを意味するだけであり、その事実の否定を意味するわけではない[202]。この批判が有神論にとって破壊的であるのは、有神論的事実を否定する者、すなわち無神論者にとってのみである。なぜなら、無神論的批判の意味のすべては、有神論的直観の否定のなかに、有神論的直観が「幻想」であるという主張のなかに、有神論が人為的構築物か世界内的直観に関する誤った解釈かのいずれかにすぎないという主張のなかにしかないからである。(203) 無神論者にとって、あらゆる有神論は、ことばの広い意味での擬人主義、すなわち、「世界内人間」のイメージにもとづいて「神のもとにある人間」として構築された「世界外人間」にまつわる諸々の地上的な所与(いろいろ修正が加えられながら互いに結合している)が世界の彼方へと投影されたものである。無神論者にとって、世界の外部は無であり、この無は、自己の絶対的な有限性が自己に与えられることにおいて無神論者に「与えられる」。無神論者がこの無神論的直観の存在を有神論者のなかにも認めるとすれば、その有神論者の有神論は、この無神論者にとっては無神論的直観の誤った解釈以外の何ものでもない。「世界内人間」が自己に対して「外部から」与えられるということを、有神論者は逆に、「外部の」与えられとして、世界外の非‐存在の与えられとして、地上的ではない〈存在〉の与えられとして解釈する。有限性の与えられにおいて「与えられる」この無は、そのとき神的な無として、つまりは何かとして(ときには質的な何かとしても)捉えられるのであり、この何かのもつ絶対的な「独異性」のみが、非‐存在についての直観の無神論的な起源を開示する。無神論の観点からすれば、有神論の主たるパラドックスは絶対的に「他なるもの」の(すなわち、他なるものとしての他なるものとの相互作用の)与えられであり、それに対して、何かのもつ独異性はパラドックスでも何でもなくて、「幻想」である――おそらく巨大で、心理学的には理解可能であるが、それでもやはり幻想である(なぜなら、世界もまた何かだからである)。(204)

［有神論と無神論との論争の存在論的意味――有限と無限、哲学の場所・意味・役割］

有神論と無神論との論争に関して詳しい説明や分析を行うつもりはない。だが締めくくりとして、この論争の存在論的意味について、いくつかのことを述べておきたい。この論争はつまるところ、存在と非-存在、あるいは有限と無限に関する存在論的論争に他ならないのである。(205)

［有神論と無神論――無と向き合う神］

［無神論者の無と有限］

無神論者によれば、世界の外部には何もない、あるいはお望みであれば、無が「ある」と言ってもよい。その総体としての世界全体は、何かとしてこの無と対立しており、この対立においてそれは隅から隅まで有限であり、この有限性においてそれは同質的である。すべては死を前にして平等であり、無との対立において、この世の何かの質的な（実存的な）差異のすべては消え去る。すべては、何らかの仕方で実存し、かつ無から区別されるただひとつの何かへと融解する。無との差異化において、この何かは与えられた質的な何かである。なぜなら、この何かではない、だが「何かとしての」何かである別の何かが存在するからである（もちろん無の非-存在ゆえに）。何かは、無を言わば満たすことが決してできない。なぜなら、無は実存しないからである。何かが何かであるのは、無との、つまり何かではないものとの、無であるかぎりで実存しないものとの差異においてのみである――だが、まさにそれゆえに、何かは有限である。(206)有神論者がもし、こうした理由から神は何かであると言うとすれば、それに対して無神論者は、神が世界から区別されない、それは神ではない、あるいは、それがかりに実存するとしても、それは神としてではなくて、世界であるところの何かとして実存する、つまりは、それもまた無とは異なるものであり、この区別においてそれは世界に帰属する何かであると主張する。換言すれば、それは無とは異なるものであり、この差異においてそれは有限である。ところで、この有限性において、それは世界と同質的である。それゆえに、「神」は人間に与えられることができる。それによってのみ、この両者のあいだの（つまり、人間と神とのあいだの）相互作用が可能になる(207)。神が実存しないと言うこと、あるいは、神的な何かの「独異性」に関する有神論的言明が幻想であると言うことは、つまるところ、無との対比において世界と神との差異は廃棄されると言っているに等しい。世界と神とはともにただひとつの同質的な何かを構成しているのであり、その外部には何もないのである(208)。

以上が、有神論に対する無神論的批判の（手短に述べられた）存在論的本質である。この批判が有神論者を納得させせないことは明らかである。なぜなら、有神論者は、それ自身の有神論的存在論によって無神論的存在論に対抗するからである。

［無限としての有神論の神］

有神論者は、（有限の）何かが無を満たすことができないということ、およそ何かの有限性はこのあり得べき満たしの不在において開示されるということを認める。だが、このことは世界に帰属する何かについてのみ言えることである*。なぜなら、これらの何かはまさしく有限なものとして与えられるからである

――無神論者の理説はまったくのトートロジーにすぎない。無神論者は、神がそれに与えられないかぎりにおいて正しい。つまり、世界は有限であり、この世界の外部には何もない、ただし神を除いては。なぜなら、この神こそはまさに、無神論者に与えられない当のものだからである。無神論者は、世界の彼方で自己に与えられるものは無であると考える。だが実際には、そこにあるのは神的なものがこの無神論者に与えられないという事実であり、この事実が、存在論的な重みをもつ与えられの不在という様相を呈しているのである。それに対して、神は何かとして有神論者に与えられるのであり、しかもそれは初めから無限な何かとして与えられる。神的なものの無限性は、神的なものの「独異性」の存在論的本質をなしており、無神論者の理説はそれに対して適用できない。無神論者に対して、世界の有限性は「外部」からの与えられにおいて与えられるが、有神論者にとって、外部からの与えられは「外部の」与えられ、すなわち神の与えられである。なぜなら、世界の有限性は、神にとって「他なるもの」の有限性において、またその有限性として有神論者に与えられるからである。有限は、無限ではないものとして与えられるのである[209]。無神論者が、自己に与えられる何かのすべては無と対立する世界の同質的全体へと融解すると言うとき、彼は正しい。だが、彼が正しいのは、有限だけが彼に与えられるからであり、その有限がその有限性においてまさしく同質的だからである。だが、世界の有限性が与えられることができるのは「外部」からの与えられにおいてのみであり、有神論者にとってこのことは、「外部の」与えられ、すなわち、神による、神の、神における与えられを意味する。このように、有神論者の観点からすれば、無神論者は、つねに世界との相互作用の流れのなかに埋没しながら半ば動物的な生を送っているがゆえに、「外部」からは何も与えられないか、世界と対立し世界を限界づける「他なる」〈何か〉を無と見なすことによって、自己の直観を誤って解釈しているか、そのいずれかである。無神論者は、世界ではないものを無と同　視し、世界として存在していないものが非‐世界として存在する可能性があることを忘却している[210]。

＊　そこには、世界それ自体であるところの何かも含まれる。

この世界の外部の〈何か〉こそ、まさしく神である。それが世界と融合しないのは、それが無限であり、無限であるかぎりで無と対立せず、無を含んでいるからである（この対立において世界と融合するのではなく）。この世の何かが無を満たさず、無を満たすことができないのは、まさしくそれが有限だからである。それに対して、無限としての神的な何かは無を満たすのであり、この無の満たしにこそ、その無限性の存在論的意味がある[211]。無は、無限によって満たされたものとしてのみ、それがそう「である」ところのもの、すなわち非‐存在であることができる。何かの不在ではなくて、不在それ自体である。非‐存在が無「である」ことができるのは、それが実存しないからでしかないし、それが実存しないのは、すべてが神的な無限によって満たされているからである。無神論者が無に対して存在論的価値を認めるのは、この無が有限性の与えられにおいて自己に「与えられる」と考える場合である。だが実際には、無は与えられることができない。なぜなら、それは実存しないからである。それに対して、有限性が与えられるのは、無との「対立」の与えられにおいてではなく、神の無限との「対立」の与えられにおいてである[212]。世界は、神にとって「他なるもの」として有神論者に与えられるのであり、この与えられにおいて世界は有限である。人間は、「世界内人間」たるかぎりにおいてのみ、すなわち、「神のもとにある人間」とは異なるものとしてのみ、有限者としてそれ自身に与えられる。神のなかに死はなく、神のもとで自己に与えられる人間は、不死で無限のものとして与えられるのであり、さらに言えば、この与えられは、無限の（すなわち、神の）直接的な与えられ以外の何ものでもない[213]。

［有限と無限］

このように、有神論と無神論との論争の存在論的様相は、無限に関する論争に帰着する。(214) 無神論者によれば、無限の与えられは存在しない。無神論者に与えられるどのような何かも、無と対立する何かとして、すなわち、有限なものとして与えられるにすぎない。したがって、神がそれでもなお無神論者に与えられるとすれば、それは「他なる」何かとしてではなくて、地上的で有限な何かとしてである。世界はおのずと有限なものとして与えられるが、この世界の外部で無神論者に「与えられる」のは無だけであり、この無は有限でもなければ無限でもない。なぜなら、それは存在しないからである。無神論者は、「無限」を（世界の）際限なさとしてしか知らない。その一方で、有神論者が唱える神的な現実的無限、無と対立するのではなく無を包摂する神的な現実的無限は、無神論者にとってはパラドックスではなくて、論理矛盾を含むがゆえに容認しがたい「人為的」構築物である。その反対に、「現実的」無限は初めから有神論者に与えられてあり、有神論者にとってそれはひとつの事実である（どれほど逆説的であろうとも）。「内部」からは、世界は有神論者に対しても無神論者に対しても無際限な何かとして与えられる。「外部」からは、世界は無神論者に対しては、有限で無と対立するものとして与えられる。有神論者に対しては、世界としての世界はやはり有限な何かとして与えられ、有限であるかぎりでそれは「外部」から有神論者に与えられる。だが有神論者にとって、「外部」からの与えられは、「外部の」与えられ以外の何ものでもない。つまり、世界の有限性とともに神の無限もまた有神論者に与えられるのであり、この神は〈何か〉であって無ではなく、無限な〈何か〉、「他なる」〈何か〉、この世の有限な何かとは根本的に異なるものである。無限と有限との対立としての神と世界との対立は、世界の有限性の与えられにおいて初めから有神論者に与えられる（あるいは逆に、世界の有限性は、神の無限において有神論者に与えられる）のであり、無神論者による批判は、有神論者にとってはせいぜい、この与えられの逆説的な性格を論証しうるものでしかない。その一方で、無神論者がこの与えられの事実そのものを否定することは、有神論者から見れば、盲目あるいは直観力の衰弱以外の何ものでもない[215]。

［無神論的宗教の観念への回帰――哲学の場所、意味、役割。哲学と知の体系］

以上が、（手短に、不完全に、皮相的に説明された）有神論と無神論との論争の存在論的性質である。ここでは、それについてこれ以上詳しい説明や分析はしない。有神論と無神論のパラドックスについては、一方で、それらを合理化する試みがなされ、他方で、それらが相手を攻撃する論拠として利用されるが、これらの点についても検討するつもりはない。ただし、議論の締めくくりとして次の点を強調しておきたい。有神論と無神論との論争は、宗教性と世俗性との論争へと収斂してはいかないということである。確かに、この論争は通常こうした性格を帯びている。通常は、世俗的な無神論者が、この問いをめぐって宗教的な有神論者と論争する[216]。だが原理的には、その逆の図式も可能であり、その場合は、宗教的な無神論者（たとえば仏教徒）が世俗的な有神論者と論争することになる。他方で、この論争はさらに、宗教の内部で生じることもあるし、純粋に世俗的なものであることも同様に可能である。だからといって、無神論者と有神論者との論争が純粋に抽象的な論争であって、宗教的人間と世俗的人間との論争とはまったく関係ないかのように考える必要はむろんない。すでに述べたように、実際に存在し論争するのは有神論や無神論ではなくて、生きた人間としての有神論者であり無神論者である。有神論者は有神論的世界[217]のなかで生き、無神論者は無神論的世界のなかで生きるが、そのいずれもが、自己に固有の世界のなかで（もちろん、そのなかでのみ、ということではなくて、主としてそのなかで、ということだが）学者、活動家、宗教的人間、等々、として生きることができる。たとえば、学者の（学者にとっての）有神論は、宗教的人間の有神論と一致しない。科学の神は、宗教の神と同じものではない。だが、それでもそれは神である。同様に、無神論は、異なる態度のもとでつねに同一であるわけではないが、それでもそれはつねに無神論である。まさにそれゆえに、われわれはここで有神論一般や無神論一般について語ることができたのである。だが、そうだとすれば、有神論と無神論の概念は明らかに抽象である。それらは単なる一般的な基底であり、有神論的な考え方や無神論的な考え方のトーヌスであり、異なる有神論的態度や無神論的態度の生きた内容で満たされた形式的な枠組みを一般化したものである。有神論と無神論との論争（口頭によるものであれ記述によるものであれ）がときに、たとえば存在論的な無限主義と存在論的な有限主義との論争のように抽象的な平面で行われる場合でも、その背景には生きた人間が存在しているのであり、そのいずれもが、ともかくも自己に固有の世界を拠りどころにしているのである。この論争が価値をもつのは、それが生きた人間によって支えられている場合だけである。

＊　コジェーヴは、「宗教的－内部」とよく似た新たな語をつくっている。

要するに、有神論や無神論の何たるかを真に理解するためには、生きた有神論者や生きた無神論者、そして何よりも自己自身（有神論者または無神論者としての）を理解しなくてはならない[218]。だが、他のあらゆる理解を規定するこの理解は、他方では、生きた人間でともかくも満たされた一般的で抽象的な枠組みの理解なしには成り立たないのであり、この生きた人間こそ、われわれが理解したいと望む当のものである。本書はこうした抽象的な理解に向けられている。第一章では、基礎的な無神論的直観を（不十分に、皮相的に、不完全に）[219]取り出し、それを現象論的に記述し存在論的に分析すること（あとで見るように、ここでは無神論と有神論とを比較することによって）を試みた。そこから見えてくるものは、すべての無神論者にそれ自体として固有であるもの一切、すべての無神論者をすべての有神論者から区別するもの一切である。第二章では、世界内の生の根本的な態度のありようを、それが有神論的であるか無神論的であるかにかかわりなく特定してみることにしよう。さらに、無神論がその主要な態度（科学的無神論、活動的無神論、等々）においてとるかたちを、それに対応する有神論のかたちと比較しながら描きだしてみることにしよう。第三章では、世俗的無神論について、第四章では、宗教的無神論について論じるだろう。こうして、私はしだいに具体的現実へと接近していくことになるが、むろんそれはなお抽象の領域にとどまることを通じてである。（第四章の第二部では）、さらに踏み込んで無神論的宗教（仏教）を分析するつもりであるが、それはあくまで宗教的無神論と関わるかぎりにおいてである。私が宗教的無神論を選ぶのは、有神論と無神論の問いがその宗教的形式のもとでよりいっそうわれわれにとって身近なものになるからである。われわれはきわめてしばしば有神論を宗教と同一視するが、それは正確ではないとはいえ[220]、偶然ではない。理論的には、有神論と無神論との関係という観点から人類の歴史全体を分析するのが当然であるが、ここではもちろんそれは問題にならない。それゆえ、ここでは無神論的宗教の分析のみに話題を限定する。とはいえ、この程度の分析であっても、無神論一般の性質を理解する手助けにはなるはずである。最後に、原理的に言えばやはり、われわれは具体的で生きた無神論者に関する記述を仕上げるべきであったし、それが真の無神論の哲学となるはずであった[221]。だが、それについてもここでは問題になり得ない。第五章および最終章では、先行するすべての内容（無神論の哲学）の意味を明らかにするとともに、無神論的哲学（それはもちろん無神論の哲学も含んでおり、とりわけ第一章の存在論を含んでいる）の根本的な特徴の素描をつうじて真理の問いを解決しないまでも提起し、そして最後に、「充実した生」を生き、無神論者として自己自身に与えられる人間の（哲学の）理想とは何であるかを明らかにしたいと思う。

一九三一年十月十四日

訳者あとがき

本書は Alexandre Kojève, *L'athéisme*, Editions Gallimard, 1998 の全訳である。

本書の冒頭には、フランスの気鋭のコジェーヴ研究者ロラン・ビバールによるコジェーヴ哲学の長大な解題が付されているから、それによって、読者は本書の成り立ちや著者アレクサンドル・コジェーヴの人となり、その思想体系、その思想展開における本書の位置づけ等に関する概略的な知識を得ることができるだろう。また、コジェーヴに関する詳細な伝記の邦訳がすでに存在するということもあり（ドミニック・オフレ『評伝アレクサンドル・コジェーヴ』今野雅方訳、パピルス、二〇〇一年）、われわれとしてはもはや、コジェーヴの人物紹介の細部に立ち入るつもりはない。

もともとの構想では、本書『無神論』は全六章からなる著作となるはずであったが、結果としては第一章のみが書かれただけに終わり、第二章から最終章までの記述はすべて放棄された。それゆえ、本書はその書かれた第一章分のみの内容となっている。その内容は、ひとことで言えば、無神論および無神論的宗教性とは何かであり、それを有神論および有神論的宗教性との関わりから論究するというものである。未完とはいえ、議論の内容は濃密であり、これまで知られていなかったコジェーヴ思想の核心的な側面を垣間見させるものとなっている。また、無神論や無神論的宗教性という主題は、現代においてきわめて重要な意義と可能性をもつであろう。

ビバールの見事な解題のおかげで、訳者が本書の内容に関して余計な要約や解説をする必要はまったくなくなった。訳者個人としては、コジェーヴの考え方に関して、本書や本書以外のところでもいくつか疑問に感じる点があるが、もちろんそれらをここで論じるつもりはない。関心のある読者諸氏が自ら考えてみればよいことである。そして実際、コジェーヴの著作はすでに邦訳があるものだけをとってもきわめて面白く、刺激的であり、読んで絶対に損はないだろう。それだけコジェーヴが独創的な思想家だということである。「思考の国の隠れた王者」とは、かつてハイデガーを指して言われた言葉だが、それはむしろコジェーヴにこそふさわしいものである。

最後に、本書の完成に向けて尽力された法政大学出版局の郷間雅俊氏には、衷心から感謝申し上げる次第である。

二〇一五年六月二日

今村真介

著　者

アレクサンドル・コジェーヴ（Alexandre Kojève）

1902-1968．ロシア（モスクワ）生まれの著名なヘーゲル研究家・哲学者．ロシア革命の際にロシアを離れ，ドイツに亡命する．K. ヤスパースの指導の下で，ロシアの神学者ソロヴィヨフに関する学位論文を書く．1926 年にフランスに移住．同じロシア出身の思想家 A. コイレと交流し，彼のヘーゲル研究に大いに影響される．1933 年から 39 年まで，コイレの後継者として，パリの高等研究院でヘーゲル『精神現象学』講義を行う．この講義には，M. メルロ＝ポンティ，J. ラカン，R. アロン，G. バタイユ，P. クロソウスキー，R. クノーなど，第二次大戦後のフランスを代表する大知識人が多数出席し，彼らの思想形成に絶大な影響を与えた．この講義は R. クノーにより整理され，1947 年に『ヘーゲル読解入門』のタイトルで公刊される（邦訳，国文社）．戦後はフランス政府の高級官吏として，フランスの対外経済政策に影響を与え，ヨーロッパ統合のために外交的手腕を発揮する．1968 年ブリュッセルで死去．彼は生前著作を公刊しなかったが，その死後，残された原稿のいくつかが編集・出版された．『法の現象学』『概念・時間・言説』『権威の概念』（邦訳，法政大学出版局）と同様，本書もその一つである．その他に，『異教哲学史試論（三巻）』『カント』などがある．

訳　者

今村真介（いまむら・しんすけ）

1971 年生．上智大学法学部法律学科卒業．一橋大学大学院言語社会研究科博士課程満期退学．現在，早稲田大学法学部非常勤講師．専攻は社会思想史，フランス史．著書に『王権の修辞学』（講談社），共著に『儀礼のオントロギー』（同），訳書にコジェーヴ『権威の概念』，共訳書にフュレ『マルクスとフランス革命』（以上，法政大学出版局）がある．

《叢書・ウニベルシタス　1028》
無神論

2015年6月30日　初版第1刷発行

アレクサンドル・コジェーヴ
今村真介訳
発行所　一般財団法人　法政大学出版局
〒102-0071 東京都千代田区富士見 2-17-1
電話03(5214)5540 振替00160-6-95814
印刷：平文社　製本：誠製本

Printed in Japan

ISBN978-4-588-01028-6

注

解 題

1. この講義の内容は，『ヘーゲル読解入門』（ガリマール社，1947年。以降は*ILH*と略記する）の出版を機に世に知れわたった。編者注を参照せよ。コジェーヴの聴衆のなかには，とりわけレーモン・アロン，ジョルジュ・バタイユ，ピエール・クロソウスキー，ガストン・フェサール，ジャック・ラカン，モーリス・メルロ＝ポンティ，エリック・ヴェイユといった面々がそろっていた（その辺りの詳細については，たとえばレーモン・アロン『回想録，政治生活50年』ジュリアール社，1983年，94–100頁を参照せよ）。
2. 『概念，時間，言説』（ガリマール社，1990年，ここでは*CTD*と略記する）序文36頁を参照せよ。精神分析に関する詳細な研究としては，『異教哲学史試論』（ガリマール社，3巻本，それぞれ1968年，1972年，1973年。ここでは*EHRPP*と略記する）第1巻41頁以下における，哲学と人間諸科学とのあいだでとり結ばれる関係についての吟味を参照せよ。
3. ソロヴィヨフの思想に関する彼の論文『ウラディーミル・ソロヴィヨフの宗教哲学』（ハイデルベルク大学学位請求論文）を参照せよ（この学位請求論文は，「ウラディーミル・ソロヴィヨフの宗教的形而上学」（『歴史学，宗教哲学評論』14巻6号および15巻1・2号に所収）と題して研究結果全体を総括する論文のもとになった）。
4. このテクストは『古典物理学および現代物理学における決定論の理念』と題して1990年に出版された。アシェット・リーヴル社。
5. 『リュ・デカルト』第7号「倫理の論理」，1993年6月（1936年の日付のあるテクスト）。
6. 注1を参照せよ。
7. 本書，注195。
8. ガリマール社，1973年。50年代に構想された「知の体系」と『無神論』とのこうした親近性を考慮にいれたうえで，『無神論』の解題のために前者と後者の要素を交互に用いることになろう。
9. 本書，注141。
10. 同上。本書巻末の著者によるプログラム的考察を参照せよ。併せて注221も

参照せよ（注 191，205，216，218 と比較せよ）。

11. 『意識の経験の学』の解説を参照せよ。それは『論理学』の解説，あるいは，否定の契機においてではもはやなくて，全体化または自己展開の契機において展開される体系の解説を伴うはずであった。*ILH* におけるコジェーヴの主張，412 頁，とりわけ 441 頁を参照せよ（たとえば 427 頁と比較せよ）。
12. 「ヘーゲルとハイデガーに関するノート」所収。
13. *CTD* 63 頁。
14. *ILH*。何よりもまず，この書の序論の 11 頁以下を参照せよ。
15. 本書，注 219 を参照せよ。ここでは，有神論と無神論の現象学的記述にもとづいて存在論が作り上げられている――本書 195-196 頁，および注 164 と注 173 も併せて参照せよ。
16. ここで考察されているような存在論と哲学の関係については，本書 67 頁，77 頁以下，195 頁以下，207 頁以下を参照せよ。言われていることの末尾を視野に入れる場合には，注 176 を参照せよ（注 7，99，205，214，219 と比較せよ）。
17. 粘り強く努力してみたが，われわれはこのプラン全体を解読することができず，それをドイツ語から翻訳することができなかった。読みとれなかった語の位置は三点リーダで指示しておく。とはいえ，コジェーヴがとっている視野全般を把握することは可能である。
18. 「すでに指摘したように，「世界内人間」に関するこれらの記述はきわめて皮相的かつ不完全である。むろん，私は当面それについて完全に適切な説明を与えることができない。なぜなら，こうした記述は，その総体としては，哲学の体系以外の何ものでもないからである」。169-170 頁の，われわれが「潜在的な自殺者としての無神論者――個体性，自由，有限性」（強調はわれわれ）と題したパラグラフの末尾を参照せよ。
19. 〈祈り〉，〈命令〉，〈戒律〉に関する『知の体系の概要』第 3 部の第 1 節と第 2 節の最初のヴァージョンにいずれなるところのものにおいて，コジェーヴは仏教をやはり「ニヒリスト的な懐疑的神学」と呼ぶだろう（草稿 551 頁）。
20. ついでに言えば，コジェーヴはここでは有神論的宗教と無神論的宗教を区別していない。むしろ逆に，後者は前者の存在を前提しており，これと対立している。言い換えれば，人間の自然的態度は有神論的であり，無神論はその存在を前提としながら，これと対立する。無神論は，この態度を否定することによって自己を確立する。66 頁，本書の冒頭に出てくる無神論のアンチテーゼ的性格についての指摘，104 頁，199-200 頁，217 頁以下を参照せよ。（この点については *EHRPP*，1 巻 57 頁以下，あらゆる言説の形式について）。『無神論』によれば，有神論と無神論を一体的に捉えることで，人間性の可能性は汲み尽くされる。ひとは（自覚的にせよ無自覚的にせよ）必然的にこ

のいずれかである。われわれは，あとでこの二つの態度の「出会い」の可能性がいかにして開かれるかを検討するだろう。

21. この点に関して，本書の冒頭で与えられた有神論と無神論の定義は，一見したところ問題ないにもかかわらず，不十分であることがわかる。なぜなら，そこには一連の真のパラドックスが随伴しているからであり，これらのパラドックスは，世界にとって絶対的に他なるものである神が，それでもなお世界と関わりをもつ，あるいは，人間にとってそれが「接近可能」であるという事実と結びついている。われわれが「三つの困難――世界外人間へ」と題したパラグラフを参照せよ。また，183 頁以下，109 頁，注 115 と注 176 も参照せよ。さらにまた，こう言うことができる。コジェーヴの根本問題は，ライプニッツのような「神学者」のそれとは厳密に正反対の仕方で定式化される。なぜなら，その問いとはまさに，「なぜ何かではなくて無（すなわち，無神論者の無）があるのか？」であって，その逆ではないからである。

22. この発言については，われわれが「世界内人間と世界外人間」と題した節の第 5 パラグラフと第 9 パラグラフを比較せよ。

23. コジェーヴが，有神論者と無神論者に共通するものと，この両者を分け隔てるものとをともに発見するのは，人間に対して 1）死が与えられること，2）自己の死が与えられること，3）自己の可死性が与えられること，4）自己自身が死者として与えられること，の四つを区別することによってである。本書 144 頁以下を参照せよ。なお，無神論者の死は限界ではないということは，強調しておかなくてはならない。なぜなら，限界とは，たとえば，ひとつの線分を二つの部位に分かつものだからである。無神論者の死は，端的な終わりである――（164 頁以下を参照せよ。同じ観点から，137 頁，141 頁，147 頁を参照せよ）。

24. この人間学がのちにどの方向へ向かおうとも，自己意識と死の自覚は，これ以降のコジェーヴにおいては不可分一体となる。『ヘーゲル読解入門』の全体が，この言明をめぐって組み立てられている。

25. 本書 158–159 頁を参照せよ。

26. 本書 174 頁以下を参照せよ。

27. 同上。

28. 「してみれば，「世界内人間」が非－存在から区別されるのは，それが自由であるかぎりにおいてのみ，あるいは，それが非－存在から自由な仕方で区別されるかぎりにおいてのみである。そして，まさにそれゆえに，自由の廃棄はこの区別の廃棄（しかも自由な廃棄），すなわち，この区別の無化であるがゆえに，「世界内人間」が何かであって無ではないのは，自由な仕方によってである，すなわち，「世界内人間」が何かであるのは，自由な何かであるかぎりにおいてのみであるということである。また，そのようなものとし

て，それは有限であり個体的である」，等々。本書 180 頁を参照せよ。*ILH* 551 頁以下の「ヘーゲル哲学における死の理念」と比較せよ。

29. 無神論者にとって十分な無は，有神論者の直観を「満たさない」。逆に，自殺が有神論者にとって，有神論者によって，行うべきもの，あるいは行うべきでないものとして理解されるのは，有神論者自身の有神論的直観に基づいてであり，その自由は，自己そのものである「世界内人間」の自由として定義されるのではなくて，「世界内人間」と「世界外人間」の自由として定義される。そして，この「世界外人間」は，総体として見れば，この有神論者の存在が最終的に形づくるものに他ならない（ただし，用語上の矛盾に着目せよ。それは，コジェーヴによれば，ひとが魂の不滅性と人間の自由とを同時に認める際にみられるものである――本書，注 161 を参照せよ。注 180 と比較せよ）。「なじみ深い親密性への揺るぎない確信と，不安を与える疎遠なものへの絶望からくる恐怖――内部と外部」と題された本書のパラグラフを参照せよ。
30. 本書 93 頁を参照せよ。本書の冒頭，195 頁以下と比較せよ。
31. 同，注 161，注 164。
32. われわれはすでに，コジェーヴがハイデガーを参照しているいくつかの場面を指摘しておいた。それらをすべて列挙するなら，74 頁，85 頁，94 頁，144 頁，そして注 180 との関連では，注 3，注 18，注 99，注 123 である（コジェーヴが「後期」ハイデガーの思想を真剣に考慮することがまったくなかったということを明確にしておくことは重要である。*CTD* 序論 33 頁を参照せよ。フッサール現象学一般への参照については，注 164 と注 191 を参照せよ。）
33. 本書における心理学，形而上学，存在論の間の関係については，本解題の注 15 および 16 を参照せよ。
34. 本書 124–125 頁，172 頁，211 頁以下，(14) 頁を参照せよ。
35. ただし，同 156 頁以下および 167 頁以下を参照のこと。また，90 頁と 164 頁，注 43 も参照せよ。
36. 同書，注 156（注 88，注 119，注 131，注 148 におけるこの語の現れ方を比較せよ）。
37. 同書，91–94 頁。
38. アリストテレス『政治学』1253 の 25 を参照せよ。
39. この哲学は『法の現象学素描』（1943 年に執筆され，1981 年にガリマール社から出版される［以降は *EPD* と略記する］）のなかで見事に論じられている。それについては，「ラテン帝国」と「最後の新世界」（それぞれ『遊びの規則』［第 2 号，1992 年］と，『クリティーク』［第 111–112 号，1956 年］に所収）という二つの論考を手がかりにして読むことができる。
40. これらすべてについては，本書 203 頁以下を参照せよ。

41. 同156頁以下。注150，156，179を比較せよ。また，本解題の注43も参照のこと。
42. 同156頁以下，165頁，195頁以下。216頁以下も見よ。
43. さきのわれわれの注34を参照のこと。
44. この点については，「知恵のローマ人」『クリティーク』第60号，1952年所収の序論および結論を参照せよ。
45. *ILH* 序論11–12頁を参照せよ。
46. たとえば，性的欲望が人間的であるのは（そしてまた単に動物的であるのでもないのは），欲望される対象のもつ欲望への欲望を，つまりは承認欲望をその欲望が含んでいる場合だけである。言い換えれば，ひとが人間的な仕方で性的に欲望するのは，他者の身体と同時に他者の欲望をも欲望する場合だけである。人間の自由を規定しているのはこの欲望の欲望であり，それは『無神論』がすでに出会っている自由に他ならない（注146と注162を参照せよ）。
47. 『カント』，ガリマール社，1973年，170–198頁，および216頁を参照せよ。また，本書，注138も参照のこと。
48. *ILH* 序論11–34頁を参照せよ。
49. われわれはのちに，否定性の人間学のこの様相が，「〈知の体系〉」においては顕著に修正されるのを見ることになるだろう（注86を参照せよ）。
50. *ILH* 142頁以下，および194–195頁を参照せよ。
51. 同所。
52. コジェーヴは，歴史の終わりという問いを次のように提起している。その原理そのものが万人の現実化された自由にこそあるような国家からの解放を端的に望むということが，いかにして可能なのか？というのも，歴史の最終国家とは，社会的には同質的であり，政治的には普遍的な国家に他ならないからである。*EPD* 第3節を参照せよ（第2節において展開される弁証法の帰結を見よ）。また，レオ・シュトラウス『僭主政治について』（ガリマール社，1997年再版）188頁，191頁以下をも参照せよ。
53. 法が普遍等質国家の法へと進化していく法的原理は，『法の現象学素描』のなかで十分に論じられている。歴史の終わりにおける法は，公平の正義の原理にもとづいている（*EPD* 第2節，第3章）。本解題の注39を参照せよ。
54. *ILH* 336頁以下。
55. 本書，注218. 注167, 179, 180, 220を比較せよ。
56. 以上のことについては，またこのあとに続く部分については，*EHRPP* 第2巻64頁以下，第1巻206頁以下を参照せよ。
57. コジェーヴがラマルクに従って認めている生物学的な突然変異説は，犬がたとえばイッカクジュウを祖先にもつということを含意する「進化主義」とは

何の関係もない。もしわれわれが現存する種と絶滅した種とのあいだの関係について語ることができるとすれば，それは人間の観点に立つことによってでしかない（*EPD* 注 1，179 頁を参照せよ）。ついでに言えば，厳密に個体的であって，しかもそうでしかない何かについて語ることは，このものに対して固有名を付与すると言うことを含んでいる。

58. 本書 99 頁（だが，とりわけ注 167 以下，注 176，注 178 の考察），*EHRPP* 第 1 巻 186 頁以下を参照せよ。

59. 遺伝的な突然変異（自然発生的なものであれ，外的にひきおこされるものであれ）による種の進化と大差ない立場については，たとえば（われわれの注 57 を参照せよ）。

60. この図式の最初のヴァージョンは，人間が自己の生きる世界のなかに見いだすものを指示している。二番目のヴァージョンは，人間がそこでなすところのものを指示している。

61. なお，これらは『無神論』以降に出てくる。150 頁以下を参照せよ。

62. *CTD* 52 頁以下を参照せよ。

63. *ILH*。たとえば，372–376 頁，545 頁以下を参照せよ。

64. これらの観念の全体については，*EHRPP* 第 2 巻 62 頁および 49 頁，第 2 巻 214 頁，第 2 巻 263 頁，最後に本書 200 頁以下をそれぞれ参照せよ。122 頁と「問題設定」の全体とを比較せよ。

65. 以上の点に関しては，記号，象徴，概念のあいだの差異に関するきわめて重要な注記がある―― *CTD* 182 頁。なお，受肉した神というキリスト教の事例について，『無神論』以降のコジェーヴはそれが神ではないと主張することによって解決している。「キリストが絶対的権威であるのは，彼が神だからではなくて――なぜなら，その場合は受肉の，啓示の，テオファニーの必然性がわからなくなってしまうからである，――彼が神と成った人間だからである」（前掲書，注 66。また，『アレクサンドル・コイレ論集』第 2 巻，パリ，1964 年，所収の論考「近代科学のキリスト教的起源」の所論も参照せよ）。

66. コジェーヴが本書のなかで有神論的直観に対して与えている重要性も参考にせよ（上記の注 141 もとりわけ参照せよ）。また，われわれが「有神論と無神論との論争」，および「有神論的直観についての有神論的解釈――神の問い」と題した本書の箇所についても考慮せよ。逆に，無神論的直観としての無神論的直観の貧しさに関するコジェーヴの強調も参照せよ（言説の存在論としての存在論の貧しさにこれは対応している），195 頁以下および注 171。

67. なお，この議論は本書においてすでに展開されているものである。「［…］実存するものとは，実存しなくなる可能性をもつもののことでしかない。つまり，非-存在とは違って，存在は有限であり生成途上にある。非-存在とは

違って，ただ個体のみが生き，かつ実存することができる。また，個体が生きかつ実存することができるのは，潜在的には死にゆく者として，また現実的には遅かれ早かれ無化されるものとしてのみである」(149–150 頁。強調はわれわれ)。

68. なお，カントに関する研究のなかで，コジェーヴは「神」という観念が語として矛盾的であることを明確に述べている。なぜなら，それは持続する非時間的な存在について語ることを含意しているからである。キリスト教徒の神について語ることが問題となる場合は，当然その不可能性が強調されることになる。なぜなら，「人間－神」，つまり「死すべき者－不滅の者」とはいったい何だろうか？（『カント』*op. cit.*, 58 頁参照。本書，注 66 以下および本解題の注 65 を参照せよ)。

69. その場合は，誤りもまたあり得ない。なぜなら，これらの観念は，事物の定義からして「真の」本質を直接に指示することになるからである。

70. ひとは実際，いずれかの仕方で延長されることなしに，持続するものを想い描くことはまったくできない。してみれば，諸事物の時間性は，まぎれもなくそれらの空間－時間性に他ならない（*CTD* 第 2 序文 249–259 頁を参照せよ)。

71. *EHRPP* 第 2 巻 111–115 頁を参照せよ（本書，注 80 と比較せよ)。

72. これまで知られている「知の体系」の最も体系的に組織されたカテゴリーが，当然ながらここに見いだされている。言説はそれゆえ，1）経験的に実在するものすべての現象論として，2）客観的に現実的なものすべてと関わる客観論として，3）ひとがそれについて語るところの所与の存在に帰属するものすべての存在論として，展開される。以上の点については，*EHRPP* の全体構成（とりわけ）第 2 巻「プラトン－アリストテレス」）を参考にせよ。

73. コジェーヴは，このことを『カント』のなかでいくぶん技術的な仕方で以下のように説明している「[…] カント的な「相関物」の組み合わせ。可能性－不可能性は，カントにとって，そしてわれわれにとって，存在と無とのあいだの純粋な差異であり，それは言説的にはわれわれの存在－論として展開される。客観的－実在（*Dasein*）－非－存在（*Nichtsein*）の組み合わせは，カントにおいては，事実上もわれわれにとっても（だが，たぶん彼にとってではないが)，客観的実在と客観的－非実在とのあいだの還元不可能な対立であり，それはわれわれの客観－論として展開される。最後に，必然性－偶然性という組み合わせは，われわれにおいては，ただしカントにおいてではないが，[…] 質的－区別であり，経験的－実在の内部においては [...] 必然性とのあいだで，そして偶然ではなくて，自由である」(『カント』*op. cit.*, 193 頁)。また，本書における，われわれが「世界内人間に固有の同質的な相互作用」と題した 110 頁以下を参照せよ)。

74.　もっと言えば変換可能。たとえば，質量がエネルギーへ，「肯定」が「否定」へ，等々。*EHRPP* 第 1 巻 312–314 頁および第 2 巻 64 頁以下。これらの物理的対象が永遠的であって，それらについて真に語られることはないということを銘記しておこう。つまり，それらは計測される，あるいは，もっと言えば図像的に表現されるのである。
75. コジェーヴによってつくられたこの語は，多くのテクストにおいて，とりわけ『ヘーゲル読解入門』において当然ながら用いられている。
76. ジョルジュ・バタイユの作品に付された序文が，このことをきわめて正確に述べている。「人間はいつの日かまちがいなく一者にたどりつくだろう。それは，人間が実存するのをやめる日であり，つまりは存在がもはや言葉によって開示されることがなくなる日であり，ロゴスを欠いた神がパルメニデスのラディカルな異教の暗く沈黙した空間に再びなる日である」(*L'Arc* 第 44 号，1971 年 5 月)。また，本書，注 136，同書の冒頭部分も参照せよ。
77. 少なくとも形式的な，すなわち法的な承認。*EPD*，その他におけるコジェーヴの意図，およびそこで提示される公平の法の定義（第 2 部第 3 章）を参照せよ。この点については，本書 91 頁以下を参照せよ。
78. 必然的に，明示的に，そして完全に無神論的なコジェーヴの熟年期の作品は，形而上学を完成させることによって，あらゆる神学の最終的な沈黙をのりこえることを目指している。換言すれば，「知の体系」は首尾一貫しており完全である。それは，それ自身の証明である（『カント』*op. cit.*, 91 頁を参照せよ)。
79. 以上の点については，*EPD* 574 頁中 1，575 頁中 2，576 頁注 1 を見よ。
80. 人間と事物からなる全体に内在するこの矛盾は，自由が成就されたあかつきには自由は「無化」されるという還元不可能な事実に根ざしている（『無神論』注 136 を参照せよ)。この矛盾は，クルト・ゲーデルの第 2 不完全性定理において注目すべき論理的表現が与えられる（たとえば，M. デイヴィス編『決定不能なもの（*The Undecidable*)』ニューヨーク，1965 年を参照せよ)。不完全性は，この意味ではたしかに，理論が無矛盾であると同時に完全であることはけっしてできないという事実に等しい。完全性は矛盾性をもたらし，無矛盾性は不完全性を含んでいるのである。ここでは，言説的無矛盾性と言説的完全性は，政治的不完全性と政治的矛盾性を同時に含んでいる。逆に，政治的無矛盾性と政治的完全性が（普遍等質国家として）現実化した場合には，言説的矛盾性と言説的不完全性もまた（沈黙，あるいは言説の端的な不可能性として）現実化しているはずである。
81. 語の政治的な意味で，〈歴史〉の最終〈国家〉として。〈言説〉の「客観論」の（すなわち，あらゆる「客観的実在」の「学」の）完成は，人間が自己自身を無として完全に自覚する（還元不可能な仕方で無神論的な自覚）ときに

のみ生じることができるが，この完成によって，〈言説〉においては，「神」という矛－盾する観念は概念という観念によって最終的にとって代わられる。それを述べる〈言説〉の循環性によって保証されたこの置き換えは，次のことを保証している。〈人間的実存〉の政治的形式が，それについて判定が下されるさいにどのようなものであろうとも，そのとき〈歴史〉は終わっているということを。それ以降，〈言説〉がそれについて語るところのもの，そして〈時間〉であるところのものは，もはや単なる〈言説〉の〈可能性〉としての〈存在〉ではなくて，それが〈賢者〉として現実化されたものとしての概念であり，この〈賢者〉はそれを思考するという事実によって，単に語の動物的意味における（すなわち，その〈本質〉における）人間ではなく，単なる無としての（あるいは〈不可能なもの〉の，または〈意味〉の〈可能性〉としての）人間でもなく，同時にこの両方であり，いわば「いつでもどこでも」「存在する」――つまり，現実に語りながら，どこにもけっして存在しないのである。要するに，〈賢者〉はその完成と同時に消滅するのである。〈賢者〉の身体がたしかに，〈概念〉であるところの〈意味〉の（つまりは〈本質〉の）担い手ないしは形態素であることは銘記しておこう（思想が，コジェーヴによれば，たとえばそれに随伴する電磁気的な「出来事」において，またそれによって現実の「表現」をもつということを銘記しておかなくてはならない―― *CTD* 注 3，注 128–129 を参照せよ）。だが，〈概念〉とはただ〈意味〉だけであるのではない。それはまた〈本質〉でもある。つまり，それは自己の展開においても自己の定義においても，自己がそうであるところの〈意味〉の形態素とはさらに別のものをつねに含んでいるのであり，それは，その〈本質〉（〈概念〉がなおそうであるところの）が〈意味〉（〈概念〉がなおそうであるところの）に対応しているものに他ならない。その〈本質〉がこの〈意味〉に対応しているところの「事物」は，諸事物の全体性であり，これら諸事物はその実在から切り離されることが「できる」のであり，それゆえ思考されることが「できる」（*CTD* 92, 94, 99, 100, 101, 149 頁を参照せよ）。ところで，人間における人間的なものを規定する自由ゆえに，これらの事物は経験的に実在するあらゆる事物である。したがって，観念〈概念〉の〈意味〉の有限な形態素である〈賢者〉の身体は，「端的に」すべてに「対応する」（外在的にでしかないにせよ）。換言すれば，自己が（観念〈概念〉の）〈意味〉の形態素としてあるところの有限者によって有限者が有限者として思考されることそのものを通じて，コジェーヴ的な〈賢者〉（の身体）は，全体そのもの，あるいは「〈思考可能なもの〉（思考可能なものであるかぎりでの）の統合された〈全体性〉」として捉えられる〈概念〉それ自体である（*CTD* 161 頁）。この全体性たるかぎりで，それはもちろん〈空間－時間〉「のなかに」はない。なぜなら，いつでもどこでもそれはすべて

なのだから，それはどこにもないし，けっしてないからである。それは，客観的実在の平面においては〈空間－時間〉それ自体であり，その〈可能性〉は，〈存在〉の平面においては空間－時間性として理解され，その〈持続〉－延長は，経験的－〈実存〉の平面においてはア・プリオリに（カント的な意味で）定義される。

ところで，ひとはもちろん，このような身体がそうでありうるはずのところのものを知らない（*EHRPP* 第 3 巻 478, 481, 488–499 頁を参照せよ）。おそらく，ヘーゲル的〈賢者〉がわれわれに彼が〈概念〉と呼ぶ〈言説〉の内容を披露することができたのは，一度死ぬことによってのみであった。おそらくは，そこにこそその著者による〈書物〉の出版の逆説的な延期の理由がある（ひとがそこで〈承認〉への明示的な執着，そこにはそれが知的虚栄心というかたちをとるということも含まれるが，それを考えるとき，逆説的である――たとえば，*ILH* 94 頁，*CTD* 29 頁を参照せよ）。

82. コジェーヴが告げているように，ここにあるのはまさしく「古代異教的プラトンの復讐」であるが，しかしそれはもはや単なる「自然」哲学の水準においてではなくて，政治哲学の水準における「復讐」である。「近代科学のキリスト教的起源」所収の最後の段落を参照せよ。プラトン『国家』592a-6 と比較せよ。

83. 本書 190–191 頁。

84. この直観を，コジェーヴはオットーにならって「ヌーメンの直観」と呼んでいる。本書 190 頁および注 164 を参照せよ。

85. この草稿は，概念としての概念に関わる理論的言説とは対照的に，実践的言説に関わるものである。そのタイトルは「原基的言説――祈り，命令，戒律」である（第 2 版）。相互に対比された実践的言説の技術的様態と愛情的様態，そして，承認をめぐる人間発生的闘争に関する新たな研究に至るまでのそれらの様態の吟味は，数字がつけられた 223 頁から数えても，21 × 33 判での総頁数は 350 頁近くに及ぶものである。

86. 前掲書 513 頁（強調は編者による）。詳細には立ち入らないが，〈自由〉がコジェーヴにとっては証明を必要としない事実であるということを記憶に留めておけば，この点を指摘しておくだけで十分である。論理的にも時系列的にもつねに最初のものとしての，承認をめぐる死を賭した闘争は，もはや――〈言語〉はもとより――〈言説〉を「生じさせる」に十分なものとは見なされない（この困難を同定するにあたっては，われわれの『アレクサンドル・コジェーヴとレオ・シュトラウスにおける科学，宗教，政治。比較研究，あるいは否定性と女性』第 2 巻第 4 章を見られたし）。言い換えれば，〈否定性〉はつねに人間を規定するものであるが，しかしそれはこれまで以上に完全な仕方によってである。なぜなら，嘆願の叫びが叫びにとどまるかぎり，

それが「おのずと」〈言説〉へと変化する理由はいっさいないからである。敵対する二者のうち，自己の生物学的生のために戦いを放棄する者のあげる叫びから〈言説〉が生じてくるためには，コジェーヴいわく，この闘争において第三者が存在することを認めなくてはならない。それは闘争に関与する観察者であり，たとえば――さらにはとりわけ――，敗者を死へと追いつめる勝者に対する実効力をもたない，〈闘争〉の敗者があげる叫びと，殺害の決意をいっそう固めつつある勝者を抑止する結果をもたらす，自己自身の叫びとを区別することができる観察者である。ホモなにがし種の一員の叫びは，このように潜在的には変化しうる。というのは，純粋な威信をめぐる死を賭した闘争という重要な人間発生的出来事のおかげで，それは実際には〈言説〉の実践だからであり，この出来事によって，人間は自己が抽象的にそうであるところのもの（すなわち，無）へと差し向けられ，それによって，この叫びをあげた者は，この叫びの有効性と闘争の敗者の叫びの無効性とを区別することができるのである。この変化は現実のものであり，〈言説〉を実現するものである。なぜなら，それは言うまでもなく，〈自由〉を，もはや単に『ヘーゲル読解入門』において言われるような存在のなかで無化する初発の行為のなかで，またその行為としてもたらすのみならず，所与をそれに〈意味〉を付与することでさまざまに解釈することができるという事実において，またその事実としてももたらすからである。

87. 『無神論』における事態の推移とは違って，「知の体系」においては，言説の最初の現実化は，それが人間なるものへと差し向けられているかぎりで，当初は有神論的なものではなく単に宗教的なものであった。この現実化は他方で，それが〈祈り〉であるかぎりで，遅かれ早かれ有神論へと至りつく。たとえ，その有神論が理論的〈言説〉としてはどれほど幻影的であろうとも。

88. 〈言説〉として捉えられる最初の〈言説〉は事実，〈女性〉によって発せられたと見なされている。

89. *CTD* 第2序文 229 頁以下を参照せよ。

90. あらゆる「形而上学」に固有のこの困難は『無神論』においてすでに考察されているが，そこでコジェーヴは，『精神現象学』における〈人間〉の歴史性の「発見」よりもずっと以前に，〈人間〉の意識が〈存在〉と〈無〉との〈差異〉であること――それゆえ，〈人間〉の自己意識は〈存在〉と〈無〉との〈差異〉の意識であるということを主張している。〈人間〉のなかの人間的なものの比類なき「場所」としての〈人間〉の〈死〉の位置づけについては，168 頁以下を参照せよ。

91. 『原基的言説――祈り，命令，戒律』（第2版）*op. cit.*, 355–356 頁（強調は編者による）。

92. 同書 357 頁。

93. 強い意味での〈言説〉とは，諸事物の所与−存在と人間の無とのあいだの（無神論的な）関係についての言説である。この〈言説〉は，所与−存在と無との「彼方」にある〈何か〉について語ることができると主張する有神論的言説を考慮に入れない。「知の体系」は定義からしてこの二つの可能性を含んでおり，それらをもとにして絶対的〈言説〉をつくりあげる（「有神論」一般はこの場合，人間の〈沈黙〉一般によって置き換えられる。*ILH* 注 436 以下を参照せよ）。

94. 一方でハイデガー的な人間に，他方でサルトル的な人間に反対しながら，否定性というヘーゲル的観念をその最も予期せぬ帰結にいたるまでひきうけることによって，コジェーヴは宗教的な現象についても政治的現象についても，そのいずれをも「真剣に受け止める」という立場をとっている。つまり，それらを存在論的な形式主義（「詩的な」）に「還元する」こともなければ，道徳的な形式主義（「革命的な」）に「還元する」こともない。

95. 有神論は人類の人間化を条件づけている。なぜなら，それがなければ，叫びはあくまで叫びでしかなく，言説にはならないからである。ひとたび人間化のプロセスがコジェーヴが言うような仕方で「起動」すれば，それは〈人間〉の第一の「自然」としてあらわれ，「第二の」自然は所与の「自然」が自己において不在であることの否定的肯定となり，さらには自己の歴史性の否定的肯定となる。このように，人間のなかの人間なるものの〈アンチテーゼ〉は人間の歴史性となり，その〈テーゼ〉はその無−歴史性である。だが，この「無」−歴史性それ自体が「無」−歴史性として理解されるのは〈人間〉の歴史性を地とした場合だけであり，それはあとから非−歴史性になるのである。〈人間〉の〈行為〉の〈歴史〉と関わる理論的〈言説〉と，人間〈存在〉に関する実践的〈沈黙〉とのあいだの言説的〈ジンテーゼ〉は，「知の体系」の非−〈歴史的〉ないし〈有神論的〉な実践的〈テーゼ〉と，その〈歴史的〉ないし〈無神論的〉な言説的〈アンチテーゼ〉とのあいだの〈ジンテーゼ〉である。

96. *EHRPP* 第 1 巻 161–162 頁を参照せよ。

97. 本書，注 221。

98. 本書，注 218（注 180 と比較せよ）。

99. 本書 148 頁，われわれが「なじみ深い親密性への揺るぎない確信と，不安を与える疎遠なものへの絶望からくる恐怖」と題したパラグラフ。

100. 本書 211 頁。また，注 211 および 214 も参照せよ。

101. 本書，注 180 を参照せよ。また，175 頁および注 141 も参照せよ（「parenthèse」という観念の意味については，*EHRPP* 第 1 巻 111 頁以下を参照せよ）。

102. 同書注 180, 188, 167 を参照せよ。ただし，注 141，173，176，178（とりわ

け III と VI）を比較せよ。

103. なぜなら，「フッサール的，あまりにフッサール的」であるから。注 164 も参照せよ（フッサールのプラトニズム的「合理主義」への批判は，コジェーヴにおいて何度も登場する。この点については，当然『ヘーゲル読解入門』を参照せよ）。

104. *CTD* 解題（ついでに言えば，アリストテレスがプラトンに対して，〈イデア〉があるのはどこなのか言ってほしいと求めたことを過度に不安視することは無用である。*CTD* 85 頁の，コジェーヴによるアリストテレスの引用が占める場所を参照せよ）。

105. 同書 52–57 頁。

106. コジェーヴは草稿の末尾で，同年 8 月 2 日にこの論考の執筆を開始したとはっきり述べており，実際に執筆に要した時間を計算してみて，一時間あたり 0.85 頁を書いたと推定している。

『無神論』

1. たとえば，デュルケム『宗教生活の原初形態』（第2版，パリ，1925年）40頁を見よ。彼は彼自身の言う「無神論的宗教」の可能性を認めているが，それは私の言う「無神論的宗教」ではない。なぜなら，彼にとっての宗教は，神のまったき（それゆえに聖なる）他者性の観念を含んでいるからである。
2. 個別の存在論的議論をさらに展開するまでもなく，われわれは今後つぎのように言うことができる。われわれがこの紙，このテーブル，この部屋，われわれの大地，あるいは総体としての物質的世界が現に存在すると言う場合に，そこにわれわれが与えている意味を実存の観念に付与するとすれば，そのような意味で理解された神の実存の否定を無神論と呼ぶことはできない。あるいはまた，その場合には，いわゆる「高等」宗教の大半（さらには宗教一般すべて）が無神論的と見なされざるを得ないことになるだろう。したがって，神の物理的または空間-時間的実在の否定は，通常は無神論とは呼ばれない。それは単に，神性に関するあり得べき教義のうちのひとつにすぎない。もちろん，神の実存の単なる否定は，神の否定としての神の否定をなお意味しない。さらに言えば，このことは神の問いにとって真実であるというだけではない。実際，たとえば五次元の空間や四角い円はあり得ないが，このことは，われわれがこの両者のもつ性質について語ったり，それを定義したりすることを妨げるものではない――なぜなら，それらはいずれも何らかの仕方で存在するからである。
3. ここでは，特定のかたちをもった外部の存在について有意味な仕方で語り得るか否かといった存在論的問題には関わらない。重要なことは，神のかたちが何であれ，その神の実存を肯定することは無神論の観念と相容れないということだけである。おそらく，われわれは心理学的には，自己の実存（あるいは自己の「事物的実在」それ自体）をその純粋状態において（おそらく死の瞬間を除いて。ハイデガーの不安について考えてみよ）感じとることはけっしてない。われわれの「普通の」状態では，体験される感覚が何であれ，われわれはつねに［われわれの］「事物的」実在を感じとっている。この「事物的」実在は，［私の］「事物的」実在ではないということもあり得る（私が「私は人間，対象，理念に心奪われている」と言う場合のように）。
4. 無について語るさいに，ひとは「無は～である」，「無は～でない」，等々といった不条理な言い回しを用いることを余儀なくされる。これは言語の不完

全さのせいではない。言語は，無が存在しないがゆえにそれについて言うべきものは何もないというただそれだけの理由で，われわれが無に関して何であれ何かを物語ることを妨げることはない。ところで，私はそれについてまさに何ごとかを述べたばかりである（すなわち，ひとがそれについて何も言うことができないということを）——つまり，私は無について語ったのである。このように語ることでわれわれが語っているのは無に関してではないし，この無は言語に帰属するものではなく，言語に帰属することはできない。なぜなら，それは存在しないからである。にもかかわらずわれわれは，そこで問題となっているものが何であるのかをいわば「なじみ深さによって」理解している（ここでは，この立場に関する唯物論的解釈については論じない）。

5. 私が有神論という言葉で理解しているのは，無神論の反対，つまり，神が何かであるという主張のことであると念を押しておこう。
6. ここで言われていることは，プロティノスの唯一者（το εν）に妥当するように見える。
7. ここでもまた，この問題と関連する存在論（心理学）は脇に置いておく。ヘーゲルは，このような認識の可能性を否定しているように見える。こうした見方をとるならば，ヘーゲルに関して二つの解釈が可能である。a）神のすべての属性は，その実存から演繹できるという解釈，b）神の実存は，属性のある特定の複合の外部においては思い描くことができないという解釈（実存それ自体を思い描こうとする試みは，非−実存へと至りつく。実存はそのとき生成であることが明らかになる，等々）。論理学や自然哲学や精神哲学は，いかなる点で実存がこれらのすべてであるかを示している。これらとはしかし，正確には何であるのか？
8. アポファティックな神学の最もラディカルな形式（ナーガールジュナ）は，以下のような言表を含んでいる。神はいない。1）a　2）非−a　3）a かつ非−a　4）a でも非−a でもない。ここには，さらにいっそうラディカルな態度への移行の可能性が存在しているが，しかし神について語る（logos）ことがなお認められている点が異なる（アナロジー——四角形をもとにして四角い円を思い描くことの不可能性。四角い円という考えは不可能な考えであるが，それはなお一つの考えであり，［そして］たとえば歯痛とは根本的に異なるものである）。
9. ここでは，神への認知的態度を前提としない，神への（広い意味での）あり得べき多様な「情緒的」態度については論じない。
10. 同様の形式的推論は，神に関する言説の可能性そのものを否定する無神論者には適用できないように見えるかもしれない。それは非常に大きな困難を隠蔽しているのであるが，ここではしかしそれについては触れない。だが繰り

返すが，「通常は」，神がそれにとって何かであり，その意味で，それにとって何らかの仕方で実存するところの有神論者と，神がそれにとって実存しないところの無神論者とのあいだの差異だけで十分である。

11. たとえば，石についても同じことが言える。ただし，石は（そして，それがかりに存在するとすれば，「単純素朴な無神論者」は）神が実存しないということを知らないが，無神論者はそのことを知っている（アナロジー――私にはテーブルが見えない。私にはテーブルがないということがわかる。言い換えれば，無神論は有神論を前提しているのである）。
12. こうした理説を述べることは，当然のことながら，このような宗教がある特定の時点においてどこかに必ず存在したということを含意するものではない。
13. もちろん，仏教の完全な分析は，宗教の一般現象学から出発することによってしか行い得ない。だが，このような現象学を *Wesenschau*〔本質呈示〕のみにもとづいて作り上げることは不可能である。それは，現実の宗教の分析から少しずつ立ち現れてくるはずのものである。研究の正しい道筋はこうである。1）宗教的態度としての宗教的態度の現象学にとっての材料を提供してくれる歴史的宗教に関する予備的分析　2）宗教としての宗教の現象学　3）宗教現象の現象学にもとづく，歴史的宗教に関する完全で合理的な分析。
14. ここでは，このような純粋有神論が現実に存在するか否かといった問いは考慮しない。
15. *Khlysty*，*doukhobory*，等々［といったセクトや組織のような］明白な例外を分析してみるのも面白い。
16. ここでは，人間と神とのいわゆる神秘主義的な同一化の問いが提起されている。私は，それを本当に主張した者はかつて一人もいないと思っているが，それはしかしなお検証すべき事柄である。また，人と成った神というキリスト教的な問いについても検討しなくてはならない。
17. 神の否定的属性の問いは複雑である。なぜなら，私が神について知っていることは，私自身が何かであるのとまったく同様に神もまた何かであるということだけであるとすれば，「私は神ではない」は何を意味するのか？　いずれにせよ，この形式的な問いはさしあたりわれわれの関心を引くものではない。
18. たとえばハイデガーを見よ。
19. この意味でヘーゲルは無神論者である。
20. ヘーゲルが何と言おうと，何かとしての何かからは何も演繹できない。そこから，すべてが［私の］私として与えられるという（不条理な）独我論か，形容的な非－私の与えられを認めるか，という二者択一が出てくる。
21. 「非－私」という属性は，厳密に言えば，神の属性ではない（純粋有神論者にとって，私とまったく同様に認識可能であるのは，世界の属性である）。

神の唯一の属性は，およそ属性の不在である（それがかりに否定的属性をも含意するものであるとしても，純粋有神論は否定神学と同じではない）。

22. 複数の同一的な事物が「空間」を形づくっている，あるいはむしろ，それが世界≡Weltである。あるいは，お望みであれば，同一的なものの複数性は空間においてのみ見いだされると言ってもよい。また，複数の何かについて語るというまさにそのことによって，われわれはそれらを「空間」（あるいはまた，空間内に位置づけられるもの）と形容するのである。

23. 厳密に言えば，純粋有神論者は，否定神学が主張することを主張することさえできない。われわれに言えるのは，多神論が純粋有神論ではないということだけである。

24. 古代コスモロジーまたは古代物理学における *deus ex machina*〔機械じかけの神〕はいずれも，神の宗教－外的な機能の実例と見なすことができる。その典型的な事例は，フランクリンに見いだされる（ムニエ，49頁）。

25. だからと言って，神をめぐる論争が何の宗教的意義ももたないということにはならない。さまざまな「形容的」有神論者たちの論争は，まぎれもなく宗教的意義をもつ。ましてや，宗教的な有神論者と宗教的な無神論者との間の論争はそうである！　有神論的宗教と無神論的宗教はどちらも宗教的ではあるが，互いに根本的に異なっている。無神論的宗教（たとえば仏教）を分析することによって，またそれを有神論的宗教と比較することによって，神の問いが宗教と比べた場合にもつ独自の側面と，神の問いの有神論的様相と無神論的様相との本質的特徴を浮き彫りにすることができる。

26. ここでは，有神論と無神論の論争が宗教－外の論争として論じられている。だがつまるところ，この対立が興味深いものであるのは，それが有神論的宗教と無神論的宗教との対立の土台をなしている場合に限られる。また，非形容的な何かが神でないとすれば，そのことは，この非形容的な何かが有神論者にとって宗教的な機能をもたないということを意味する。

27. たとえば，バラモン教やネオ・プラトニズムのいくつかの形態においてそうであるように。

28. とりわけ，神の名をめぐる論争ないし言葉の遊びは，明らかに深い宗教的な意味あいをもつ。そのことは，歴史上の数々の深刻な争いがよく物語っている。だが，この点については詳述しない。神の名の問題は明らかに，有神論としての有神論と，無神論としての無神論とのあいだの論争の核心をなすものではない。

29. ここでは，宗教－外的な宇宙論的有神論（および宇宙論的無神論）の意味するものが何であるかについては説明しない。この点についての説明はあとでなされることになるだろうが，しかしこの問いは独自の分析を要求するため，ここでその分析は行わない。

30. 無が，たとえば有神論における場合と無神論における場合とでは異なる仕方で機能することがあり得るかどうかといった問いは，脇に置いておく。何かもまた，もちろんさまざまな仕方で機能することができるわけだが，それはしかし有神論の異なる形態のもとでも同様である。

31. 「四角い円」は，形容的ないかなる何かともまったく同様に形容的な何かであり，何かであって無ではない。なぜなら，それは円くて四角いものであり，まさにそれゆえに，形容的な何かだからである。

32. 問いをややこしくしすぎないために，われわれの有神論者は非形容的な何かを否定すると仮定しておこう。原理的に見れば，このことはここでの事態を大きく変えるものではない。

33. 肯定的属性のひとつひとつが，神と世界との比較可能性（通約可能性ではないにせよ）を物語っている。純粋有神論の神と世界は，そのいずれもが何かであって無ではないという点で共通している。

34. なお，こうした質の「肯定性」は，おそらく見かけだけのものにすぎない。

35. またしても，ここでは多神論にまつわる諸々の困難（それらはここでは原理的な意味あいをもたないが）については考慮に入れない。一神論者の神について言われることのすべては，有神論者の神々の総体としてのパンテオンについても同様に真実である。パンテオン内部における関係と，パンテオンの一部（とりわけ神）と世界との関係に関わる問題のみが，多神論において特徴的なものである。なぜなら，さもなければ，彼［多神論者］はわれわれと同じく，それを神［パンテオン］と呼ぶことはないはずだからである。

36. 有神論の「下等な」形態について語ることができるのは，フェティシストの神が多くの点でこの世の事物と一致するからである。たとえば，神－石は空間－時間的に局限される。われわれはそれをある場所から別の場所へと移動させることができるし，それから身を隠したり逃れたりすることができる，等々。だが，この局限された神は，普通の石のように，いわばその体積分の物理的内容によって汲み尽くされることがない。それが神であって普通の石でないのはまさしく，普通の石の性質によっては汲み尽くされない「残余」によってである。有神論の「高等な」形態と「下等な」形態とのあいだの境界線は，明らかに流動的である。してみれば，純粋有神論，否定神学，肯定神学の多様な様相から，神が「普通の」対象と異なる理由をそれが神であるという事実のみに見いだすフェティシズムに至るまでの，逐次的な下降線を描くことができる。神が何であるかについては，のちほど検討する。

37. この点についてヘーゲルが直面した問題は，ここでは考察しない。

38. 「ではない」の意味は，A をケンタウロス，この鉛筆，金，$\sqrt{2}$，R_{00}，四角い円，等々に置き換えたとしても変わらないが，これらのさまざまな否定はしかし，その総体として，「神は非－神ではない」という表現における「で

はない」という否定とは区別される。

39. 私が有神論と無神論に関する肯定的な定義を提示している箇所は，ここだけである。そこから直接に話を始めることもあるいはできたかもしれないが，さきに示した「弁証法」，あるいはむしろ，同じことの反復は，問いを明確にするには大いに役立つのである。

40. このような「証示」は，つまるところ以下のような状況を生みだすことに等しい。存在するものの見えがそこにおいて人間に与えられる（これはきわめて困難なことである。なぜなら，他なるものを見る者は，それを他の者にも見えるようにすることが，なおできなくてはならないからである）ところの状況，ひとがそれについて考えるところの何かの分析すべてに先行しなくてはならない状況の創出に。だが，それだけでは明らかに不十分である。この何かをなお言葉で説明し，記述しなくてはならないし，その記述によって生みだされる印象が，見られるものによって生みだされる印象と一致しているかどうかを検討しなくてはならないからである。このような記述は哲学の道である。目下の事例について私がその記述を示さないのは，「世界内人間」の問題が私の関心をひかないからである。このような記述の試みは，神との関わりによってのみ与えられるべきである。だが，そうした試みはまた，本稿におけるあらゆる試みと同様に，初歩的で不完全なものである。

41. 今後，「人間」という語は，つねに私自身という意味でも理解しなくてはならない。

42. もし私がその人間は幽霊なのではないかと疑い，かえって自問するならば，不安は逆に一層強まる。

43. ここで念頭に置いているのは，不安，「対象なき」恐れ，あるいは疎遠なものの現象学であり，所与のあれこれの実在の現象学ではない。規定された恐れは，それでもなお現実にとって直接に疎遠な何かへの恐れである。だが，その点についてここでは詳述しない。

44. たしかに，私はぞっとするような光景に恐れを抱く――私は，たとえば狭い峡谷の谷底の道で不安に陥る。だが，それはこの「ぞっとするような」谷底の道がまるで妖精物語に出てくるような一種，非現実的な谷間だからであり，とりわけ，私がそこに初めて居合わせた場合はそうであり，私がそこでこれまで身動きせず，いまも身動きしていないからである（私は，自分がそこで殺したかどうか，誰かがそこで殺したかどうかを自問することができる［もっとも，この場合は「他なるもの」の死が問題なのであるが］）。犬の頭をした鳥を見て私が不安に陥るのは，私が犬の頭を見たからではなく，鳥の胴体がそれにとって「疎遠な」頭部をもっているからである。それはあたかも，この頭部がその鳥を世界から脱けださせたかのようであり，まさにそれゆえに，私は不安であり，恐れを抱くのである。「ほら，見知らぬ小道に，見た

こともない獣の足跡がある」［プーシキン「ルスランとリュドミラ」（1802年）プロローグ v9-10］――それが不安を掻き立てるのは，かつて見たことがないものは，最初はこの世のものではないように見えるからであり，疎遠なものに見えるからである。

以上のことはすべて，どれひとつとして真に掘り下げられたものでない。私は，恐れと不安の現象学を論じているのではない。ただ，不安の現象学を通じて，世界と私との共通性の感情を明らかにしたかっただけである。

45. われわれは，犬の頭部をもつ鳥の事例とのアナロジーを提示できる。私が持ち上げられなかった小石は不安をかきたてるが，それはこの石が単に「かつて見たことがない」ものだからと言うだけではなくて，そのありようが［判読不能］相互作用の拒否を表現しているからであり，「…］「だが，まさにそのことによって］この石のもつ疎遠な性質を表現しているからである。岩は，私がそれを持ちあげることが「できない」からといって，恐ろしいわけではない。ここには「拒否」が存在せず，単に所与の相互作用が不在であるにすぎない。だが原理的には，私はそれを「持ちあげる」ことが可能である（たとえば，ダイナマイトを用いて）。ついでに言えば，私が「～できない」あらゆるもの，私の力を超えたものがいささか恐ろしげなのは，（それが表している生命の危険とは別に），それが一見したところ疎遠に映るからである。人間と世界との相互作用が認識行為を前提しているならば，認識し得ないものや未知のものは不安を掻きたてると言うことができる。不可視のものは恐れをかきたてる。われわれが恐れているものが目に入るとき，われわれは恐れを抱くことをやめる。だが，未知のものはさらにいっそう恐れをかきたてる。ジークフリートの友人たちが彼のかぶる手品師の帽子に恐れを抱かなかったのは，それが見えないにもかかわらず，それこそがまさに肝心要のものであるとわかっていたからである。

46. 無神論者とは，自己にとってなお無であるところの何かが存在する者のことではない。それは有神論の一特殊形態，純粋有神論に他ならないからである。こうした物言いは語を不適切に用いているのであり，非-存在が存在しないということ，それが述語をもち得ないということ，したがってそれは主語としての主語とは見なされないということを忘れている。

47. この相互作用の特徴は，さまざまな性質のものであり得る。たとえば，無神論者は必ずしも唯物論者ではない。だが，彼にとってこれらの理念が実存するのは，彼自身が思考を持っているからである。無神論者にとって，私と世界が同質的であるのは，私があらゆるものに対して働きかけることができるという意味においてである。こうした見地に立つならば，無神論的であるのは，たとえば現代の（あるいはまた，19世紀の）唯物論的な物理学者であり，彼にとっては，あらゆるものが作用と反作用の平等性の相のもとで相互作用

しているのである。

48. 現代の天文学者の月が神格化されたことは一度もないことは明らかである。月は，それが人間に対して働きかける一方で，それ自身は原理的に人間の行為領域の外にあるかぎりで神となり得るのである。

49. ヘーゲルにおける存在から非－存在への移行を見よ。ただし，私の見るところ，この移行からはいかなる生成も帰結しないのだが。

50. もちろん，私と世界に加えて，さらに神が私に直接に与えられると言いたいわけではない。もしそうならば，すべての者が有神論者ということになるだろうし，すべての者が非独我論者ということになるだろう。ところで，無神論は，単に動物の無神論としてのみならず，神の問いへの回答としても存在する。それゆえ，神が万人に対して与えられるのではなくて，神への道が万人に対して与えられる。この道をたどった先に，有神論者は何かを見出すが，無神論者は何も見出さない。だが，世界を除けば，ただ人間（＝私）だけが万人に与えられるのである。

51. 聖アウグスティヌス以後のアポファティック神学の極限にまで至りついたエリウゲナは，自己の与えられにもとづいて神を肯定的に描写するには至らなかった。だが，この与えられは，まぎれもなく「他なるもの」［の与えられ］であって，自己が「世界内人間」対して与えられることではない。彼における，そしてアウグスティヌスにおけるこの与えられとは何か？

52. したがって，純粋有神論者は，自分が無神論者ではないことを知っている。

53. 純粋有神論者は次のように言うことができる。自己への神の与えられは，相互作用の帰結ではなく［神の］一方的な行為（恩寵）の帰結であると。だが，恩寵の担い手としての人間は，それでもやはり神と相互作用している。なぜなら，神がこの人間に対して与えられるからである。それに対して，恩寵の外部にある人間は無神論者である。したがって，二者択一はまさしくこうである。無神論か，相互作用か，そのいずれかであると。だが，無神論者はその逆を言う。相互作用が存在しないか，無神論が存在するか，そのいずれかであると。

54. ここでは，バラモン教に内在する難しい問題についての分析はしない。自動的な祈りを行うバラモンは無神論者かもしれないと言うことはできるとしても（私はそう思わないが），非－バラモンは確かに無神論者ではない。その祈りは自動的なものではないし（それはバラモンの意志に依存している），非－バラモンにとって，その祈りは［自己自身が「世界内人間」としてその一部をなしているこの世の事物とのあいだで取りむすばれる関係にとって］「他なる」神との関係であり，それは「世界内人間」としての非－バラモンがまったく接近できないものであって，それを彼は自分自身で祈ることすらできない。別の者が彼のために祈るのでなければならない。これと同じ考え

は，それよりは弱められた形だが，あらゆる司祭職の根底に見いだされる。

55. たとえば，プロティノスは，「無」，μη ον, ουκ ον という語を神（「唯一の」）についても質量についても用いている。にもかかわらず，その神はたしかに質量ではないし，質量は神ではない。

56. 人間の存在様式は多様である。そこでは「異なる様式」が相互に浸透し合っているが，それに対して，世界は様式によって限界づけられた異なる領域へと切り分けられる。石，花，動物，（非－私［としての］）人間，ケンタウロス，$\sqrt{2}$，四角い円，等々は，万物の異なる領域を表しているが，人間（私）はこれらの存在様式すべてを同時に所有している。それゆえ，人間（私）は（自己と同じ水準にある）各々のものとともに同質的な全体的相互作用を構成しているのである。だが，各々の「様式」は，それが私であるか非－私であるかに応じて，与えられの形式によって異なる。質的内容に関して言えば，それは「世界内人間」の質としてのみ与えられるのであり，別々に捉えられた人間と世界の質的内容としてではない――それゆえ，それは人間と世界との相互作用の顕在化なのである。

57. もちろん，この二つの形式は同時に与えられる。可能なのは，そのうちの一方が他方に対してもつ優位性だけである。

58. モデル：（円柱座標 ρ, Θ, Z, t），私≡（0, 0, Z, t）; 非－私≡空間に帰属するそれ以外のもの≡ベクトル ν（ρ, Θ, t, et Z ＝定数）; 与えられの形式≡向き $_0\nearrow^{\rho}$: $(\vec{V})$; $_0\nearrow^{\rho}$: $(\overleftarrow{V})$; 私≠非－私≡ ν ≠ O ; 存在様式≡ c（定数）; «これ» ≡ ν（ρ, Θ, Z, t）ou ν（0, 0, Z, t）.

59. 「時間」と「空間」は，「世界」というひとつの全体のなかで分かちがたく結びあわされているのだから（質的内容の与えられの同質的性格としての *Welt*），ここではそれらの観念を［可能なかぎり］広い意味で捉えなくてはならない。あらゆる質的内容の性格としてのそれは，同一的なものの差異であり，異なるものの同一性である。世界は，それにおいて，またそれによって，同じものが異なることができ，異なるものが同じであることができるものとして定義される。与えられの性格のモードゥスは，同じものと異なるものの存在様式に応じて変化する。こうして，理念的な「世界」（文法の「世界」，論理学の「世界」），実在的な「世界」（物質的，物理学的，生物学的な世界），実効的な（*wirklich*）「世界」（理念的な「世界」と実在的な世界とが融合しあう歴史的な「世界」），そして最後に，他のすべてを単に現前するもの（*an sich*）または与えられたもの（*Fur sich*）としてのみならず，その与えられにおいて与えられたものとして含む哲学の「世界」が得られる――それこそまさに，「世界内人間」の質的内容の全体性の与えられの性格に他ならない。

60. 存在の意識（≡与えられのトーヌス）は，存在と非－存在との（何かと無と

の）「差異」である。この「差異」の，または存在の意識の性格は，その存在様式に応じて変化する。換言すれば，「世界内人間」が自己自身に対して与えられることのトーヌスのモードゥスは，この「世界内人間」がその水準においてあるところの存在様式に応じて変化する。

61. 存在と非－存在との「差異」は，意識：存在の与えられ（存在の非－存在≡存在の観念，＝存在から存在を差し引いた存在）である。だが，「差異」は存在の与えられというだけではない。それは，差異それ自体の与えられでもある。「差異」の与えられは，存在の与えられのトーヌスである——その存在が無とは区別されることへの揺るぎない確信であり，それはまぎれもなく「差異」の与えられである。

62. 人間はつねに，あらゆる様式のもとで自己自身に与えられるということである。ただし，それらのうちの一つの何かのみが，ある瞬間において優越するのだが。これらの「潜在的な」様式は，少なくとも，ひとはひとつの様式から他の様式へと移行するさいに自己自身を再認識するという意味において，つねに人間に与えられてある。

63. たとえば，天使や楽園の義人，等々のような「世界外人間」の純粋有神論は，私には接近不可能であり，また，当面の状況のもとでは私の関心を引くものではない。

64. このような中間的な与えられは，何ら驚くべきものではない。私は（いまは）マドリードにおらず，マドリードは私に直接には与えられないが，マドリードにいた人間（私自身）は私に与えられるのであり，マドリードが私にいま現在与えられるのは，マドリードがそれに対して与えられるところの人間が私に与えられるかぎりにおいてである。この事例は，たとえば，聖書において神が与えられる有神論者の事例と（「いま現在」神を（「感じとっていない」有神論者の事例と）似ている。だが，マドリードの事例においては，人間はマドリードが与えられる者であることが可能な者として自己自身に与えられる（$\sqrt{2}$ は「物理学的世界内人間」には与えられないが，しかし，$\sqrt{2}$ としてのそれは「数学的世界内人間」には与えられる）。有神論者の逆説的な性格について言えば，それは以下の事実にある。「世界内人間」たるかぎりでの有神論者は，「世界外人間」とは根本的に異なるが，しかしこの差異にもかかわらず，「世界外人間」は，ある程度までは「世界内人間」に与えられるのであり，しかもある意味では，それ自身が「世界内人間」として与えられるという事実に（異なるものの同一性——非合理ではあるが——は時間において可能になるが，しかしここでは異なるものはただ単に「偶然に」異なるだけであって，根本的に異なるのではない）。ただし，神がそれに対して与えられるところの者として自己自身に与えられる「世界外人間」と，「神のもとにある人間」または「世界外人間」がそれに対して与えられると

ころの「世界内人間」とを明確に区別しておかなくてはならない。

65. したがって，各々の「世界内人間」自身がそれ自身に対して「世界外人間」として与えられるはずである（あるいはむしろ，そうであることができる）。

66. 私が「世界内人間」であるかぎりで，神はある意味では私に与えられる。なぜなら，私は「彼」について語っているからである。だが，それは真の神，または現実に実存する神ではない。それは「神」の観念（意味をもつ「神」という言葉）である。この与えられが有神論を生み出すわけではむろんない。なぜなら，神の観念は無神論者に対しても与えられるからであり，無神論者はこの観念を否定するからである。実在的な神は，実質的には「世界外人間」だけに与えられる。事実，神が実在的なものとして「世界内人間」に「与えられる」ことができるのは，この「世界内人間」に対して「世界外人間」が「神のもとにある人間」として与えられるかぎりにおいてである。だが，「世界内人間」はそれ自身「世界外人間」なのだろうか？　個人的な宗教的経験をもつ（「世界内人間」としての）有神論者に対しては，「神のもとにある人間」は自己自身として与えられる。だが，宗教的権威ゆえにそうである有神論者についてはどうなのだろうか？　顕在的には，「神のもとにある人間」は，この者に対しては他の人間（聖人，預言者，等々）として与えられる。だが潜在的には，それは，原理的にはそれ自身この「神のもとにある人間」である可能性があるという意味で，それ自身として自己に与えられなくてはならない。なぜなら，さもなければ，この「神のもとにある人間」はこの者にとって権威にはならないからである（キリストが絶対的権威であるのは，彼が神だからではなくて——なぜなら，その場合は，受肉の，啓示の，テオファニーの必然性がわからなくなるからである——，彼が神に成った人間だからである〔他方で，このことは検証と深化をなお必要とする〕）。いずれにせよ，この問いはわれわれの考察にとって決定的な意義をもたない。「世界外人間」がときどきしか（あるいはけっして）「世界内人間」と同じにはならないということを認めたうえで，実在の二つの異なる水準のあいだの相互作用というパラドックスはなお残る。さらに，自己-主義〔ロシア語原文では，この語は造語であって，その語根は再帰性の観念を含んでいると思われる。それは，自己-言及を含む，あるいは要求する（だが独我論的ではない）あらゆる態度のことであろう〕のパラドックスがそこにつけ加わることになり，さらには，それ自身の内的矛盾によってそれは解消されてしまう。

67. われわれが可能性について理性的に語ることができるのは，実在的な存在の領域においてのみである。存在について——なぜなら，非-存在については，厳密に言えば，何もないということ以外は何も言うことができないからである。実在的な存在について——なぜなら，理念的な存在の領域においては（観念の世界は有意味である），可能的なものは「実在的なもの」と合致する

からである。われわれが概念について語ることができるのは，それが（概念として）実存する場合だけであるが，それに対して存在は可能性を定義からして含んでいる。「四角い円」は理念的には概念（矛盾的な）として実存するのであり，したがってそれは（理念的には）可能なものである。だが，矛盾的な概念たるかぎりで，それは現実には存在し得ない（それが論理に反して存在するというのでないかぎりは）。

68. 存在の論理（*Logik des sein*）という視点に立てば，当然そうである。

69. パラドックスは論理的矛盾を含んでいる。だが，パラドックスと呼ばれるのは，矛盾した観念や間違った理路ではなくて（論理的なものであれ，存在論的なものであれ），（論理的な）矛盾を含む正しい（論理的）ないし存在論的）理路である。矛盾を含んでいるが論理的に正しい演繹は，アンチノミーとも呼ばれる。パラドックスとしてのパラドックスは，存在論的には正しい理路であるが，すなわち，現実に対応してはいるが，しかし論理的矛盾を含んでいるものである。したがって，パラドックスとは［やはりひとつの］現実であり，ひとつの可能性を含んでいるのだが，しかしそれは矛盾的な可能性であって，ゆえにそれは取り除かれることになる（だからそれは「ありえない」，［それは］「信じられない」，「だがそれは事実なのだ」，等々と言われる）。

70. 与えられは同質性を前提している。「世界内人間」に対して「世界外人間」が与えられる。ゆえに……。「世界外人間」に対して神が与えられる。ゆえに……。もしＡとＢが互いに同質的であり，ＢとＣもそうであるならば，ＡとＣもまた互いに同質的である。ゆえに……。だが，「世界内人間」と神は同質的ではない。

71. 異なるものの同一性もまた，世界においては逆説的である。それは，この世界のもつ時間的性格によって「可能」となっている。だが，それでもやはり，世界において，異なるものは存在様式によって同じである。「数学的人間」は，存在様式によって「物理学的人間」とは異なる。それらの同一性は時間ではなくて，単なる時間の類同物である（顕在的には，それ［人間］は第一に数学的世界の人間と同じであり，次いで物理的世界の人間と同じである──あるいはその逆である──が，潜在的には（あり得べき地としては），この二人の人間はやはり同じである）。「世界内人間」は，その存在によって「世界外人間」と異なるが，しかしそれは，「数学的人間」が「物理学的人間」と（そして，当然ながら世界と）異なるのと類似した仕方によってというだけである。

72. 最初のパラドックスの「解釈」（あるパラドックスを解釈するということは，それがまさしくパラドックスであって，誤りではないことを示すということを意味するのであり，それはその存在論的真理を証明することである）が，

第二の（？）パラドックスの「解釈」を含んでいるがゆえにいっそうそうである，――もちろん，第二のパラドックスは，第一のパラドックスと完全には合致しない。「他なるもの」が私に与えられることは，「他なるもの」が私として与えられることではない。だが，われわれはこうした微妙な点は無視することができる。なぜなら（権威［正規に確立された宗教的権威――上記参照］によれば），「他なるもの」は私自身としては与えられることができない（また，潜在的には，まったく与えられることができない）からである。

73. こうしてたとえば，*Welt*〔世界〕という事実について語ることによって，われわれは，異なるものの同一性（たとえば，毛虫が同時に蝶であるという事実）を誤りではなくパラドックスと見なすことができる。

74. 「世界内人間」または端的に「人間」は，ここではつねに世界内で生きる人間，生ける人間を意味する。

75. 「あの世」の存在についてのいかなる知識（それが直観，啓示，あるいは単なる空想のいずれに由来するものであろうと）も，死者が死者自身に与えられることについての知識ではなくて，死者が「世界内人間」に与えられることについての，とりわけ自己自身が死者として与えられることについての知識である。1）死者が死者自身に与えられること，2）生者に対してそれ自身が死者として与えられること，そして3）生者に対してそれ自身が死すべき者として与えられること，これら三つを厳密に区別しなくてはならない。

76. ジロドゥーの『アンフィトリオン 38』のなかの美しいエピソードを見よ。そこでは，ジュピターが人間をまねて自分を人間に見せかけようとするが，まさにそのとき，彼は自己自身の死ではなく他者の死を想像できるようになったのである。

77. 自己－観察において，それがどういうものであるかを自問しなくてはならない。私の記憶においては，私は局在化によって（ときには様式によっても）自己自身と異なるが，それに対して自己－観察においては，そうしたことは存在様式によってのみ生じるにすぎないように見える。

78. ［いずれそうなるところのものの］予想は，ここでは単に記憶の対語である［ロシア語原文での語は「予見」であるが，それについては事例に応じて「予期」を提案したい］。

79. たしかに，記憶のなかでは何にも似ていない内容が与えられる可能性があるが，予想のあらゆる内容は記憶においても知覚においても同時に与えられる。

80. 死が断絶なき生成におけるひとつの突破口を意味すること，死者たるかぎりでの私が生者としての私と異なるということ，これらのことを証明するつもりはない。それを「証明する」ことはできないので，それをただ示すだけである。このことは，すべての死すべき者にとって明白なことであるが，それ

に対して，不可死の者にとっての死をめぐる議論は，盲人にとっての色彩をめぐる議論とまったく同様に（さらにはそれ以上に）理解しがたいものである。哲学は，（質的内容に関しては，）直接的な直観において与えられるもののうえに何もつけ加えることができない（色彩に関するいかなる言説も，盲人に対して色彩を与えることはできない。盲人はそれを理解しない，あるいは，それを質的内容が欠如した抽象や観念の遊びとして理解することはない。だが，このことは，視力をもつ者が色について語ることができないということや，こうした会話が盲人に何ももたらさないということを意味しない）。直観（何であれ何かの現前の与えられの現前）は，そこにおいてまさにそれを通じて何であれ何かの現前が与えられるところの何かとしてある。哲学は，自己にとっての「素材」であるが，なお哲学ではない直観から出発する。哲学（現前の与えられの現前の与えられ）は直観の与えられ，何であれ何かが人間に対して与えられることの与えられである（ロックにとっては，この方向でさらに先へ進むことは不可能であったように見える。なぜなら，この理路を——際限なく——推し進めていけるとすれば，われわれはつねにすでに哲学の内部そのものに捕えこまれていることになるからである——哲学の哲学を行う，等々）。それゆえ，その最初の段階は，直観を発見することであり，その直観を現前から与えられへと移行させることである。次いで，それを記述すること，すなわち，それを他の直観から区別すること，それをあらゆる直観のコスモスのなかに位置づけること，等々である。最後に，それを分析すること，すなわち，それがもつ諸要素を識別することである。そこで自問しなくてはならない。いかにして，直観はそれ自身で現前し，その現前はいかにしてそれにおいて与えられ，いかにしてそれにおいて与えられるものが現前するのか？結局のところ，哲学の問題は「世界内人間」についての記述の問題，すなわち，「世界内人間」がそれ自身に対してどのように与えられるのかという問題である。概念的に定式化すれば，哲学の問いは，世界は，そこで見いだされるすべての直観がそこにおいて可能となるためには，いかにして概念的に構築されるべきか，ということである。概念にもとづいて構築された世界は，矛盾を含むことがあり得る（たとえば，異なるものの同一性，等々としての世界）が，すべての矛盾は何らかの直観についての適切な記述としてのみ容認される（たとえば，生成の直観についての記述としての世界）。にもかかわらず，あらゆる哲学的構築物は，直観の明示化であるべきである。なぜなら，さもなければ，それは概念の遊び，抽象的な整理にすぎず，それ自体としては興味深い（チェスがそうであるように）ものの，哲学とはいかなる共通点もないものになるからである。ここでは，このような仕方で死に関するわれわれの言説を理解しなくてはならない。

想定される直観はどこに見いだされるのか？　われわれは，「世界外人間」

の与えられを探し求めてきたが，それは構築されたものにすぎなかった。すでに見たように，それは死への直観として現前し，死への直観としてのみ現前する。それゆえこの直観を，たとえばそのトーヌス（形式）が生の与えられのトーヌスのすべてのモードゥスと異なることを示すことによって記述しなくてはならない。次いで，それをa）状況それ自体の分析とb）有神論者，無神論者，宗教的人間，等々がそれに対して与える解釈の分析とを区別することによって分析しなくてはならない。解釈は哲学ではない。解釈は直観のなかに組み込まれているが，哲学は，いわば外部から，直観全体と関わりをもつ。たとえば，a）「他なるもの」としての死，b）次いで（有神論者の）「何か」としての，あるいは（無神論者の）無としての「他なるもの」，（宗教的人間の）価値〔ある「何か」〕としての「他なるもの」，等々。探究の最後の契機は，死への直観が可能となるような世界とは何であるかということである。

81. デカルトの用語法においては，「死者」としての「私」は明晰な理念であるが，しかし判明ではないと言わなくてはならない。神の理念に関する彼の記述を参照せよ。

82. ひとはときに「第二の死」（多くの未開的信念がある）について語るが，しかしこの場合，第一の死はなお死ではなくて生である。なぜなら，生とは，まさしく死の可能性だからである。ここでは一般に，死を比喩的な意味で理解すべきであり，死による無や断絶のない，地上的生と分かちがたく結びついたあの世の生として理解すべきではない。

83. われわれは，このすべてを存在と呼ぶことができる。このように，「世界内人間」がそれ自身に与えられることのトーヌスは，存在の与えられのトーヌスに他ならない。

84. 「*Welt*〔世界〕の動的理論」を参照せよ。

85. ここでは，相互作用の他の形式（真正であろうとなかろうと）については語らない（たとえば，生活様式が死後の運命に対してもつ影響，等々）。ここでは，「相互作用」は単に「与えられ」の同義語である。

86. 死なき生は存在しないし，逆も同様である。ルドルフ・エーレンベルク『根源的生命現象の不可逆性の観点から見た理論生物学』ユーリウス・シュプリンガー社，1923年を参照せよ。

87. あるいは「静かな混乱」（*unruhige Verlorenheit*〔不安な孤独〕）。これらが不適切な語であるのは，それらが指示するだけで記述しないからである。それらの意味はトーヌスそのものにおいて，直観において与えられる。それなしには，それらは具体的内容をもたない。それゆえ，私がそれらを提示するのは，なじみ深い親密性への揺るぎない確信のトーヌスとの差異を強調するためだけである。

88. 死は，死すべき者一般であるという事実とともに私に与えられるのだろうか？　また，他人の死についてはどうなのだろうか，「彼は死んだ」とは何を意味しているのか？

89. 厳密に言えば，ここで無神論者について語るのは妥当ではない。その意味は，厳密にはこうである。それにとって，「世界の外部」には何も存在しないところの「世界内人間」。

90. これを別様に言うならば——無神論者によれば，「世界外人間」に対してはただ無しか与えられることができない。ところで，それに対して何も与えられないものとは，それ自身無である。それは存在しないのである。

91. このことは有神論者の観点からしか言うことができない。なぜなら，無はつねに「同じもの」だからであり，それはけっして形容されることができないからである——世界の彼方にあるものと同様に。無は存在の非-存在という意味での非-存在ではない。存在の非-存在は存在の観念だからである——もちろんそれは存在ではないし，[「端的な」] 無でもない。[論理学における生成の位置づけに関しては，ヘーゲルに関する考察，注 49 を参照せよ。人間学的構想については *ILH* 序論のテーゼ，13 頁と，人間における欲望の欲望の人間発生的役割については 13 頁以下と比較せよ]。

92. 何かが与えられる者にとって，そこには何もない——この場合は「世界内人間」にとって。われわれが語っているのはこの者についてであり，われわれにとって，この者にとって与えられのなかに存在しないものは，「端的に」存在しない——それは純粋な無である。

93. これはまさしく〈ダルマ〉である。「純粋な」存在はこうして無へと変換される。なぜなら，「純粋な」存在は無と区別されないからである。それが存在であるのは，非-存在とは異なるものとして，与えられた存在として，〈ダルマ〉としてのみである。存在＋非-存在＋それらのあいだの差異。

94. 未来は死があるところである。時間は生成の一形式であり，つまりは死の一形式である。それは，自己の無化においてなお自己と同一であり続ける複数のものの同一化である。

95. だが，黄色と青との差異は青と黄色との差異と異なるのか否かという問いがなお提起される。換言すれば，与えられの形式は差異の（質的）内容を規定しているのだろうか？　あるいはまた——与えられのトーヌスは与えられの形式に依存しているのだろうか？

96. まさしく，$\lim_{n\to\infty}[+1/n] = +0$，対して $\lim_{n\to\infty}[-1/n] = -0$，かつ $+0 \equiv -0$，その理由は端的に，それが 0 だからである！

97. 無に対しては，質的差異は意味をもたない。赤が無と異なるのは，青が無と異なるのとまったく同様である，すなわち，それは何かであるかぎりで無と異なるのである。かりに非-存在を地とした赤しか存在しないならば，その

場合は赤は存在せず，単に何かが存在するだけであるだろう。青，等々からそれが赤として区別されるのは，存在のただなかにおいてのみである。それに対して，非-存在に対しては，存在のあらゆる差異は消滅する（差異を存在とは異なるものとして規定することは，非-存在を前にした場合には維持されず，それは無の闇へと消失してしまう）のであり，それ［存在］は純粋な何かとしてしか残らない。

98. 厳密に言えば，（非-無神論者においては，）有限性の与えられと自己自身が死すべき者として与えられることとを区別しなくてはならない。有限な人間は単に世界内で生きているだけではない。彼は死後も「生存」し続ける者としての死すべき者である。してみれば，無神論者にはただ有限性のみが与えられるのに対して，有神論者には以下のものが与えられる。第一に，自己が有限者として与えられる。第二に，自己が死すべき者として与えられる。第三に，死が与えられる。a）生の終わりとして（生ける人間は死すべき者であって，単なる有限者ではない――後者の場合，彼は無神論者の場合と同様に無となる）。b）「他なる生」の始まりとして。第四に，自己が死者として与えられる。今のところ，これらの点にはこだわらないでおく。というのは，本書の主題は無神論であって，有神論ではないからである。ここでは以下の点を指摘しておくことだけが重要である。無神論者のパラドックスは無神論者だけのものではなく，有神論者においても見いだされるということ。だが，有神論者にとって，有限性は単なる「世界内人間」の有限性（無神論者の場合のように）ではなく，「世界内人間」＋「世界外人間」の有限性である。したがって，それはまさしく「私＋世界＋神」と無との差異である。「私＋世界＋神」のなかに有限性は存在せず，それは無神論者にとっての世界のなかにも存在しない（有神論者によれば，世界の内部には有限性は存在せず，存在するのは可死性である）。「私＋世界＋神」と無との関係という問題は，有神論の根本問題である。無神論者からすれば，これは有神論にとって破壊的である，つまり，無を満たそうとする数々の試みの無益さを証明するものである。無神論者にとって，「私＋世界＋神」は「世界内人間」の一特殊形式に過ぎない。これに対する応答として，有神論者はまたしても神の永遠性に訴える（0，∞＝0，C，∞）。そこでは，すべては神の独異性において与えられるのであり，これこそが有神論のパラドックスの極点である。

99. 相互作用と同質性は，要素（人為的に分け隔てられた）としてのみ異なるにすぎない。それらが異なるのは理念的にであって，実在的にではない。同様に，世界と人間は同質的であり，それゆえに，またそれによってのみ，この両者は相互作用すると言うことができる。逆に，それらは相互作用するがゆえに，またそれによってのみ，同質的であると言うことができる。相互作用のこの同質性と，同質的なものに固有の相互作用は，単に「世界内人間」の

全体として現前しているだけではなくて，「世界内人間」がそれ自身に与えられることのトーヌスのもとで与えられるのでもある。現前と与えられもまた，理念的にしか区別されない。与えられは現前の与えられであり，現前は与えられの現前である。与えられ（トーヌス）は現前としてあり（与えられにおける現前と与えられの現前とを区別しなくてはならない），哲学における（与えられとして）与えられる。おそらくここでは，実在的に区別しなくてはならない。哲学は存在にとって不可欠な資質ではないし，それ自身に与えられた「世界内人間」はそれだけで十分であるような全体である。哲学とは，「世界内人間」がそれ自身に対して（世界内で）それ自身に与えられる者として与えられることである。より正確には，この与えられは出発点であり，哲学の「素材」である（そして，*Gegen-stand* のような対象ではない——哲学はそれをもたないのであり，対象をもつのは科学だけである——だが，人間の哲学の「素材」であるのは人間それ自身である）。与えられの与えられの与えられ……等々，それは哲学の（際限ない）世界である（以下のものを区別しなくてはならない。I）実存-しないものの世界，II）実存するものの世界—— A）世界の内部に関する評価［ロシア語では文字通りには「推定」であり，それはある与えられた状況の「評価」の観念を指示している］，1）「世界内人間」——それは知識である，2）人間を取り巻く世界——それは歴史，美学，等々である。B）世界を総体として評価すること，1）それが肯定的である場合には，それは美学である，2）それが否定的である場合，それは宗教である。III）哲学の世界——それは実存するものの世界のなかにのみ実存するが，しかし，そこでは実存-しないものの世界が与えられるのであって，それはこの与えられのなかにしか現前しない。「通常は」，（世界内）人間は，それ自身に対して「内部」から，世界との対立において与えられる（Subjekt〔〈主体〉〕-Objekt〔〈客体〉〕-Spaltung〔〈分割〉〕-〈学知〉）。哲学的には，（世界内）人間は，それ自身に対して「外部から」与えられる（〈ダルマ〉のように）（無神論においては無との対立において，だが有神論においては神との対立において：後者の対立もまた，哲学においては解消されないのであり，哲学にとって世界＋神は〈ダルマ〉ではない——ここでは，哲学は神学の「しもべ」である）。「世界内人間」がそれ自身に対して全体として，存在として，非-存在と対立するものとして与えられることは，哲学の「素材」である（それはつまり，不安や恐怖のトーヌス——アリストテレスによれば「驚き」，ハイデガーによれば不安——のもとで与えられるのであり，それが哲学の始まりである）。その記述は，ハイデガーによれば，哲学の本質的問いへの回答である（形而上学，存在論）。存在とは何か？　第二の本質的問いはこうである。なぜ存在なのか？「それは何を意味するのか？」。

100. 同質的なもの同士の（「世界内人間」と世界との，そして「世界外人間」と神との）相互作用は「正常かつ合理的」である。異質なもの同士の相互作用（無の与えられや，とりわけ「世界外人間」の与えられ）は非合理的である。それはパラドックスであるのか，それとも誤りであるのか？　有神論者にとって，それは自己に対して事実として（主観的かつ客観的に。たとえば，キリスト教徒にとってはラディカルなかたちで——人間－神というかたちで）与えられるパラドックスである。それはまさしく（つまり無神論者にとっては）信仰と知識との関係の問題に他ならない。

101. ここでは，このトーヌスの異なるモードゥスが可能である。このトーヌスはもちろん「揺るぎない確信となじみ深い親密性」という世界のトーヌスと同じではないし，その理由は単に「親密性」が「異なるもの——疎遠なもの」［文字通りには，「異なるもの——親密でないもの」］によって置き換えられるからというだけではなく，揺るぎない確信の種差ゆえにでもある。有神論者は，「他なる私」（アートマン，*Geist*，等々）を「世界内人間」としての自己自身から明確に区別している。この二つの「私」は互いに対立しており，それらはときに互いに争い，あるいは互いに「疎遠」である。だが，有神論者にとっては，自己における「他なる私」を前にして不安が生じるどころか，この認識は彼に揺るぎない確信をもたらすのであり，とりわけ死という現象に対しては当然そうである。無神論者に対してと同様に，有神論者の有限性は恐怖と絶望のトーヌスのもとで与えられるが，しかし同時に，なじみ深い親密性のトーヌスのもとでも与えられる。可死性——すなわち，地上的な私の有限性（［判読不能］アートマン）——，そしてまた「他界」への移行としての死は，有神論者に対しては，永遠の「他なる私」を地として，かつ不安のトーヌスの（もちろん，「なじみ深い親密性」のトーヌスとともにだが）もとで与えられる。それゆえ，死者としての有神論者は，自己自身に対して，揺るぎない確信のトーヌスのもとで（だが同時に未知の隔たりのトーヌスのもとで），世界から解放された者として与えられる（終わりの恐怖は，この揺るぎなさを介して死の不安へと変換される）。この揺るぎなさは，世界内における揺るぎない確信と同じではないが，似ている。ここでは揺るぎなさに力点がかかっている。自己の存在への確信は，世界内で有神論者に与えられるが，しかしそれは不安を伴う確信である——それは，存在と緊張への確信なのである。有神論者の場合は，無神論の場合よりも確信の度合いが低いわけではないが，しかしそこに不安はない——不安は「他なる岸辺へと至りついた者」の絶対的な揺るぎなさにとって代わられるのである［有神論者がそのなかで生きているところの確信の度合いは，無神論者がそのなかで生きているところのそれと同じであるが，しかし無を前にした無神論者の不安は，有神論者においては，世界の彼方の「何か」（のなかに）（自

己が）いることへの揺るぎない確信に置き換わっているのである］。

102. これを別様に言うならば，（世界内における）「限界なき自己の存在への確信において」。限界なき（無限定，*grenzenlos*）であるが，終わりなき（無限）ではない。なぜなら，無限は閉じた無限定であり，つまりは「外部」から与えられるものだからである。ところで，「外部」から与えられる存在は，自己自身に対して有限者として与えられる。だが，それは無によって限界づけられている，ということはつまり，何ものもそれを限界づけていない。だが，それはまさしくソフィスト的詭弁であり，「私は私の終わりによって限界づけられている」と言う場合と同様である。

103. 人間は事実，つねに現実的な殺害者である（動物の，等々。もちろん，最も厳格なヴェジタリアンであろうと，たとえ無自覚的にではあっても，殺す）が，彼はしかし必ずしもそのようなものとして自己自身に与えられるわけではない（たとえば，飢餓で死ぬ人間たちがいるときに私がものを食べれば，私はひとを殺すことになるが，私がしかしそこでそう考えないかぎりは，私は飢える者たちの殺害者として私自身に与えられることはない。だが，人間はつねに現実的な殺害者として自己自身に与えられるわけではないとしても，つねに潜在的な殺害者として自己自身に与えられる。私は，私が殺すことができるということを知っているのである。）

104. もちろん，普通の意味においてである（実在的に実存するものは個体だけであって「素材」ではない。皿それ自体は，集合的にであろうとなかろうと，個体としてしか実存しない）。なぜなら，殺害において問題となるのは，実在的なものの無化だからである。それこそが個体［の定義］の問題に他ならない。実在的であるのは皿であって，その素材ではない。だが，「種－皿に帰属すること」は，「皿」の素材にいかなる貢献ももたらさない。

105. ここで新たな問題が提起される。それは，普遍的なものと個別的なものとの関係，概念と対象との関係，等々の問題である。殺害は，何であれ何かが（実在的な）存在様式から別の（たとえば理念的な）存在様式へと移行することであると言うことはできない。与えられた皿の破壊は，「皿一般」の概念とも，「与えられた皿」の概念とも無関係である。なぜなら，「この実存する皿」という概念は，この皿が実際に実存するのをやめた場合でも変わらないからである。この概念の問題［与えられた個体の，つまり個体性の］は，概念と，実在的な時間および空間との関係という問題を提起する，等々。おそらく，一方の，個体的なもの＝実在的なもの＝（原理的に）破壊可能なものと，他方の，一般的なもの＝理想または永遠なるものとのあいだの明確な対立を描き出すことができる。しかしながら，総体として考えられた（すなわち，科学を含む）世界は破壊することができない。それは，科学の対象としての（すなわち，人間なき）世界が抽象にすぎないということであろうか

(このような事例が現代物理学の観点からは可能であると仮定してみよう。世界が有限であり，すべての陽子が電子と結合する一方で，形成された波動が干渉の効果によって互いに打ち消しあうとすれば，そのエネルギーと衝撃から生じるものは何かと問うことができる）？おそらく，与えられた事物という概念は，この事物の非-存在に他ならない（存在の概念＝存在を差し引かれた存在)。だがその場合，事物の概念が実存するのは，ひとえにその事物が有限であるからにすぎない。それが有限である，すなわち，それが実在的に実存するのは，その概念が実存するからである。

106.「この」皿と特定することは，厳密に言えば必要ではない。なぜなら，個体はつねにこの，ここにいまある個体だからである。「個体一般」(より正確には，概念それ自体ではなくて，この概念の対象）は四角い円である。

107. 厳密に言えば，この潜勢力はつねに［潜勢力として］顕在化している。個々の対象はたしかに，「与えられた瞬間におけるこの対象」であることをやめることによって死ぬ。なぜなら，次の瞬間における「この対象」はもはや同じ対象ではないからである。(さらに，瞬間 t^0 における対象は，瞬間 t^1 における対象と質的にも区別されるが，このことはしかし，今の文脈では重要ではない。それが別のものであるのは，それが質的に異なるからではない。逆に，それが別のものであるという事実によってのみ，それは質的に異なることができる。）たしかに，われわれはここでは死ぬという言い方はせず，生成すると言っている。だが，生成はまさしく死ぬことに他ならない。生成は時間においてのみ可能であり（世界において。あるいはむしろ，世界は生成の，実存の性格である)，それは異なるものの同一性であり，古いものの永遠の死であり，古いものと同じである新しいもの（それはこの古いものと「同じもの」である）の誕生である。新しいものが古いものと同じであるのは，それが古いものの非-存在の存在だからである。それは，対象の概念の現実化である。われわれは，与えられた概念が与えられた対象に対して適用できなくなったとき，死ぬという言い方をする。この概念との関わりによって対象は死ぬが，しかし，それはこの概念との関わりによってのみ生成する（変化する）のであり，この概念は，この変化にもかかわらずなお適用可能であり続ける。たとえば，毛虫が蝶に変態すること，気体が液体に移行すること，等々。毛虫は毛虫として死ぬが，生ける存在（毛虫＋蝶）は，死ぬのではなく生成する（変化する)。限定的な意味においては，生きた個体がこの生きた個体であることをやめるとき，われわれは死ぬと言う。［判読不能］意味においては，死は人間の死である。われわれは，終わりとしての死と殺害をそれぞれ「自然的」,「非自然的」と区別する。だが，この区別は流動的であり恣意的である。なぜなら，破壊へと至る相互作用を理解する仕方に応じて，いずれの死も，死であるとも殺害または自殺であるとも見なし得るか

らである。これらの概念と区別が意味をもつのは，自然の死について，「不慮の」死について，計画的な殺害について語る人間との関わりによってのみである，等々。だが，ここでは問いのこうした様相については論じない。

108. 世界を物理学的世界と生物学的世界とに分割することは，総体としての世界の存在を二つの異なる様式へと分割することとして理解しなくてはならない（むろん，この二つの世界が異なるのは，物理学的世界であると同時に生物学的世界，等々である実在的世界の二つの要素としてのみである。それらは単に理念的に異なるだけであって，たとえば死骸と生者が，あるいは石と植物が異なるように異なるのではない）。死骸はむろん生者ではないし，石はむろん植物ではないが，これらの個体が互いに区別されるのは生物学的世界の内部においてである。動物の *Umwelt*〔環境世界〕としての石，等々は，原子の複合体とはまったく別物である。それがかりに原子の複合体であるとすれば，その場合は植物もまた原子の複合体にすぎない（この複合体が石と異なるのは物理学的世界の内部においてのみである）。この点からすれば，動物の死はその存在様式（動物的なものとしての）を変化させるものではない――死は，ある存在様式から別の存在様式への移行を意味するものではないし，自己の存在様式を変化させる人間自身も，語の厳密な意味では死なないのであり，ただ生成しつつ「死ぬ」という意味で死ぬだけである。さらに言えば，ある存在様式から別の存在様式への生成は，当然ながら，［それらの］様式のうちの一個同一のものの内部における生成と同じではない。

109. もちろん，われわれが「アニミスト」でないかぎりにおいて。「アニミスト」にとって，トーテムあるいは動物の廃棄は，殺害とのアナロジーのみならず，真の殺害をも表現することができる。「アニミスト」にとって，魂を吹き込まれた対象と人間とのあいだに原理的な差異はない。とはいえ，この差異はやはり存在するのだが。ここでは，アニミズムについては当然ながら論じない。

110. 「他界」への移行は，死の外部においても，たとえば神秘的なエクスタシーの際にもなされることがあり得る。だが，神秘家といえども「神秘的な死」と真の死とを区別している。

111. 有神論者にとって，この生成はむろん世界内の生成とは根本的に異なるものだが，それはなお生成であって破壊ではない。

112. むろん，猫が鼠を殺すのであって，その逆ではない。だが，死にゆく鼠もまた猫を殺すのであり，その猫とは，生きた鼠を目前にしていた猫そのものである。むろん，そこには差異が存在するが，いまはそれを詳しく吟味しない（猫は変化するが，鼠は破壊される）。

113. 全体として，これらのイメージはむろん容認しがたいものである。無について語るときには，すべてを括弧に入れなくてはならない。なぜなら，無に

ついては語ることができないからである。無について語るとは，何も語らないということ，つまり，何も言わないこと，沈黙することを意味する。だが，それは形而上学の本質的パラドックスであり，語るということを避けて通るわけにはいかないので，「形而上学」という語をそのような語として用いざるを得ないのである。とはいえもちろん，すでに与えられてある語よりはもっと適切な語を見出すべきである。

114. 連続性が可能であるのは非－存在を地とするかぎりにおいてのみであり，何かを地としてではない。何かが連続的であるのは何かとしてのみであり（ただし，それは抽象であって，孤立させられた要素ではない），それと異なる別の何かを地としてではない。存在を地とした場合には（あるいはお望みであれば，空間を地とした場合には），非連続のみが可能である——直線は直線として連続的であるが，空間（つまり，点からなるもの）を地とした場合には，点の体系における空間的形象であるかぎりで，それは非連続である。ここにおそらくゼノンやカントール等々の「無限のパラドックス」（*Paradoxen des Kontinuums*〔連続体のパラドックス〕）の淵源がある。

115. これこそまさにインドで人々の強い関心を引きつけてきた問題であり，「与えられた不在」の問題，あるいはまた「与えられない現前」の問題である。

116. 存在が非－存在と異なるのは有限なものとしてのみであり（より正確には，この有限性こそがまさにこの差異を構成している），それは実存するものとして，すなわち個体的なものとして有限である。有限なものはすべて個体的であり，個体的なものはすべて有限である。ゆえに，およそ存在は個体的であり，個体的なものはすべて存在の一部をなしている。

117. 存在を，存在としては同じだが，それでもなお異なる諸個体へと差異化することが，存在の *Welt-charakter*〔世界－性格〕を構成する。存在が持続する延長として実存するのは，時間と空間においてのみである。同じことは，理念的存在，「理想的」*Welt*〔世界〕についても言える——ただし，それは *Welt*〔世界〕－理想としてのみ，つまりは生きた「世界内人間」の「頭」のなかだけに実存する。

118. 認知的な（たとえば科学的な）態度においては，世界のすべてについての問いが可能であり，そこでは世界は揺るぎない確信のトーヌスのもとで与えられる。だが，行為的な態度においては，人間は諸々の個体と関わりをもっており，それゆえ世界は，単に *tätig*〔行為している〕という意味においてだけでなく *unruhige*〔落ちつかない〕という意味で不安げな確信のトーヌスのもとで与えられる。他方で，相互作用のなかにあるかぎり，人間は他なるものが実存するということを確信しており，たとえ不安げ（*beweglich*〔流動的〕かつ *tätig*〔行為的〕［判読不能］）にではあってもそれを確信している。

119. 世界内の二つないし複数の個体が問題であるというのに，私はこれまで人

間と世界との相互作用についてしか語ってこなかった。こうした相互作用がいかにして与えられるのかを問わなくてはならないし，それがアナロジーによってであるとすれば，とりわけ他人の死や，諸個体のひとつが別の個体によって殺害されることがいかにして与えられるのかを問わなくてはならない。

120. むろん，この不安はいつも現実に与えられるわけではない。それは異様なものの［出現の］せいで，貴重なもの，崇高なもの，等々の破壊のせいで現れる。それは，有限者と終わりがあるところではつねに与えられ得る。

121. さきに私は，「疎遠な」世界によって，「怪物」によってひき起こされる不安について語った。ここで問題となるのは，それとは別のものである。死せるものは不安を掻きたてるものであり，死せるものは「他なるもの」である。それゆえ，恐怖を掻き立てるのは「他なるもの」であって，死せるもの自体ではない。死者は，有神論者に対して何かとして，「他なる」何か（魂）として与えられる。したがって，（非－死者の）「未知で疎遠な」何かは「他なるもの」（魂）として与えられることができる。ここにおそらくアニミズム（マナ，等々）の淵源がある。

122. おそらく，トーテムの，動物の，人間の死は，個別かつ直接に与えられるのであって，自己自身の死とのアナロジーによって与えられるのではない。それらはむろん，不安のトーヌスの多様なモードゥスのもとで与えられる。だが，そこで問題となるのは不安のモードゥスであって，恐怖のモードゥスではない。恐ろしいのは私の死だけである。むろん，近親者の死は恐ろしいものであり得る。ひとはそこで理性を失ったり自殺したりすることさえあるが，それは恐怖からではなくて，心痛からである。だが，それは同じことではまったくないし，心痛はここでは問題にならない。この差異はおそらく，世界を前にした態度としての宗教と関わりがある。

123. 深淵は，空虚であるかぎりで，私以外の者のあり得べき，あるいは現実の死の場所として，不安をかき立てる。だが，それが恐ろしいのは私がその縁にいる場合だけであり，私の死が私を確実に狙いすましている場合だけである。その一方で，深淵がたとえばひとを惹きつけるのはなぜかを問うてみなくてはならない。われわれに苦痛をもたらす（だが，死をもたらすことはできない）ものは，不安を掻きたてるもの自体でも恐ろしいもの自体でもなく，完全に他なるもの，おそらく「不快なもの」である。ハイデガーは *Angst* と *Furcht* とを区別している。無は *Angst* においてのみ「与えられる」。*Furcht* が単なる恐れ（たとえば苦痛への）であるとすれば，この区別は正しいが，それが死への恐れでもあるとすれば，この区別は間違っている。死はつねに同じ仕方で与えられるのであり，「高貴な」死や「卑しい」死の与えられなどは存在しない。おそらくハイデガーには，無を何かとして，あるいはまた宗教的態度の無として考える習慣の名残がまだある（死の「与えられ」の

「高貴さ」はそこに由来している)。

124. たとえば，夜は不安を掻きたてるが，恐ろしくはない。なぜなら，ひとがときに闇のなかですべてが消え去ってしまうという印象を抱くとしても，人間と世界との相互作用はひき続き維持されるからであり（私は地面の上にいる，等々)，とりわけ，私は私自身であり続けるからである。相互作用が存在するかぎり，恐怖は存在しないし，人間が存在するかぎり，相互作用は存在する。だが，人間が存在しない場合は，相互作用は存在しないし，存在できない。なぜなら，たとえ死せる人間が無ではないとしても，それはやはり世界の彼方に存在するものだからである。人間と世界は異質的であるが，相互作用は相互作用するもの同士の同質性を前提している。この点からすれば，人間の終わりは（この人間にとっての）世界の終わり，相互作用の終わり，「世界内人間」の終わりである。

125. 話を簡単にするために，ここでは世界との相互作用一般（「自然」死の事例）について語っている。この最高度の緊張は，ときに個体との相互作用（たとえば殺害のケース）において与えられることがある。

126. ある種の「未開人」(たとえばオーストラリア人）は，「自然」死を知らない。人間は永遠に生きる，というよりもむしろ，魔法にかけられないかぎり，あるいは悪霊が干渉しないかぎり，死なない（際限なく生きる)。自己自身に対して「内部から」与えられるこうした未開人に対しては，有限性は与えられない。世界内に死は存在しない。それは外部からやってくるのであり，それが人間に対して与えられるのは，彼が自己自身に対して「外部から」，すなわち，世界の（自己と世界の）ただ中において「彼方」と対立することの与えられにおいて，与えられるかぎりにおいてである。聖書によれば，死は罪の（神の法を犯したことの）帰結であり，神の罰である。ここでもまた，死は被造物が創造主によってその存在を「外部から」与えられることにおいて与えられる。無神論的な現代科学は，世界の彼方には何もないと考えており，厳密に言えば，死を知らない。科学においては，「世界内人間」はつねに「内部から」与えられる。たとえば，物理学は人間なき世界を研究するが，しかしそれは，この世界において人間と対立し，人間と相互作用するものを研究するのである（それは *Gegen-stand*〔対－象〕を研究するのであって，〈ダルマ〉を研究するのではない)。したがって，物理学の際限なさは，そこに死が存在しないという事実によって示される。物理学によれば，死には何も変化させない「変化」しかない，つまり，非－存在からは何も生じず，何ものも非－存在へと変化しない（古典物理学の *Erhaltungräte*〔保存則〕。物理学はたしかに個体が消滅することを知っているが，厳密に言えば，それは個体を知らないのである)。すでに見たように，（「外部からの」）存在の与えられは，無ではなくその有限性の与えられであり，逆もそうである。古典物

理学はこの有限性を知らないので，存在の生成に固有の変化を否定する方向へと避けがたく向かう。それは最終的にすべてを単一の空間へと還元してしまうのであり，その空間はいかなる点でも非-存在と区別されない——それはその有限性においては，つまり非-存在との区別においては与えられないのだから，このことは当然である。「古典」物理学のこの傾向性は，メイエルソンによって完璧に論証されている。「内部から」与えられる存在の際限なさは，私の死の瞬間が私に与えられないことからも明らかである。私は自分がつねに死ぬことができるということを知っているが，私がいつ死ぬかは知らない。私の生の限界は私には与えられない。「世界内人間」の有限性は，「世界内人間」に対しては「外部から」その総体において与えられるのであり，世界内で特定の瞬間において一定の場所で個別的な有限性として与えられるのではない。実際には，人間が「外部から」それ自身に与えられるというのはきわめて稀なことであるが，しかし原理的には，いつ何どきでもそれは可能である。この可能性の与えられは，いつ何どきでも死があり得ることの与えられであり，その総体における有限性の与えられであるだけでなく，人間を含む世界内のあらゆる時点における有限性の与えられでもある。

127.「外部から」与えられるのは，ひとつの全体（ひとつの個体）としての「世界内人間」の有限性であり，私と無関係に存在するものとしての世界の有限性ではない。このような世界が自己の死後にも持続することは誰でも知っているが，しかし人間はそれを「学者」として知っているのである。このような世界は，〈ダルマ〉ではなくて（〈ダルマ〉——「世界内人間」）*Gegenstand*〔対-象〕であり，ひとつの抽象である（具体的な個体ではない)。「内部から」は，人間と世界は相互の対立において与えられるが，古典物理学はそれらを結びつける相互作用を無視し，人間を捨象することで世界を考える。こうした抽象は，個体ではないから有限ではない。だが，抽象であるかぎりで非-存在と対立しないのだから，それは非-存在へと解消される傾向性を確実に帯びている。このような「世界」に対しては，具体的な人間だけでなく抽象—— *Bewußtsein überhaupt*〔意識一般〕——もまた対立しているのであり，この抽象は個体ですらなく，それゆえ有限ではなく，それもまた無へと転化するおそれがある。この「主体」は他方で，それが関わる「客体」に従って変化することができる。その「客体」が数学的であれ，物理学的であれ，生物学的であれ。この「主体」なしには，客体は存在しないし，逆もそうである。現代物理学の長所は，物理学的「客体」を導入したことにあるが，古典物理学の作業は，数学的主体の観点に立つものでしかない。だが，物理学的「主体」もまたひとつの抽象である。ディラックの「観察可能なもの」は〈ダルマ〉ではない。私にとって，それは存在する世界それ自体ではなくて，私がそのなかで生きている世界であり，この世界こそ，私の死とともに

最終的に消滅する当のものである。それは私から切り離すことができないし，私はそれから切り離されることができない。それは世界内人間であり，実存する個体であり，そのようなものとして有限である。この意味で，「世界内人間」の有限性の与えられは世界の有限性の与えられでもあるが，しかし，それは実存する世界の有限性であって，科学の「世界」の有限性ではない。こうした差異化の問題は，ホワイトヘッドの出来事のモナドロジーの問題を提起するものであり，さらには，「世界内人間」の異なるタイプが相互にとり結ぶ関係の問題を提起する。

128. ここでは明晰判明な直観の与えられという意味であり，「世界内人間」が自己の死を理論的に認識するという意味ではない。

129. もちろん，原理的には，ということである。なぜなら，ひとはある特定の瞬間における自殺の可能性を排除する条件を産み出すことができるからである。

130. 生物学の見地からすれば，あらゆる死は「自然的」である。それは，個体と世界との相互作用の終わりである。オオカミが羊を殺すとか雌鶏が自動車に身を投じて自殺すると語るのは，「擬人主義」である。他方で，「自然」死は，ある意味では「自殺」でもある。なぜなら，生それ自体がそこへと向かうものだからである（汚染によって，エネルギーの枯渇によって，等々）。それは，つねに世界による個体の殺害である。なぜなら，それは個体と世界との相互作用の産物だからである。だが，これらすべての語（とりわけ自殺という語）がここで適用できないということは容易に見てとれる。別の箇所ですでに指摘したように，私が死としての死について論じているのは，魂の「不滅性」を肯定する事例に関してのみである。

131. この差異は，他人の死の吟味にとって重要であり，それは法的問題や倫理的問題と関わっているが，しかし，ここではそれらの問題については論じない。それらは，死にゆく者（自然的に，あるいは暴力によって）としての私と死すべき者（私は死ぬことができる，私は殺されることができる）としての私の与えられを異なる仕方で明らかにする。だが，ここではこうした問題は無視できる。

132. この他なるものは存在しない無であるから，存在は限界をもたない。だが，にもかかわらず，それは有限である。なぜなら，それは非－存在があるところにはない，つまり，何もないところにはないからである。存在は「全き」無を満たすことができない。なぜなら，存在が存在をもつのは，非－存在との「対立」においてのみだからである。ここには，神が存在と非－存在よりも優れているという主張，それが存在でも非－存在でもあるという主張，神が無であるという主張，等々の存在論的起源が示されている。もし神が無を含まないとすれば，そのとき神は有限であり，ともに無と対立することにお

いて世界と一致する。無限の存在のパラドックスは，有神論の主たるパラドックスである。このような存在は，非-存在と混同されるおそれがある（そこから，神は無であるという主張が出てくる）が，無神論（それは，神がまったく存在しない，あるいは無であると主張する）に陥らないためには，ひとはなお神が存在であると主張しなくてはならない。

133. 自己意識について。「差異」＝存在の意識。「差異」の意識＝（存在の）意識の意識＝自己意識。これらの等式が正しいとすれば，自己意識はまさにその事実によってその自由の意識である。

134. 「差異」が存在と非-存在とを区別するのは，現前するものとしてのみである。だが，「差異」の現前は，それが自己自身に対して与えられることの抽象的な要素にすぎない（自己意識の抽象的要素としての意識）のに対して，そうしたものとしての（すなわち，自由なものとしての）それは，（個体的な）実存と非-存在とを区別する。とすれば，存在はやはり実存の抽象的な一要素にすぎない。ここにあるのは個体性の問題である。それゆえ，おそらくその総体としての存在の問題ではなくて，それ以外のすべてを地とした存在の一部の問題である。

135. この場合，「差異」の与えられは，一方の「差異」と他方の「存在」および「非-存在」との「差異」である。

136. 人間は，自由であるために自殺する必要はない。逆に——自由の実現である自殺は，まさにそのことによって自由の無化である。人間は「徹頭徹尾自由」（*durch und durch frei*）である。これは，私がさきに非-存在による存在への侵入［または浸透］と呼んだものを単に別の仕方で言い換えているにすぎない。この定式化によって，さきの抽象的な表現に具体的な内容が与えられる。存在それ自体と同様に，存在が非-存在によって侵入されるということも単なる抽象であり，自由な存在の，つまりは具体的で個体的な人間の一要素にすぎない。次のように言うことができる。人間が自由であるのは，それが非-存在によって脅かされているからでしかない，あるいは，それが徹頭徹尾死すべき者であり有限だからでしかない，と。（哲学は以下の問いに答える。世界において，そこで実際に出会われるもの——つまりそこで直観において与えられるもの——が可能である——つまり論理的に可能である——ためには，世界はどうあるべきなのか？　あらゆる証拠からして，それこそはまさに〈ダルマ〉の記述の問題に他ならない）。あるいはまた，可死性は自由において実現されるという表現も可能であろう。

137. デカルトによれば，意志（すなわち自由）は無限である。［ほんとうにそう］であるのかどうか，もしそうでないならば，なぜデカルトがそう考えたのかを検討しなくてはならない。

138. 自由が存在するか否かという問いとしての「自由意志」の存在の問題は存

在しない。自由は異論の余地なき事実であり，直観的な与えられであり，哲学はそこから出発しなくてはならないのである。問題はむしろ，直観の証示に，この直観の証示の内容の記述と分析にある（あるいはむしろ，このような証示は哲学によって前提されているものであって，この証示が哲学にその「素材」を与えるのである）。自由とは何か（ギリシャ語）？　自由が存在することができるためには，世界はどうあるべきなのか（*warum das Sein*）？

自由はひとつの事実であり，ひとつの事実であり続けるだろう。たとえそれについて語る（*Logos*）ことができないとしても，つまり，それが不合理であり，パラドックスであり，あるいは超-パラドックスですらあるとしても，そうである。赤は黒とは異なるが，この差異が何に由来するかを言うことはできない。私は，自由の問題という（強い意味での）パラドックスの解決策をここでは提示しない。当面はそれを提示することができないのである。自殺の吟味が，人間のあり得べき証示の役割を果たすことになる。それは自由を証示する唯一のやり方ではないし，おそらくその最良のものでもない。とはいえ，当面はそれで十分である。「決定論者」にとっては，自殺は（殺害および自然死とは異なるものとしては）実存しないが，それでもなお，それは異論の余地なき直観的与えられである。ところで，もし自殺が実存するならば，自由もまた実存する。とりわけ，道徳的責任を承認するためには，その点を認めるだけで十分である（罪——たとえ「不可欠」なものであっても——を犯すかわりに，人間は自殺することができるが，しかし彼はそうしないこともできる）。私はさきに自由の「記述」と「分析」という考え方の始まりについて論じたが，それこそは形而上学とすべての哲学の中心問題に他ならない。だが，それはまさしく始まりにすぎない。

139.「世界内人間」の全体は「人格」と呼ぶことが可能であり，したがって，それはこれらすべての要素，自由，等々を含んでいる。このような(a)自由な実体が(b)つねに自律的であり(c)個体的であり(d)有限であり(e)実存するものであるということは疑問の余地がない。(b)がつねに(a)，(c)，(d)かつ(e)（かつ神？）であることは疑いない。(c)がつねに(d)かつ(e)（かつ神，かつ「個体的概念」？）であることは疑いない。(d)（「有限数」という意味においてではなく，終わることができるものとして有限であるかぎりでの）がつねに(e)かつ(c)であることは疑いない。(b)がつねに(d)かつ(e)（かつ神かつ世界？）であることは疑いない。だが，(e)，(d)そして(c)がつねに(a)であり(b)であるというのは，はるかに疑わしい（たとえ，おそらくは正しいとしても）。たとえば，茶碗は疑問の余地なく個体的に存在するが，しかしそれは人格ではない，つまり，それは自由ではないし，自律的でもない。ここで提起されているのは，「世界内人間」ではないものの個体性の問題である［強調は編者］。ここではおそらく，数学的世界，物理学的世界，生物学的世

界，歴史学的（人類学的）世界とのあいだの差異が重要である。皿（あるいは石）が(c)＋(b)＋(d)＋(e)であるのは最後の世界においてのみである。それは，それ自体が(a)かつ(b)なのではなくて，それ自体が(a)＋(b)（*Achtung*〔注意〕! *Idealismusgefahr*〔観念論の危険〕!［判読不能］＋）である人間の世界において見いだされるのであり，それは物理学的世界においては見いだされない，すなわち，(c)はそこには存在しない（したがって，(d)もないし(e)もない。*Schaltungsarte*〔変換技法〕や抽象，あるいはすべてを無に帰せしめようとする願望）［このくだりは疑わしい。この最後の命題と，「(c)はつねに(d)かつ(e)である」という事実とのあいだの上記の矛盾を見よ。コジェーヴがここで語っている複数の世界について，彼はのちに別の箇所でそれらの区別を示しているが，その点を考慮すると（『古典物理学と現代物理学における決定論』*op. cit.*），以下のように理解しなくてはならないように思われる。「それは古典物理学的世界において見いだされる」が，しかし（人間的世界の諸様態の）異なる様態においてであり，そこには(c)も(d)も(e)もない］。それはある程度までは生物学的世界において存在する（犬は自分の餌鉢を知っている）が，しかし人類学的世界におけるものとしてではない。では，正確にはどのようにしてなのか？　生物学的世界においては，それはアプリオリにその地と不可分である。ゴリラは，たとえば棒切れを使って戦うが，しかし，石と棒きれとを結びつけて斧を作ることはできない。それゆえ，ゴリラは言語をもたない。なぜなら，ことばは——たとえば「皿」という観念——は皿の非‐存在であり，その存在，その実存を差しひかれた皿だからである。この場合のそれは，人類学的世界におけるものとして存在する。

140. 自由を否定することによって，科学は人間の「人格」を否定する。それは，人間をホモ・エコノミクス（ただし歴史学や伝記はおそらく科学ではない），ホモ・サピエンス，等々に変えてしまう。とりわけ，物理学は人間を「元素の複合体」に変換してしまう（それは，ディラックの観察可能なものの「物理学的主体」と同じものではない），つまり，人間をそれ自身から無へと向かいゆく世界に還元してしまう。

141. 無神論者と有神論者のどちらが正しいのか，つまり，世界内人間に関する二通りの記述のいずれが妥当なのかという問いは，今後も開かれたままにしておこう。だが，真の有神論的直観をもつ有神論者が存在するという事実は異論の余地のないものであり，この問いへの回答に依存していない。確かに，無神論の観点からすれば，有神論的直観は「幻想」であるが，しかし，それはすでにこの直観についてのひとつの解釈であって，直観それ自体ではない。有神論者も無神論者も，自己自身の直観と他者たちの直観とをともに解釈する（彼らはそれらを哲学者として解釈するのではなく，生きた人間として解釈する）。哲学者としての彼らは，自己自身の直観と他者たちの直観，それ

に自己の直観と他者たちの直観についての解釈とを，ただ記述するのみである)。この「真理」〔ロシア語の語はより厳密に正しさの観念を指示している〕の問いを開かれたままにしておくことは，第一に，有神論的直観についての有神論的解釈と，無神論的直観についての無神論的解釈を記述することを意味しており，次いで，無神論的直観についての有神論的解釈と，有神論的直観についての無神論的解釈を記述することを意味している。だが，これすら「真理」の問いへの回答になっていない。この問いに答えることは事実，有神論者あるいは無神論者の観点に自らの身を置きいれることを含意している。生者たるかぎりでの人間は，これらの観点のひとつに身を置きいれなくてはならない（無関心であり続けることは，完全な「生」を享受しないということを意味する。なぜなら，そのときひとは有神論と無神論とが必然的に対立する地平（「客観的」または「絶対的」生を構成する）において生きていないからである)。だが，哲学者としての彼は，ある特定の「観点」に身を置きいれるべきではない（*keine Stand-punkt-philosophie*〔哲学は立場ではない〕)。哲学者たるかぎりでの彼は，「真理」の問いに答えることを目指すべきであるが，他方で，完全な生を生きる生者たるかぎりでの彼は，［つねに］すでにそれを解決してしまっている。だが，真の哲学者は「完全な生を生きる」者，すなわち，すでに問いを解決した者として生きるのであり，彼が哲学者としてそれを解決できるのは，ひとえに彼がそれを生者としてすでに解決してしまっているからである（フィヒテを見よ)。とはいえ，哲学的な回答は生の回答とは異なる（*Philosophie ist keine weltanshauung*〔哲学は世界観ではない〕）のであり，この点はきわめて重要な問題である。哲学者は直観を解釈するのではなく，彼がそれについて与える解釈を記述するのとまったく同様にして，それを記述するのである。解釈することは翻訳することであり，行為の，生の言語に翻訳することである。解釈は，解釈された直観の一抽象的様相にすぎない。(有神論的）直観「神」が神についての直観であるのは，それが神についての直観として解釈されているからでしかない（つまり，直観「神」は，有神論者からは真理として解釈され，無神論からは「幻想」として解釈されるということである)。もしそれがただひとつの直観であって，単に有神論者と無神論者とによって異なる仕方で解釈されるというだけなら，そこで念頭に置かれているのは全体性というひとつのものであって，哲学が「真理」の問いを提起するさいに念頭に置いているものはまさにこれである。かりに，これはほとんどありそうにないことのように思われるが，そうであるとしたら，そこには「私の」哲学しか存在しない（シェリングの「*meine System...*」およびフィヒテを参照せよ）［つまり個々別々の哲学］。この場合，哲学の哲学は哲学の「歴史」であり，それはヘーゲル的な意味でのそれか，あるいは *Psychologie der Weltanshauung*〔世界観の心

理学〕という意味でのそれか，そのいずれかであるが，それはあまり好ましいことではない。もし哲学者があらゆる矛盾（たとえば有神論と無神論とのあいだの）を「のり超えている」とすれば，その場合はもはや何も残らないことになる。「真理」の問いへの回答としては無以外の何も残らない。もしそうならば，われわれは再び仏教に出会う，つまり，なお（ひとつの）*Standpunkt*〔立場〕を見出すことになる。おそらく，哲学においては，「真理」への問いは存在しない。したがって，真理も虚偽もそこには存在しない。真理が思考と対象との一致であるとすれば，そのとき哲学には「対象」は存在せず，哲学が「対象−そのもの」（*die Sache selbst*）である。その場合，真の哲学とはまさに哲学そのものをも含む「完全な生」に他ならない。「弁証法」という難しい問題について語ることは，何の解決ももたらさない。これらいっさいについては第5章で再びとりあげるが，そこでは無神論の哲学，無神論的哲学，哲学的無神論について論じることになるだろう。これまでは，有神論，無神論，宗教，世俗性を，それら自身の，そしてそれら相互の解釈に従って記述することが問題であった。このような記述は疑いなく哲学に関するものであるが，しかし明らかに哲学そのものではない。

［もし，ここでもなお哲学の何たるかを知らないということに関して正当にも不平を述べることが許されるとすれば］，この事態は理解できるものである。というのは，哲学それ自体が存在しないかぎり，われわれは哲学の何たるかを知ることができないからである。もちろん，他者たちの哲学は存在する。とすれば，とりわけ，個人的な有神論的直観の不在はなお無神論を意味しない。われわれは，自己自身の解釈（あるいは他者の解釈）を適用することで，他者たちの直観を用いることができる。哲学者は，直観の記述と他者の解釈の記述とをともに遂行することができるのである。

142. この点についてはあとで明確に論じるが［173頁以下を参照］，しかしいまや次のことは明らかである。有神論において，人間はその自由のおかげで実存するのではなくて，ただ神によって創られたものとしてのみ実存する，と。彼は神と異なるものとしてのみ実存するのであり，神と異なるものであるかぎりで彼は有限である。だが，「人間＋神」に対しては，孤立させられた人間について言われたことのすべてが妥当する――そこに有神論の最大の困難がある。なぜ（人間）+（神）であって（人間＋神）ではないのか――，彼はすみずみまで自由である，すなわち，神は人間を自由なものとして創造する。有神論の第二の困難は，人間の自由と神の自由の共存在にある。

143. ひとたび地獄または天国に行けば，人間はもはや自由ではない。なぜなら，彼はもはやそこで罪を犯すことができないからである（煉獄においても同様である）。彼は，世界内においてのみ自由なのである。

144. すでに述べたように，この魂は「心的」全体を含まないことがあり得る。

他方で，それは「物質的な」何かを含むこともできる。それは必ずしもデカルト的な意味での魂ではない。肝心なことは，それが「不死」であるということである（あるいは少なくとも，——たとえば第二の死の可能性を認めるとすれば——それは，「世界内人間」が破壊されてもなお破壊されないということである）。さらに，このことは二元論を含意しており，当然ながらそれはきわめて多様なかたちをとることができる。「物理学的な」死を否定することはできないが，魂とともに破壊されるものは，その「あとで」保護されるものとは異なる。

145. すでに示したように，地獄において人間は自由ではない（この点については，デカルトの特殊な事例を考慮しなくてはならない）。カントにおいて，悟性は自由ではないが，理性は自由である。ただし，理性が自由であるのは，ありていに言えば，悟性が行う選択においてのみである（その選択が時間の外部でなされるとしても）。つまり，結局のところは，またしても「経験的性格」＋「知的性格」としての「世界内人間」だけが自由である。

146. あとでより詳しく見るように，「他なる私」（魂）が「私」であることができるのは，「他なるもの」すなわち神がこの魂に与えられるかぎりにおいてのみである。それゆえ，「他なる私」は「神内人間（神内魂）」としてのみ与えられることができる（「世界内人間」とのアナロジーによって。そこでは人間と世界との差異が強調されるが，しかしここでは［魂としての］人間と神との差異が強調される）。「世界内人間」に対しては，それへと受肉したものとしての「神のもとにある人間」もまた与えられることができる。「世界内人間」がそれ自身に対して，「神のもとにある人間」（それへと受肉したものとしての）が与えられる人間として与えられるということだけが，有神論的直観についての完全な解釈である。「魂」の与えられは，この完全な解釈のひとつの抽象的要素にすぎない。この要素の特殊性は，神と「向き合う」人間の自由であるところの完全な解釈の（すなわち有神論の）本質的パラドックスの不在である。だが，第一に，抽象にすぎず理念的にしか存在しないこの自由が完全な解釈と切り離すことができるということ，第二に，自由については，魂の与えられを語ることはできず，ただ魂の吹き込みだけを語ることができるということを銘記しておかなくてはならない（この魂の吹き込みは神への道である。それが神へと導くものであるならば，そこで魂が与えられるのであり，それは有神論である。それが「無」への道であるならば，そこには魂も「魂の吹き込み」もなく，単に「世界内人間」を指示するもうひとつの語があるだけになり，それは無神論である）。この要素を絶対化する試みは純粋な構築物にすぎず，そこにはいかなる直観的土台もない。それらは「誤り」である。たとえば，魂を肯定することと同時に神を否定すること，等々。こうした「哲学的」構築物をより詳しく検討してみれば，それら

の作為と不条理が必然的に明らかになる。

147. 私が意図的に「非無神論的」とか「有神論的」でないと言っているのは，われわれがここで関わっているものがひとつの抽象か，または全体から抽出されたひとつの要素であることを強調するためである。ここでは，人間は自由なものとして自己に与えられるのであり，そこに逆説的なものはいまだ何もない。そこにはなお，特殊に有神論的なパラドックスは存在しない。だが，自由なものであるかぎりでの人間は，魂を吹き込まれてあるかぎりにおいてのみ，魂を吹き込まれた者としてのみ，魂の与えられにおいてのみ，自己に与えられるのであり，このことは，魂に対して与えられるものとしての神の与えられを前提し，含意している。だが，神の含意は自由と相容れないし，他方で，神を含意する完全な有神論的解釈もまた，魂を吹き込まれた人間の自由の与えられを必然的な要素（すなわち，さきに言及された要素）としてもっている。したがって，有神論的解釈は当然ながら特殊なパラドックスを含んでいる。この問題については，あとでもういちど触れることにする［177頁以下を参照］。

148. 存在と非−存在との差異を廃棄することは，存在のみを廃棄することを意味する。なぜなら，非−存在はまったく存在しないからである。非−存在は存在しないのだから，それは変化することができない。「差異」の廃棄によってもたらされる「変化」は，存在だけが関わり得るものであり，このことは存在の破壊によって明らかになる。二つの何かの差異を廃棄することは，それらの完全な破壊を意味しない。ひとつの例をあげてみよう。赤い対象と青い対象との差異の廃棄。それらの事物的本性と色彩的性格はそのままにして（つまり，各々の事物が色をもつと見なしたうえで），赤い事物を青に染めるか，青を赤に染めるか，あるいはこの二つを黄色に染めることができる，等々。最後に，それらを脱色することができるが，しかし［黙示的にではあれ］そうしないと決めることもできる。なぜなら，それは色づけされた事物と色づけされていない事物との差異を廃棄することになるからであり，したがって，あらゆる色彩のあいだの差異，あるいは色合いそれ自体を破壊してしまうからである。最初の事例では，赤は破壊されるが，それは赤が青に変化したからである。二番目の事例はその逆である。三番目の事例では，二つの事物はそれぞれの色としては破壊されるが，しかしそれらは色づけられたものとしては保存される。青を緑へと破壊することで得られる黄色と緑（＝黄色＋青）との差異の破壊という事例は，われわれの論旨にさらにいっそう適合するものである。もし不変の青がわれわれに与えられるとすれば，われわれは最初の事例と同じように対処しなくてはならない。緑と黄色の事例において，われわれは破壊することによってのみ行為することができるとすれば，そのときわれわれは差異の廃棄の帰結としては黄色しか得られない（無

色は定義からして排除されている)。われわれの事例に話を戻すと，われわれは「世界内人間」から出発しており，「差異」の廃棄は――「世界内人間」にとっては――その廃棄を意味しうるにすぎないのであり，魂としては与えられず，したがって，世界内人間の変化の外部において自己を変化させるものとしては与えられることができない（[他方で］他者の死は自己と他者との差異の廃棄ではない。なぜなら，生ける私と死せる他者との差異は残るからである)。たしかに，差異の廃棄以降は，「他なるもの」は「世界内人間」にとっての「他なるもの」であることをやめる（三番目の事例)。だが，「神のもとにある人間」が私に与えられないかぎりにおいて，私は私の死のあとに生ずるものを知らないが，その［「神のもとにある人間」の］破壊不可能性は「神のもとにある人間」の与えられにおいて死によって与えられる。してみれば，結局のところ，不死性が私に与えられるのは神が私に与えられることにおいてのみである。私が不死であるのは神が私に与えられるからであり，神が私に与えられるのは私が不死だからである。ついでに言えば，ここにはまたしても有神論のパラドックスがある。［私が実存する以前には］神は私を創りだすことができなかったが，［私が実存して以降は］神は私を破壊することができるのである。

149. 私は，無限へのこうした適用が不可能であるとは言っていない。だが，それを行うことによって，われわれは魂の無限性，すなわち，その不死性をまたしても事実上肯定するのである。デカルトを参照せよ。

150. 他の人間たちは死すべきものであり，したがって，彼らもまた魂を吹き込まれたものたちである。「未開人」はもっと進んでいる。動物，物体，等々は有限であり，したがって，それらもまた魂を吹き込まれたものである。絶対的なアニミズムにおいては，あらゆるものが魂を吹き込まれたものである（そこには，有限者として与えられないものも含まれる)。問題は，他者への魂の吹き込みが直接的な直観において与えられるか，それとも私とのアナロジーによって与えられるかである。人間については，アナロジーは，完全に満足いくものではないが可能である。アニミズムの事例では，有限者として与えられないものへの魂の吹き込み（このことが意味をもつと仮定すれば，そこには「未開人」の世界においては，ということが含意されている）は，アナロジーによって与えられる（有限者としてすら与えられる）か，あるいは，私の「死を媒介とした道」がそこでは余計なものであるか，そのいずれかである。にもかかわらず，この道は必然であるように見える。つまり，われわれはそれを「知らない」にもかかわらず，また，ハイデガー以外の哲学者たちが通常それについて言及することを避けているにもかかわらず，死は疑問の余地なく人間の生における中心的な出来事であるということである。おそらく，「アニミズム」における魂とは，すべてのものが破壊されたあと

になお残るもの以外の何ものでもない――つまり，それの概念，すなわち，その存在（その実存）を差し引いたそれである。この場合には，興味深い歴史的展望が開かれるだろう。つまり，一方では，「理念」についての教えが，他方では，仮説的概念としての人間の魂が存在するだろう（もっとも，概念に対しては何も与えられないのに対して，魂には神が与えられる。またしても，魂が真の魂であるのは，有神論においてのみである）。

151. この種の分析は，しばしば「演繹」と呼ばれる。それは，ヘーゲルの思想やその他の偉大な哲学者たちにおいて高く評価されているものである。だがヘーゲルにおいては，語の悪い意味での演繹，すなわち，直観的な与えられを「演繹する」試みという意味での演繹もあり，それを［その哲学は］事実上，想定していない。［判読不能］においては（たとえばギュルヴィッチ），このような空しい概念の遊び（*Gedankenspiel*〔思考ゲーム〕としては興味深いが）が哲学にとって代わる。

152. 魂が自由であるのは，受肉したものであるかぎりにおいてのみである。それゆえ，自殺は自由の終わり［終末］であるが，ただしそれは自由な終わりである。

153. 神の存在と人間の自由との対立という問題は，ここではなお顕在化していない。だが，すぐあとで見るように，われわれはなお抽象の領域内にある――非-無神論の十全性は，有神論すなわち魂であり，神がそれに対して与えられるかぎりでの魂である。

154. この「彼方」は，当然ながら空間的なものとして理解するべきではなく（もっとも，有神論的直観についての「未開な」解釈においては，それはしばしば天，等々として理解されるのだが），世界が破壊されたあともなお残るものとして理解しなくてはならない。

155. 私がここで言っているのは，「世界内人間」に与えられた「世界外人間」であって，自己自身に与えられた「世界外人間」ではない。なぜなら，「世界外人間」については，われわれが生者であるかぎり何も知らないからである。それは死後の魂であるか，エクスタシーにある人間であるかのいずれかである。だが，エクスタシーにある人間は世界の外へと出ており，世界との接触を失っている。たとえ彼がわれわれにそのことを語るとしても，それはエクスタシーのあとにであって，それはなお「世界内人間」に与えられた「世界外人間」である。

156. 「他における私」または「他における自己意識」は形容矛盾である。もし他の（または何であれ何かの）意識が私に直接に与えられることができるとすれば，他の自己意識は単に「アナロジー」によって私に与えられるか，または私にまったく与えられないかのいずれかである。「あなたの場所にいる私」は，「あなたの場所にいる私」と言う意味ではなくて「あなたの場所にいる

私」，つまりはあなたではなくて私，という意味なのである。したがって，「他の私」は非−与えられの様相のもとでしか与えられることができない。あるいはお望みであれば，この非−与えられを，たとえば自動人形のようなものとは異なる他の人間の直接的な与えられと呼んでもよい。よくエクスタシーにおける「魂の合一」ということが言われるが，そこには本当の意味での自己意識は存在しないのである。

157. この与えられが可能であるかどうかの問いはひとまず措いておく。「純粋な自己意識」は無の意識である。それは実存しない。互いに向き合う完璧な二つの鏡は何も映し出さない，あるいはお望みであれば，それらは無を映し出すと言ってもよい。

158. この表現はどう見ても適切ではない。ひとは「近しい神」について語ることはないのだ！「疎遠な」は，ここでは「完全に他なるもの」を意味しているだけである。他方で，神は「世界内人間」それ自体にとって疎遠である。この人間が自己を「他なる私」として，魂として認識するかぎりにおいてのみ，神はこの者と近しい。この親密性は，「揺るぎない確信」のトーヌスのもとでこの者に与えられる。私はさきにこうも言った。「死者としての私」は，私に対して「揺るぎない確信」のトーヌスのもとで与えられることがない，と（それが同じ私であるかぎりにおいて）。それゆえ，神が私に与えられるかぎりにおいて，神は疎遠な隔たりのトーヌスのもとで与えられる。だが，神が私に（すなわち私の魂に）与えられる場合には，それは「揺るぎない確信」のトーヌスにおいてである。こう言うことができる。神の「親密性」は，疎遠な隔たりの与えられにおける揺るぎない確信に由来するものである，と。

159. *Vergegenständlichung der intuitiven Inhaltes*〔直観的な内容の具体化〕の意味での直観についての解釈。

160. あるいは，お望みであれば，『論理学』における，または——よりいっそう——『現象学』におけるヘーゲルのそれと同型の「演繹」において（もっとも，彼自身はしばしば抽象的な構築物という意味での演繹へと逸れてゆき，しばしば自分がやっていることの意味を理解していない——こうした観察にはもちろん危うさがある。*Hegel hat sich mißverstanden*〔ヘーゲルは自分を理解していなかった〕!)。

161. つまり，神は私にとっては私に与えられるものとしてのみ，つまり，私が私に対して「神のもとにある人間」として与えられるかぎりにおいてのみ，実存する，等々。神なき魂や神なき不死性が存在しないとすれば，そこでは（私にとって）魂なき神や魂なき不死性もまた存在しない，等々——だが，不死性なき有神論的宗教は存在しない。だが，これは有神論の未開な形態であり，有神論はその発生当初の状態においてではなく，その発達した状態に

おいて研究しなくてはならない（そこから発生状態を解釈することによって）。この形態においては，世界と「他なるもの」との差異はいまだ存在せず，世界それ自体がすみからすみまで「他なるもの」である。いくつかの要素はなお結晶化するに至らず，そこでは神の与えられは不死性の与えられを含んでいないという印象を与える。だが，それは単なる印象にすぎないのであって，宗教はその発展を通じて通常はそれ自身からこれらの隠された要素を引き出していくのである。

162. ここでは，この与えられの逆説的性質，とりわけ，自由な有神論者のパラドックスについては，ひとまず措いておく。有神論者自身にとって，このパラドックスは確かに存在するが，しかし，それはまさしくパラドックス，つまり矛盾である［もの自体に固有の］。それに対して，無神論者によれば，これらの有神論的パラドックスは誤りにすぎない。なぜなら，彼は有神論の事実そのものを否定するからである。一般に，ここで言われたことはすべて，直接的な有神論的直観に関する有神論的解釈にしか当てはまらない。無神論的解釈の場合は，神の与えられから出発することはできない。なぜなら，無神論者はこの与えられを否定するからである（幻想は，われわれの考えでは与えられではない）。無神論者は，無神論者に対しても有神論者に対しても等しく与えられるものから出発する――彼は，有限性の（そして自由の）与えられから出発し，そこから他の有神論的与えられを「演繹する」。彼にとって，そこで重要なのは真の「演繹」であって分析ではない。なぜなら，有神論的な与えられは，彼にとっては矛盾（有神論者にとっては強い意味でのパラドックスに他ならないもの）を含むがゆえに（人為的で）誤った構築物でしかないからである――逆に，有神論者によれば，無神論者は盲目である。なぜなら，彼には神の与えられが見えないからである。その解釈は「間違っている」。なぜなら，それは誤った直観に基づいているからである［コジェーヴはここで次のように付け加えている。「第一章の末尾でこれを展開し，そこに含めよ」］。

163. 魂，不死性，等々を知っている無神論的体系が存在する。たとえばサーンキヤ。それらは構築物であり，消滅したさまざまな直観についての誤った解釈，ないしはそれらの組み合わせである。ダールマンによれば，最初のサーンキヤ（叙事詩）は有神論的であり，サーンキヤ派の哲学者が無神論的になったのは，ずっとあとのことにすぎない。おそらく，古典的サーンキヤの構造そのものがまさしく，それが「哲学」であって宗教ではないという事実，すなわち，生きた事物ではなくて抽象であるという事実を物語っている。とはいえ，ここでこうしたヘーゲル的な〈歴史〉の扱い方を適用するのはきわめて危険である。にもかかわらず，明白な構築物がやはり存在する（たとえばギュルヴィッチ。だが，サーンキヤはギュルヴィッチではない）。魂の与

えられと神の与えられの不可分性は，多くの哲学的−宗教的体系を通じて現れる。そのことをよく物語るのが，たとえばアートマン−ブラフマンという「同一化」である（それは有神論の特定の形態のみに基づく同一化である——そこで救済されるのは，アートマンであってバラモンではない——ここにあるのは「神秘主義」であって，汎神論ではないし無神論でもない）。神が魂の与えられそのものを通じて直接に与えられる神秘主義者たち，アウグスティヌス。デカルトにおいては逆である。——魂（私）が与えられるのは，神の与えられにおいて「神のもとにある人間」としてのみである（コイレを参照せよ，26f, 56ff, 63, 71, 79, 83, 106a, 148［コジェーヴは参考文献を示していない。だが，彼はまちがいなく *Descartes und die Scholastik*, Bonn, F. Cohen, 1923のことを指している］）。その「原始的な」神秘的形態においては，このことは「神の似姿としての人間」として，死者の神格化によって（*Ahnenwelt*〔先祖の世界〕），有神論の形態としてのアニミズムによって表現される（シャーマンの魂は神々のもとへ行く，神的なものとしての魂［Heile, III, 130, Heile, 253：神が与えられる私，他なる私］）。（死者は生者よりももっとよく神が見える，ICo, 13, 12を参照せよ）。たしかに，*Gegeninstanzen*〔対立審級〕も存在する。不死性なき有神論（それは，構築物であるか未開精神であるかのいずれかであり，この点についてはすでに述べたとおりである）。万人が不死であるわけではない。第二の死，死後もなお世界内にとどまり続ける未開人（その世界は「他なるもの」によって浸透されている）［の事例を参照せよ］，恩寵の行為である神の与えられ（偽ディオニュシオス・アレオパギテース），死ぬだけでは十分ではないということ（フィヒテ），等々，等々。だが，これらの見解のいずれも深刻なものではないし，有神論のパラドックスはいずれにせよ別の事柄である。最後にもう一度言うが，このような研究のためには，「未開の」思考からではなく，有神論の発達した形態から出発しなくてはならないし，またそこから出発して，その「未開の」形態を解釈しなくてはならない。

いずれにせよ，「世界外人間」に対して世界しか与えられない場合は，この「世界外人間」は「世界内人間」以外の何ものでもない。輪廻の教義がこのことをよく物語っている。死にゆく人間は世界を離脱するが，世界の外部には何もないのだから，彼は世界に戻ってくる——つまり，彼は最終的に有神論のなかで（仏教，だがそこには魂はない。ジャイナ教？ サーンキヤ）無神論に回帰するのである（ヴェーダンタ，等々）。彼が戻ってくるのは，神が彼になお与えられず，世界だけが与えられるからである（フィヒテの「死ぬだけではなお十分ではない」を見よ）。輪廻はこうしておのずと無神論へと通じている（人間が不死ならば死は存在せず，かくしてすべては世界内においてのみ推移する）。以上はすべて，［宗教の］歴史についての言及の寄

せ集めにすぎない。もちろん，ここでの記述は〈歴史〉の研究に基づいているが，しかしそれと同様に，この記述から出発することによって〈歴史〉を研究するのでなくてはならない。ひとが「体系」を別の仕方で，よりよく，より完全に理解し始めるのは，その「体系」の発展に寄り添うことによってでしかない――そのことが逆に，当然ながら，体系の発展に貢献することになる。

164.「ヌーメンの性質」について語る（それも，きわめて適切な仕方で，もっとも，問いを十分に掘り下げてはいないが）とき，オットーは神的なものの与えられのトーヌスの記述に（分析にではない）関わっている（神的なものがヌーメンのトーヌスのもとで与えられるものだと言うことは，神的なものの与えられの内容を記述することと同じではない）が，しかし，彼はトーヌスの記述と内容の記述とを十分に明確な仕方で区別してはいない。*Religion-psychologie*〔宗教心理学〕と題するものは大抵の場合，トーヌスの記述と，内容が与えられる者の心理的状態の内容，この心理的および心理生理学的状態に関する説明，等々とを混同している。そこにはあらゆる規定が含まれているにもかかわらず，これらの記述は現象学的記述であって心理学的記述ではない。あらゆる種類の「説明」（*erklärende Psychologie*〔説明心理学〕）の区別が，そこではきわめて明確である。なぜなら，そこで記述された行為は独自の行為であるという事実が認められているからであり，それらの「起源」の「因果的説明」は求められていないからである。内容の記述と心理学との差異も同じく明白である。だがそうすると，トーヌスの記述と心理学的内容の記述との差異はどこにあるのだろうか？　私が思うに，これは有名な「括弧」の問題ではない（フッサールにおいては，わずかに残る観念論がいまや完全に息を吹き返している）。与えられの実在性を排除しながら実在的なものの与えられを記述することは，不可能である（あくまでそうすることに固執するならば，そのとき「括弧」は「歴史家の客観性」以外の何ものでもない――フッサールが示唆しているものが果たしてこれなのかどうか，自問してみる必要がある）。おそらく次のように言うことができる。心理学は人間の側からトーヌスを記述するが，現象学は内容の側からそうする。「現象学者」はこう言うだろう。心理学者は特定の生きた人間の（あるいは「生きた人間」一般の）トーヌスを記述するが，自分は与えられそれ自体のトーヌスを記述するのだ，と（それは結局のところ，フッサールにとっては *Bewußtsein überhaupt allegemeingültig und notwendig*〔一般的，全体的，かつ必然的な意識を意味する〕）。これは，*andere Vernunftwesen*〔別の理性的本質〕を明らかに不条理な仕方で指示するものである（これは，フッサールにおいて顕著にみられる合理主義の残滓である。それがかりに存在するとしても，天使への与えられのトーヌスはわれわれの関心を引くものではない。

なぜなら，われわれはそれについては何も知らないからである)。おそらく，次のように言うことができる。

——心理学者は，ひとつの全体としての生きた人間から出発する。(神的なものの与えられの) トーヌスを記述することによって，彼はトーヌスそのものに加えて，このトーヌスと直接の関係をもたないきわめて多様な諸要素を含むあらゆる心理状態を記述する (トーヌスはその場合，人間の心理状態の「偶発的な」一要素である)。

——「現象学者」は逆に，内容から出発するのであり，トーヌスはこの内容の与えられのトーヌスである。それに対して，「人間」は単にこの内容が与えられるものであり，単にそれだけのものである (かりに「トーヌスを差しひいた心理状態」が吟味されるとしても，それはトーヌスの環境であるかぎりにおいてでしかない)。

この観点に立てば，「現象学」は心理学に比べて具体性に乏しいが，しかし心理学は科学であって，それは哲学がそうではない当のものである (それは〈ダルマ〉ではない。なぜなら，そこでは客体が存在しないからである。あるいはむしろ，「主体」はそこでは客体として，すなわち抽象として捉えられる)。「現象学」は哲学ではまったくなく，単にその記述的な部分であるにすぎない。さらに分析があるが，それは実存しないもの，または「論理」の領域へと記述を写しかえたものであり，それは「*warum*〔なぜ〕*?*」という問いを提起する。それは実存しない世界の，記述されたものの，分析されたものの総体への導入部であり，それは「～であるためには世界はどうあるべきなのか？，等々」という問いを提起する。

哲学者はつねに生きた人間である。つまり，結局のところ，彼はその世界を記述し，分析し，等々，そしてその仕事の成果は具体的な最大値である (疑いなく，個体の「完全な生」としての「もの自体」)。神的な与えられの内容は神学によって研究されるのであり，この神学は科学であって哲学ではない (〈ダルマ〉は存在しない。なぜなら，神はそこでは前もって人間に与えられたものとして，だが人間や与えられそれ自体から「隔たっている」ものとして記述されるからである——それは客体と見なされているのである)。それが妥当で「客観的な」神の記述，すなわち，「世界外人間」に対して与えられる神としての神についての記述を提示しようとするかぎりにおいて (あるいはむしろ，神が「世界外人間」に対して与えられることにおいて「世界外人間」がそれ自身に対して与えられることについての記述を提示しようとするかぎりにおいて)，神学は「啓示」に依拠している。なぜなら，「自然」神学は (「自然的」であるあらゆるものと同様に)「世界内人間」しか知らず，それについてしか語らないからである。だが，こうした内容についての哲学的記述を，神学や神学の歴史と混同してはならない (神学と呼ば

れる題材の多くはまぎれもなく哲学的なものであり，逆もそうである）。内容についての哲学的分析や哲学的記述は，この内容にとってふさわしいものであるべきである（歴史的な題材を用いるさいには，その萌芽状態ではなくその発展形態を記述しなくてはならない）。そこから出発して，妥当でないものを記述しなくてはならない（つまり，他者たちの哲学を哲学しなくてはならない）。これはヘーゲル主義的である（もちろん，自己自身に対してそれを適用しなくてはならない）——記述が妥当であるのは私の世界にとってのみである。これは「相対主義」的なものではなくて，「具体的な真理」，「もの自体」，等々である。

165. 有神論の「発展」形態においては，この状況は二通りの仕方で表現される。アポファティックな神学と，*via eminentiae*〔卓越の道〕の神学によって（どのような地上的性質も［神的なものには］適用できない。なぜなら，いくつかのものが適用可能であるとしても，それは無限に対してでしかない，それゆえ潜在的にでしかないからである——なぜなら，それらの性質は［神的なものにとって］「完全に他なるもの」だからである）。

166. 無はこのトーヌスのもとで無神論者に「与えられる」と言うことができるが，しかしすぐさま次のことを言い添えなくてはならない。無は存在せず，それゆえ，それはいかなる場合でも「与えられる」ことができない，と。してみれば，無はいわばその出現のときにすでに取り除かれているのである。無神論者においては，神への跳躍は存在するが，しかしそれはあくまで跳躍にとどまる。なぜなら，彼にとって神は存在しないからである。神の問いへの回答であるかぎりで，この「取り除かれた」トーヌスは無神論者の無神論と動物の無神論とを区別する。他方で，トーヌスが人間それ自身へと「移行する」と言うことはできない。なぜなら，無神論者は神として自己自身に与えられることはけっしてないからであり，（有神論者とまったく同様に）最初からつねに人間として自己自身に与えられるからである。

167. むろん，無神論者に対して神的なものの与えられのトーヌスを証示することはできない。だが，見る者に対して，その者がまだいちども見たことがない動物を描いてみせることが（おおよそのところは，むろん）可能であるのと同様に，個人的な有神論をもたない人間に対して，神的なものの与えられのトーヌスを顕在化させることも可能である——ましてや，有神論と無神論とのあいだで逡巡している（そして逡巡していない？）者に対してはなおさらそうである。無神論的解釈［の隘路を通り抜けたあとで，］神的なもののトーヌスは，たとえばゴシック大聖堂においてひとが経験するようなある種の「神秘的な精神状態」へと変化する（むろん逆に，それがこのように解釈されるのは，それが与えられのトーヌスではなくて，このトーヌスを想起させる「精神状態」のトーヌスだからである（もっとも，それはきわめて曖昧

にであって，たとえば山の写真が山を連想させるよりは弱い)。この「精神状態」［あるいは「魂の状態」。文字通りには，この「気分」］が厳密にはどこにあるのかは，依然として謎である。

168. 通常，夢という事実は，アニミズムの出現において非常に重要であると考えられている。それはおそらく，「事物の実在的な状態」に関する無神論的解釈にすぎない（それは明らかにアニミズムを幻想と見なしている)。つまり，夢において「他なるもの」の与えられは存在しないということである。そこに恐怖は存在しない。だが，夢想はつねに「神秘的な」意味作用をもっていたということを忘れてはならない（おそらく，死とのアナロジーによってであって，その逆ではない)。

169. 他方で，有神論的思考は（無神論的思考とまったく同様に）死の思考と緊密に結びついている。そのことをよく物語るのが，たとえばエリクソンのような非常に説得力のある有神論者や，死のまぎわにおける「回心」である（不可知論者ですら，［判読不能］近ごろは不死性を「認める」と宣言している！)。

170. 私が主張しているのは，神が魂の与えられにおいて与えられるのであって，その逆ではないということである。それは，神々が「実体化された魂」にすぎないという「アニミスト的」理論とは異なる。この理論は，「未開人」の有神論的直観に関する無神論的解釈以外の何ものでもない。「未開人」への魂の与えられは真実であるが，「神」がこの「未開人」に与えられることは幻想であるというのである。実際には，神もまた未開人に対して魂の与えられにおいて直接に与えられるのであり，逆もそうである。もちろん，「未開人」はデカルト的な意味での魂を知らない。魂は彼にとって「物質的」なものであり，それは人間そのものである。それは他なる人間であるが，しかし生きた人間と「同じ」人間である。この有神論の本質的パラドックスは，トーテミズム，等々における共−現前現象の承認というかたちで表現される。豹において受肉されているのが「魂」なのではなくて，人間自身が豹なのである。こうしたことが可能であるのは，この人間がその者自身に対して単にこの人間として与えられるだけではなくて，「他なるもの」としても与えられるからである。この「他なる人間」（それは同時にその者自身でもある）は，死者としてのその者自身である。神はこの者に対して与えられるのであり（シャーマンのエクスタシーを見よ)，与えられの内容の不十分な差異化ゆえに，その者自身が神的な何かとして与えられるのである（マナ，「霊」としての死者，等々)。「アニミスト」の未開人は，「世界内人間」と魂である「世界外人間」とを明確に区別している（すべてがマナであるわけではない。すべての人間が不死であるわけではないし，人間のなかのすべてが不死であるわけではない。個々の行為は魔術ではない，等々）が，しかし彼は魂

（それに対して神が与えられる）と神（それに対して魂が与えられる）とをなお明確には区別していない。まさしくそこに「アニミズム」が存在する。

逆に，アニミストではない「フェティシスト」は，「魂＋神」と「世界内人間」とをなお明確に区別していない。彼は，神的なものが「世界内人間」に対して直接に与えられるという印象を抱いている。神的なものは彼にとっても「他なるもの」であるが，しかし彼は「フェティッシュ」における「他なるもの」を「フェティッシュ」の素材からなお区別していない。言い換えれば，彼にとって，物質的な「フェティッシュ」それ自体は物質的なものではなく，その全体が「他なるもの」である。二元論はここでは，すべての事物が「フェティッシュ」であるわけではなく，人間のすべての行為が魔術的行為であるわけではないという事実によってのみ表現される。「フェティシスト」（それはアニミストよりもさらに原始的であるように見える）は，普通の石とそうではない石とを区別しており，後者は「他なる」石（フェティッシュ）である。アニミストは，石それ自体において「他なるもの」を石そのものから区別する（ただし，この「他なるもの」は魂ではなく，石または「他なる石」である――ここには，ただひとつの場所における石と「他なる」石との共－現前がある）。フェティシストはいまや魔術師であることができる，すなわち，「他なる人間」であることができるが，しかし，一時間後に彼はふたたび普通の人間になるだろう。それに対して，アニミストはつねに普通であると同時に「他なるもの」である（魂をもつ存在というアニミスト的な意味において）――彼によれば共－現前はつねにあるが，この共－現前はときに空間的差異化を含んでいる（このことは，「心理学－物理学的パラレリズム」ほどには不条理ではない。なぜなら，アニミストにとって魂と人間はつねに存在するからである――とてつもなく抽象的なものとしての「魂」だけでなく）。

171. この相互作用の与えられが恐怖を消滅させる。恐怖のトーヌスにおける有限性の無神論的与えられは，（疎遠な）隔たりの（あるいはヌーメンの）トーヌスのもとで，神的なものの有神論的与えられ（それは死者としての自己自身が神が与えられる者へと与えられることを含んでいるがゆえに区別される）によってとって代わられる（あるいは覆われる）。だが，神はこうした置き換えを遂行する目的で発明されたのではない。むしろ逆に，神の与えられのみが，こうした置き換えをもたらすことができるのである。人間が自分自身で（発明によって）恐怖を取り除くことができていたならば，神は存在しなかっただろう，あるいは，その者自身が神であっただろう。なぜなら，恐怖を取り除くということは，有限性の与えられを取り除くということ，そのことによってまさに，有限性そのものを取り除くということを意味するからである（あるいは，さらに極端な場合には，自己意識を取り除き，石に自

ら変化する)。

172. 有神論の側からすれば，無限へのこうした恐怖は素朴である。それは神の局在化［の観念］に基づいている。他方で，ユークリッド空間もまた，それが無ではないかぎりにおいて，無限ではなく無際限なものである（それが無であるのは，連続的なものとしてのみである)。してみれば，無限はおそらく空間的なものではない。本書で言われていることはトートロジー，すなわち絶対的真理である。世界が無限であるということは，世界でないものは存在しないということであり，これは有神論と相容れない。とはいえ，この言明を無に対する有限［思考された有限］の無際限さの言明と混同してはならない。

173. 無限としては与えられないもの（＝非無限として与えられるもの＝有限として与えられるもの）＝非－無限＝有限＝有限としての与えられ。人間に与えられる与えられが何であれ，それはつねに有限なものとして人間に与えられる，すなわち，あれこれのものとして与えられる。それゆえ存在論的には，神の与えられのすべては，有限性の，有限性による与えられである。だが，有限性それ自体は，世界内では死として与えられる。換言すれば，死は神への唯一の道である。心理学的には，話はまた別である。ヌーメンの感覚は，それ固有の死の本性の現実的与えられを含まないことがあり得るし，神への別の道が可能である（死がいずれかの仕方で含んでいる道だけではない）という印象が抱かれるということもあり得る。だがこの場合，それがかりに必然であるにせよ，無限の非－与えられは有限性の与えられを意味しない。

174. 有限性が無限の与えられの媒介のみによって与えられるとすれば，これらすべての理路は崩れ去る。その場合，無神論は存在しない。なぜなら，人間はまぎれもなく有限だからである。私はそうではないと考える。次のように考えてみよう。非－存在とは違って，存在は有限であるが際限がない。それに対して，非－存在を「含む」もの，すなわち神（それは存在や非－存在を超えたものである）は無限（「現実的無限」）である。非－存在を含む無限だけが強い意味で連続的である（直線上の諸々の点は何ものによっても分け隔てられていない。あるいはむしろ，それらは「無」によって分け隔てられている。そして，連続的であるのはこの「無」を含む直線のみである，すなわち，多数の点ではなくて直線である)，すなわち，それは「特異点」をもたない（幾何学的形象が存在するユークリッド空間はすでに非連続である［なぜなら，形象がそこで形をなしているのだから］し，形象なしにはそれはまったく存在しない。それゆえ，その曲率はゼロである)。［判読不能］は単なる満たされた，非ユークリッド的な，すなわち非無の空間である。ただ神だけが，非無であると同時に連続的である。

175. 輪廻の無神論的教義によれば，世界内の生は無際限であるが，しかし有限

であり，すみからすみまで有限である。なぜなら，それは永続的な死だからである。死のたびごとに人間は世界を離脱するが，それはしかしすぐさまそこに「戻る」ためである。なぜなら，彼は行くべき「場所をもたない」からである。とはいえ，回帰してくるのは彼自身でもない。というのは，そこに魂が存在しないからである。この点についてのさらなる詳細については，以下を参照せよ［コジェーヴはここで明確な指示を与えていない。この点については，『概念，時間，言説』244-245 頁の注を念頭に置いておくべきである］。

176. ここでわれわれは，不在の与えられの問題（インドでは議論されたが，西洋では論じられなかった）に再び遭遇している。こう問わなくてはならない。「私には馬が見えない」のか，それとも「私には馬の不在が見える」のか？おそらく，ここでは心理学と存在論とを区別しなくてはならない。存在論的には，人間は自己自身に対して全体性として与えられる。単に馬が人間に与えられないというだけではなくて，彼は馬が与えられない者として自己自身に与えられるのである。非－与えられの与えられは不在の与えられである。これが「問題」の，「問い」の，探究の，等々の淵源である。心理学的には逆に，馬の不在はその馬の現前が私に与えられる（想像力において）かぎりにおいてのみ，私に与えられる。もし私が馬の何たるかを知らないとすれば，そのとき私に馬は見えないが，しかし私がそれを見ていないということも私は知らない。

177. ここで語ることができるのは，「世界外人間」のそれ自身への与えられである。なぜなら，それは実存しないからであり，それはけっしてそれ自身に与えられないからである。かりにそれが実存するとしても，それがいかにしてそれ自身に与えられるかを私は知らないが，それが実存しないことを私が知っているとすれば，私はそれがそれ自身に対してまったく与えられないということを当然ながら知っている。

178. もし，私が主張するように，魂の不滅性が有神論とわかちがたく結びついている（*wesentlich*〔本質的に〕）とすれば，そして逆もそうであるとすれば，魂と呼ばれるものが厳密にはどこにあるかは重要ではない。*res extensa*〔延長するもの〕とは異なる魂は，だからと言って必ずしも *res cogitans*〔思惟するもの〕であるとはかぎらない。「霊魂」の消滅を認めるならば，魂を「物質的に」想像することができる。人間においては，二つの様相が区別されることを考慮するだけでよい。一方の，死によって破壊されるもの（身体）と，他方の，「他界」へと移行するもの（魂）。だが，ここでもまた，これらの要素を必ずしも宗教的なものと見なす必要はない。人間は完全に死ぬと言うことは可能であるが，人間は死後も維持されると言うことも可能である。それでも，死すべき者としての（身体としての）人間と不死の者としての（魂としての）人間とをなお区別しなくてはならないということに変わりはない。

不死の者としての人間に対して神は「つねに」与えられるのであり，神が与えられるのは不死の者としての人間に対してのみである。神の理念が本質的に（*wesentlich*）魂の不滅性の理念を含んでいるというのは，私の言うこの意味においてである。死が，生のただ中における生成としてではなく，実際に死として考えられるという点が重要である。死後，魂は世界の彼方に見いだされるのでなくてはならない。人間の死は，その人間が存在から非-存在へと移行することを意味する。これらすべてに対して，しかしながら，歴史的な順序に従って一連の異議を唱えることができる。

I.「未開人」にとって，人間はその死後も世界内に留まり続ける。彼は単にその様相を変えるだけである。だが，未開人は有神論者である。それゆえ，これは真実ではない。ここで人間が「世界内」にとどまるのは，端的に，この「世界」がわれわれの世界（世俗化された世界）ではないからである。世界そのものが，存在と非-存在とに分割されるのである。「他なるもの」が俗なるものの傍らに実存する（これはフェティシズムの事例である）という仕方によってか，あるいは，「他なるもの」が日常的なものと空間的に一致する（これはアニミズムの事例である）という仕方によってか，そのいずれかによって。ひとは普通の石と石-マナとの類似性に注目する。そこから，石の魂としての石-マナの特殊性の知覚が生じてくる。なぜなら，「フェティシズム」は「アニミズム」に変化するからである——前-フェティシズム的な無神論には，事物の［その本質との］対応性しか見えていないのであり，マナ［としての］その特殊性には注意を払っていない。そこでは，ひとはいたるところで魂を典型的にはアナロジー（？）によって差異化する——［こうして］「汎心論」においては，［魂］と類似しているものだけが問題となるのであるが，そこではしかし無神論はもはや問題にならない。なぜなら，二元論ないし「テオファニスム」がいたるところに存在するからである。この二つの事例において，死者は「他なるもの」である。つまり，「他なるもの」が普通の事物［と生きた人間］の傍らにあるか，あるいは，世界内の純粋な「他なるもの」が普通であると同時に「他なるもの」であるか，そのいずれかである（「アニミスト」にとって，自己自身と世界内のすべてのものは魂をもっている）。だが，彼は自身自身を死者から区別するのだから，彼がそうすることができるのは，死者を「身体」なき純粋な魂と見なすことによってのみである。「魂」と「身体」の二元論はそこから生じてくる。あるいは逆に。ひとは自己がその死骸と異なるものであるということに気づく——ただし，すぐにではないが——のであり，自己の *specificum* ——生命——を自己の魂（であるもの）として見いだすのである。（メイエルソンの因果性，あるいは，*erhaltungsräte*［保存則］の性質によれば，）何ものも失われないのだから，たったいま生きていた死骸が変化したと見なされるとすれば，そ

れはその魂がそこから離脱したからである。「他なるもの」の他者性が消滅しないのは，未開人が死者を自己自身と類似したものと見なしているからである。これが通常の擬人主義である。亡くなった者の「世界内での生」とその魂の新たな受肉とのあいだには，巨大な差異がある。

世界の世俗化の始まりとともに（すなわち，アニミズムの消滅，あるいはむしろ，それが本当に存在するとすれば，「汎霊主義」の消滅とともに）「他なるもの」は世界を離脱するが，それでもそれは世界のそこかしこにとどまり続け（たとえば偶像のなかに。偶像がフェティッシュでないのは，そこに二元論があり，偶像が神の「一部」であり，神そのものではないからである。はるかのちに，それは神のシンボルになる。偶像と「フェティッシュ」とのただひとつの共通点は，両者が普通の事物のただなかに見いだされるという点である），これに呼応するかたちで死者は「死者の国」へと移動させられる（そして，生者の世界のなかに散発的に出現する）。「死者の国」は，はじめは世界内の特別な領域である（島，等々。それは世界と似ているが，そこではしかしすべてのものが死んでいる，すなわち，「他なるもの」である）。次いで，世俗化の進展とともに，死者は世界の境界の外部へと「移転」させられる。［生ける］世界が空間全体を占めているとすれば，死せるものはその空間の彼方にある，すなわち，非空間的なものになる（延長するものではなく，思惟するもの）。それがかりに延長するものであるとしても，それは「汎空間性」，等々を含む他なる「空間」である）。これらはすべて，魂の「独異性」の解釈に関するさまざまな科学的観念を表現している。

II. 有神論はときに第二の，そして最後の死という理念を認めている。つまり，最初に身体の死があり，次に魂の破壊が来るのである。おそらく，それは「擬人主義」のひとつの帰結である。死者の「生」は生者の生と似ているがゆえに，生者と同様に死者も死ぬのである。あるいはまた，それは，死者としての「他なるもの」と神的なものとしての「他なるもの」との差異についての解釈である（神は不死であるが，魂は死すべきものである）。魂が「他なるもの」であるのは，それが永遠的だからではなくて，それが物理的な死のさいに破壊されないからである（有神論が不死性を含意していると私が言うとき，私が語っているのはまさにこのことである）。「世界内人間」に真に与えられるものは，これのみである。「第二の死」は構築されたものであり，それは神が与えられる魂と神との差異についての科学的解釈である。

III. 有神論はときに，すべての人間が不死であるわけではなく，ある者は死にゆくなかで決定的に消滅してしまうと考える。私が主張しているのは，「最初の」有神論者に対しては，また個人的な有神論的経験をもつ人間に対しては，神の与えられにおいて不死性が与えられるということである。したがって，その不死性は権威によっては［すなわち伝統によっては］有神論者

に与えられない可能性がある。なお，この教義はおそらく以下のように理解しなくてはならない。私は不死であり，（あなたは不死であり），彼は死すべきものである。もしそうだとすれば，このことは，石の，動物の，等々の不死性の否定［がそうである以上に］有神論と矛盾するわけではない。他方で，このような死すべき者は，厳密に言えば人間ではない。なぜなら，それは魂をもたないからである（魂が子供，女性，奴隷，野蛮人，等々においてときに否定されるのと同様に（これはおそらく以下の事実を示している——なぜなら，死すべき者はときに「彼」だけであって，「あなた」［あるいは私］ではないから——他の人間が他の人間として与えられるのは，「アナロジー」によってのみである，と））。

IV，有神論においてはときに，不死性は魂の不可欠な部分をなすものではなく，いくつかの特殊な行為によって獲得されるものである（生者が死者を養う，等々。生者は［ときに］自己自身でその不死性に到達する——このことをよく物語るのが，古代の神秘，バラモン教における不死性のための犠牲，不死性の条件としての道徳，神の特別な贈与である）。ここでわれわれが再び出会っているのは擬人主義か，または魂と神との相違であるかのいずれかである。なぜなら，ここでは宗教的態度（あるいはまた，「特異性」についての解釈）が問題だからである。創造された世界は罪深く無益であり，「他なる［世界］」［「世界の外部」］はこの世界と連続的な仕方で結びついておらず，それは到達される（*erzwungen*〔否応なしに〕），または与えられる（あるいは神によって与えられる）必要がある（養育の規則，純粋な「擬人主義」。神秘，道徳，等々）。あるいはまた，世界は罪深いものだが，空しいわけではない。つまり，人間はそれ自身で自己の魂を救済し，自己を変容させ，あるいは「魂の不純さ」を防ぐ，等々のことができ，「ある程度までは」神の贈与を［挑発する］ことができる（世界が空しいものであるならば，ただ神だけが不死の魂を人間に与えることができる）。重要なことは，不死性に到達することが可能であるということである——それがいつでも可能であるわけではないということは，重要ではない。III と，不死性が神との相互作用の水準において到達されるという事実を参照せよ（魔術によってであれ，道徳によってであれ，贈与によってであれ）。ここにあるのは，魂の不死性が神の与えられにおいてしか与えられず，逆もそうであるという事実の（無自覚的な，ときには自覚的でさえある）象徴化かもしれない。不死性は神との相互作用によって到達される（それは神の与えられにおいて与えられる）が，しかし，神との相互作用は不死性を前提している（神は不死性の与えられにおいて与えられる）。「二度生まれる」バラモンだけが，つまり，魂を吹き込まれてあると同時に不死であるバラモンが，そして彼だけが，神との直接の相互作用に入ることができる（だが，上記 II を見よ）。だが逆に，彼が

バラモンであるのは，まさしくこの相互作用のおかげである。ひとは神と合一する神秘において不死性に到達する――ひらたく言えば。ひとは神を食らう――逆に，神が全的に開示されるのは，この神秘を通じてのみである。不死性は神の恩恵であるが，同時にそれは神の与えられでもある。恩寵と神自身は不死性によってしか与えられない。死すべき者としての死すべき者は神を知らないし，人間ではない（上記 III を見よ）。

V. ある種の未開な有神論者たち（たとえばオーストラリア人たち）は，自然死を知らない。死は魔術の帰結である（神秘的なイメージは大抵の場合，次のことを表現している。はじめに人間は不死であった，あるいはまた，神が人間を不死の者として創造することを望んだ。次いで，この企図は悪の原理，罪，等々によって阻まれた，と）。だが実際には，死は存在するのであり，神的なもの（ここでは魔術）は死の与えられにおいて一度ならず与えられる（また，逆もそうである。ヌーメンは，何よりも命に関わるほどに危険である）。他方で，オーストラリア人もまた，不死の者（あるいは無限者）として自己自身に与えられることは一般にない。このことは，不死性の与えられが（存在論的にというだけでなく，心理学的にも）［無神論］と相容れないという私の主張と矛盾しない。死の自然的な性格が否定されることは，この文脈では重要性をもたない。それは（メイエルソン的な意味での）因果性［の観念に与えられた科学的重要性］の帰結である。死は異論の余地なく変化であり，したがってそれは「奇跡」である。その因果性は，ここでは自然的な［因果性］としての因果性の不在である。それを承認すること――不合理な事実として――「奇跡」。奇跡がひとつの魔術であるのは，神の与えられが本質的に死の与えられと結びついているからである。

VI. ある者は，不死性なき，魂なき有神論が存在すると主張する。私はそれが疑わしいと思う。それがＩとＶの二点に帰着するというのでないかぎり，次のように言うことができる。ここにはなお「アニミズム」は存在しない，と。魂は「身体」からなお分離していない。だが，それは人間が自己自身に対して単に［「俗なる」（原文では，文字通りには「地上的な」）］何かとして（無神論の場合と同様に）与えられるということではない。人間のなかの「他なるもの」，すなわち魂が存在するのは，たとえば魔術が通常の行為から区別されるからである。こうして，神は魂の与えられにおいてあらためて与えられるのであり，逆もそうである。それゆえ，不死のものとしての魂は，死のあとに持続する（一時的にでしかないにせよ）ものとしては与えられないという事実のみがここでは重要である。これこそが，通常の人間と「他なるもの」（あるいは私の魂としての魂）との同一性に関する未開的な解釈に他ならない。そこにあるのは，不死性の心理学的な非-与えられであり（それは，不死性の存在論的な非-与えられと一致することがあり得る），そ

れは，無神論者における死後の［人間の全的な］破壊の心理学的な（かつ存在論的な）与えられと同じものではない。すでに述べたように，有神論的直観は，神の与えられ，私のなかの「他なるもの」，この「他なるもの」の不死性を必然的に含んでいる。この三つの要素は，この直観についての存在論的（場合によっては心理学的）解釈のなかに現れている。だが，心理学的には，この下位区分が欠如することがあり得る。とりわけ，不死性の要素が現実化されない可能性がある。だがそうなると，心理学的にはまたしても，神は死を媒介として与えられる。私の運命は神次第であり，もちろん第一に私の死がそうである。人間のなかの「他なるもの」は人間に与えられるが，それはその死後においてではなくて（死は「他なる-存在」への移行としては与えられない），いわば死以前においてであり，ただそれだけの理由によって，彼は不死の者としては与えられない可能性がある。人間はその潜在的な死のあとも生きるのであり，その死が現実化しないのは，ひとえに神がそれを望まないからである（ただし神は私を殺す，または私の死を容認することができる）。人間はそのとき，いわば存命中において不死である（ただし，存命中においてのみである）。これらすべてが，無神論者の有限性といかなる共通点ももたないのは明らかである。

VII. 魂と不死性を含む無神論的体系が存在する。たとえば，サーンキヤのそれである。だが，それは構築物である。なぜなら，サーンキヤは宗教ではなく哲学的体系，すなわち人為的な何かだからである。叙事詩的なサーンキヤは（ダールマンによれば）無神論になった（仏教の影響のもとで，あるいはおそらくヴェーダンタとの論争において）有神論である。それは，初期の有神論的直観における不死性と魂を保っている。この事例において，パラクティは神的性格を帯びている（［それは］二元論［を含んでいる］）（*Urmaterie*〔原質料〕——プロティノス，プラトン，その他を参照せよ——は形式的には神的なものに近く，それが質量であるのは神にとっての「他なるもの」であるかぎりにおいてのみである。無神論においては——たとえばサーンキヤにおいては——，それは容易に神格化される）。だが，この無神論はそのとき真の無神論であることをやめて，「悪魔主義」として「裏返しの有神論」になる，等々。これらはすべて人為的な構築物であって，それらを世界と「他なるもの」との対立についての特殊な解釈としての「二元論」と混同してはならない。質量が神格化されることができないのは，不死の魂が神ではないからでしかなく，質量はこの不死の魂との関わりによって永遠に「他なるもの」あるいは神的なものだからである（［だが，このことは］真正でない無神論において［のみ生じることである］）。

VIII. 無神論的な仏教は，サンサーラの永遠性としての人間の永遠性を知っている。他方で，仏教は厳密に言えば魂を知らない，あるいは，人間のな

かの「他なるもの」を知らない。さらに，不死性，すなわち真の死は［そこには］存在しない。だが，永遠性の与えられもまた存在しない（存在するのは際限なさの与えられだけである）。なぜなら，すべては死すべきものであるから，すなわち，すみからすみまで有限だからである。インドの無神論的教義はサンサーラの永遠性も知っている。そこでは，神への道は死によってのみ，すなわち，サンサーラの終わりによってのみもたらされる。だが同時に，神とともに魂の不死性が与えられるのであり，この魂は世界内の生の終わりにおいて無化されることはない（アートマン）。この点からすれば，サンサーラは通常の有神論の延長された生ではない。違いは，それが際限ないものとして与えられるということである。ただし，それはどこまでも有限なものである。魂（アートマン）は死の与えられにおいて他なる身体へと移行するものとして与えられ，神はこの魂に対して与えられる（最初に「他なる-存在」——ウパニシャッド——死と新たな誕生とのあいだ，における滞在がある。アートマン＝バラモン——私のなかの「他なるもの」と神的なものとしての「他なるもの」との同一性［という意味での］解釈ではなく，この両者の「同質性」［という意味での］解釈，神と魂の同時的与えられ)。サンサーラの有神論的教義は，宗教的態度のひとつの帰結である。世界は悪である。よって，重要な価値は到達すべき生ではなく，死である。だが，「他なる-もの」は死後にしか存在しないし，それは地上的なものに直接には到達し得ない（上記 IV を参照せよ）。

だが，これらすべてがどうあれ，私は有神論が死への恐れによって生じたと言っているのではなく，死の与えられが神への道であり，神の与えられが魂と魂の不滅性の与えられを含んでいると言っているだけである。

179. もちろん，存在論的には，この非-存在は個々の地上的な与えられに対して与えられる。無神論者はつねに無神論者であり，それは，有神論者がつねに有神論者であるのとまったく同様である。なぜなら，無神論者はつねに有限者として自己自身に与えられ，有神論者はその有限性において有限者かつ死すべき者として与えられるからである。だが，有限性は心理学的には死として世界内で与えられるのだから，死の与えられは神への唯一の道であり，それは神の存在の開示か，あるいはその非-存在の開示か，そのいずれかへと通じている。

180. すべての無神論者が神に対して「盲目」であるわけではないということは，無神論者の「回心」の事実によって示されている——すなわち，無神論から有神論へと心変わりするという回心の事実によって——が，しかしとりわけ，ためらう者たちの存在によって——そして自己の信仰にためらいをもたない者たちによって？　有神論者も無神論者も，死への激しい恐怖のなかで有神論者または無神論者として自己自身に与えられるのだから，自己自身の死ま

では誰も自己が何であるかを（経験的には）知らないのである。なぜなら，死の床において無神論者が有神論者になるとすれば，彼が真に無神論者であったことは一度もなかったと言うことができるからである。逆に，――これはおそらく決して生じないことであろうが，死に臨んではじめて無神論者になる者などいるのだろうか？　ブッダもまた，他人の死を見ていたのである。自己の生の終わりまでは誰も自己の何たるかを知らないがゆえに，ひとは互いに理解しあえるのである（アンセルムスの存在論的証明を見よ。それは明らかに無神論を含んでいない）。

181. ここで有神論と無神論の形式的定義を与えることは結局，すべての有神論者に備わっているが，すべての無神論者に欠如しているひとつの要素を見いだすことに帰着する。ただし，すべての有神論者に共通する他の要素が存在するという事実はここでは考慮しなくてもよい。それは，この要素が心理学的には私が定式化したように与えられるということを意味しない。それゆえ，ここにあるのは存在論的分析ではない。それはむしろ，形式的で不完全で皮相な現象学的記述である。理想的には，この記述を補い，それを深めなくてはならない。つまり，一方で，この記述をもとにして心理学的な与えられを解釈し，他方で，存在論的にこれを分析するということである。

182. もちろん，神と魂との関係は人間と世界との関係に類似しているだけである。このアナロジーは，共存在としての，与えられとしての，相互作用としての同質性にある。一方で，*Gegenstand*〔対象〕としての神は無限であるのに対して，魂はそうではない。他方で，*Gegenstand* としての世界は際限がないのに対して，人間はそうではない。魂は，それを破壊することができる神の恩寵によってのみ存在するが，魂が神を破壊することはできない。だが，人間もまたそれを殺すことができる世界においてしか存在することができないのに対して，人間が世界を殺すことはできない，等々。このように，「世界内人間」は「神のもとにある人間」と類似している。だが，繰り返すが，そこにあるのは単なるアナロジーである。違いは次の点にある。「世界内人間」が有限であるのは世界がすみからすみまで有限だからであるのに対して，「神のもとにある人間」が無限であるのは神がすみからすみまで無限だからであるという点に（たしかに，神は人間を破壊することができるが，それは「自然」死ではない。なぜなら，そのとき魂はそれ自体として有限なものとしてではなくて，神との関わりによってのみ自己自身に与えられるからである）。

183. パウロＩコリント 13，12 を参照せよ。アウグスティヌス（義人が神を真に認識するのは，その死後においてのみである）。聖アウグスティヌス，等々。

184. 人間の死は，*Gegen-stand*〔対-象〕としての世界を破壊するのではなくて，世界が「世界内人間」としての自己自身に与えられることを破壊する。世界

が死後においても魂に与えられ，この魂が世界と相互作用している（「未開人」がたとえば想像するように）としても，［死は］［それでも］「世界内人間」を不可避的に破壊する。だが，「世界内人間」に対しては，「死せる魂」への世界の与えられは与えられない。世界の与えられは，「世界内人間」に対しては，生ける人間への世界の与えられとしてのみ与えられる（すなわち，受肉した魂に対して）。それに対して，神の与えられはつねに魂への与えられとして与えられる（この魂が受肉していようといまいと）。したがって，ここでの死は［あらゆる *Gegen-stand*〔対－象〕の破壊という，魂にとっての］意味をもたない。

185. すでに言ったし，もう一度言うが，存在は非－存在とは異なるし，この両者のあいだには「差異」がある。また，この差異ゆえに，存在は有限であり，それは「差異」によって限界づけられている。だが，存在が非－存在と異なるのであって，非－存在が存在［と異なる］のではない（なぜなら，非－存在は端的に存在しないからである）――それに対して，有神論者に与えられるのは死者と異なるものとしての生者だけではなくて，生者と異なるものとしての死者もそうである。それゆえ，存在が非－存在と異なるだけであって，その逆ではない。生者の性質，すなわちその有限性は死者の性質でもあり，それゆえに，生者は単に有限であるのみならず，死すべき者でもある。死者と神の質的内容が生者の質的内容とまったく異なるということは，生者の質的内容が独自の性質であることをなお妨げるものではない。それに対して，無としての無は存在しないのだから，それはいかなる性質ももたない（認識不能なものでさえ）。

186. 構築物としての有神論という無神論的解釈においては，この神の事物的実在は「世界内人間」と類似したものとして理解されるのであり，神が何かであるのは世界が何かだからである。

187. スコトゥス・エリウゲナやエックハルトやそれ以外の者たちが，神は〈無〉(*Nichts*) であると言ったとしても，それを文字通りに受けとるべきではない。なぜなら，それは大文字のＲの「〈無〉」だからである。ここでは，存在と非－存在とに優越するものとしての神－〈無〉に関する言説は，二つの淵源をもっている。第一に，それは神の「独異性」の表現である（アポファティック神学の事例。アポファティック神学それ自体は非－存在には適用されることができない。その理由は端的に，この非－存在が実存しないからである）。第二に，神の無限性は非－存在を含んでいる。私はさきにこうした否定的言明を「純粋有神論」に与するものと見なした。ここで引き合いに出された神学（そしてまた，サーンキヤその他）はこれと非常に近いものである。とはいえもちろん，それは無神論とは何の関係もない（オットーは，エックハルトやサーンキヤや *West-östlich mystik*〔西と東の神秘主義〕に関して，この

ことをきわめて明確に論証している。サーンキヤにおいては，バラモンはアートマンと一致しない。なぜなら，アートマンは救済されるが，バラモンはそうではないからである)。

188. 形式的には，ということである。なぜなら，ここで念頭に置かれているのは神的なものの与えられのトーヌスではなくて，その内容だからである（あるいはむしろ，この内容の一部であり，それはすべての有神論に共通するものである。もっとも，それがそれらの唯一の共通点であるわけではないが)。ヌーメンを記述するなかで，オットーは与えられのトーヌス，すなわち私が「疎遠な隔たり」と呼んでいるものを記述している（ときに心理学と現象学とを混同しながら)。死を媒介として神的なものを「示す」ことによって，私は無神論者にとって理解可能な言語を用いているが，オットーの記述は（彼自身がその著書『聖なるもの』の冒頭で述べているように）絶対的な無神論者，すなわち，いかなる有神論的経験ももたない人間にとっては理解不能である（もし，万が一，このような人間が存在するとして)。

189. そこに，有神論の主たるパラドックスがある。それは，われわれがさきに「他なるもの」の逆説的な与えられとして出会ったものである。それがかりに事実だとしても，すなわち，真のパラドックスであって幻想ではないとしても（逆説的な事実はいくらでもある)，それは有神論を否定するものではない。このパラドックスは，歴史的には，有神論が二元論と神託とのあいだで揺れてきたことに現れているし，この二つの傾向性の統合を図ろうとするあらゆる試みのなかに残り続けている。この問題については，あとでより詳しく取りあげる。神と「世界内人間」とを媒介するものとしての魂というイメージは，「他なるもの」の与えられというこのパラドックスに基づいている。魂に対して神は与えられる，すなわち，魂は神と同質的であるが，それは同時に人間自身でもある。媒介は，当然ながらこのパラドックスを解消しない。魂それ自体が逆説的な何かである。魂と身体との結びつきは魂を可死的なものにし，身体の外部において魂は無へと「変化する」恐れがある——あるいは *Bewußtsein überhaupt*〔意識一般〕へと。魂はその個体性を失うおそれがある。有神論のパラドックスは，人となった神というキリスト教の教義において最高度の緊張に達する（テルトゥリアヌスとキェルケゴール)。ここでは，神と世界のパラドックスはキリストの人格に集中している。同じパラドックスは，「擬人主義」から「純粋有神論」に至る有神論の歴史的展開の根底に存在している。前者の事例では，神と人間の同質性の要素が優越している（神々においては，あらゆるものが人間におけるのと同様である）のに対して，後者の事例では，支配的であるのは神の独異性である。だが，極端な擬人主義にとってさえ，神的なものは世界と同じく何かであって無ではない。このように，［われわれが強調する］パラドックスは，有神論の最

も極端な二つの形態においてもなお残る。

私は別のところで，神的なものを人間の死後もなお人間のもとにとどまり続ける何かとして定義した。だが，「理念」，永遠的真理，等々もまた似たような性質をもつ何かである。ここでは次の点に注目すべきである。一方で（プラトン，プロティノス，等々），イデアは通常，神的な性格を帯びている（それらは神の思考である，等々）。他方で，無神論はしばしば唯名論と結びつけられる（最初の事例では，イデアに関する教義は神学の一特殊部分にすぎない。イデアも魂も神ではなくて，神と同質的なものであり，「他なる世界」に帰属するものである）。だが，無神論者は必ずしも唯名論者ではない（また，彼は必ずしも唯物論者ではない）。もし彼が実在論者であるとすれば，彼にとってイデアは，世界が科学にとってそうであるように永遠的なものである——あるいはむしろ，そこでは具体的な個人にとって，いかなる神も永遠的ではない。なぜなら，世界は死とともに消え去るからである。無神論は，必ずしも世界の完全な同質性を含意するものではない。それは，存在の異なる様相を認めることもある。世界は，個体の完全な廃棄としての死を前にしたときにのみ，同質的である。形式的には，第一質量もまた，神的なものに関する私の定義に合致している——それゆえ，その教義はまさしく有神論のパラドックスに基づいている。二元論においては，それは「別の神」（悪意のある神，悪魔，*Gegengott*〔対立神〕）であり，神的な性格を帯びている。神的一元論においては，それは「無」であるが，このことはそれがまったく存在しないことを意味しない。それは端的に，神において絶対的な仕方で見いだされるあらゆるものの絶対的な不在である。言い換えれば，それは「裏返しの」「神」である。世界は，何かであるかぎりにおいて神と「同質的」であるが，その独異性の要素は無としての第一質量の観念の導入によって救出される。この無は世界をすみからすみまで貫いており，それを限界づけている（ギリシャ人においては）。もし（たとえばキリスト教におけるように）第一質量が実質的に無であるとすれば（無からの創造），その「独異性」の要素は世界が創造されたという事実に対応している。この二つの事例において，有神論の主たるパラドックスがその逆説的な性質を完全に備えていることは明らかである。有神論において，神と魂は同質的であるが，この両者はけっして同じではない（「合一」や「神化」の神秘にもかかわらず）。この可能性は他方で，神が魂に与えられることによって排除される。「他なるもの」の与えられの逆説的な性格は，死によっては取り除かれない。生そのものを通じて，このパラドックスは人間における魂の現前によって条件づけられている（魂がなければ神もない）。生を通じて，このパラドックスは「他なるもの」の与えられのなかにある（人間と神はある意味で同質的である）。死後においては，それはこの与えられの「独異性」のなかにある（神と魂は異

質的である）。最初のパラドックスは，神への信仰（神の認識）が恩寵に基づくという教義のなかに現れている。神秘家たちは，［その態度によって］神が魂に与えられることに基づく神と魂との同質性を［露呈させる］。ある種の「未開人たち」にとって，神々は人間によって（犠牲を通じて）養われるかぎりにおいてのみ生きる――これは「擬人主義」のひとつの帰結である。だがこの帰結は，神的なものの「独異性」も，神的なものが死せる人間にも与えられるという事実も，ともに排除しない。

190. 無神論的世界の同質性は唯物論を含意しない。無神論者は，ある意味で，身体と異なる魂や理念，等々を認めることができる。だが，この区別は世界そのものの内部にある。無神論者によれば，［世界のあらゆる何かにとって］根本的に「他なる」［ものである］何かは存在しない。彼にとって，（ヌーメン的な）「疎遠な隔たり」のトーヌスのもとで与えられるものは何もない。なぜなら，彼にとって，すべてのものは同じ仕方で彼自身とともに死ぬからである。明示的な有神論がかりに二元論ではないとしても，有神論は，それが地上的なものと「他なるもの」とのあいだの根本的な差異を認めるという意味において，やはり「二元論的」である（デュルケムにおける俗なるものと聖なるものとの関係を見よ。ただし，デュルケムはこの二元論を宗教のみに特徴的なものとして，また無神論［の存在］と両立するただひとつのものとして捉えていた。まさにそのことによって，彼は有神論の観念をあまりに狭く捉えている。逆に，私は仏教に関しては彼と見解を同じくする。仏教が無神論的であるのは，彼から見てそうであるだけでなく，私から見てもそうである。聖なるものと俗なるものを端的に評価として理解しなくてはならない［すなわち，事物の「価値」の「評価」である。「推定」という語に関しては注 99 を参照せよ］）。無神論は逆に「一元論」に向かう傾向性をもち，唯物論に向かう傾向性をもつ。死を前にした存在の同質性は，科学の一元化的傾向性の根底にあるものである。もっとも，科学は有神論的枠組みのなかで発達してきたものである。科学的世界は有神論的世界の世俗化の結果である（それは偶然ではない。なぜなら，科学はキリスト教によって生み出されたのであって，仏教によって生み出されたのではないからである）。「他なるもの」に対して，世界は完全に同質的であり，神に対するこの同質性は，そこに神性が含まれる場合ですら保たれる。この対立は無神論には現れないし，それゆえに，世界に固有の多様性はその先鋭さを保ち，同質的な延長へと解消されてしまうことがないのである。

191. 神学は神の科学である。科学（真の，単なる構築物としてのではない）は，直観についての解釈，すなわち「世界内人間」のそれ自身への与えられを，「人間」（それは，まさにこのことによって抽象的な主体となる）とこの「人間」に対して与えられるもの（対象，*Gegen-stand* であり，それもまた抽象

である）とに分解することである。この解釈は，それが言説に含まれる場合は自然発生的である（言説の外部には，解釈としての解釈は存在せず，逆も同様である）。この言説は科学的な言説である。なぜなら，哲学的な言説は，理想的には科学，すなわち，直観から出発して「充実した生」という生を生きる「もの自体」である哲学を，不可避的に歪めてしまうからである（もっとも，直観に関する言説はいずれも直観のみに依存しているのではなく，言説，すなわち言語とそれが含んでいるものにも依存している）。逆に，もしこの言説が直観を伴わないものであるならば，哲学は構築物である（すなわち，単なることばと概念の遊びである）。[ついでに言えば，ただひとつの同じ直観に関する異なる解釈だけでなく，おそらくは異なる直観が存在する]。有神論的解釈においては，人間に対して与えられるもの（主体に対して与えられる客体）は，世界と神的な［客体］とに分解される。こうして，有神論的科学はコスモロジーと神学とに分解される［コスモロジー＝（世界＋神）－神］が，無神論的科学はコスモロジーしか知らない。以下では，このコスモロジー，すなわち世界の科学だけを科学と呼ぶことにして，神学という語は神的なものの科学についてだけ用いることにする。科学においては，純粋な客体は存在せず，主体＋客体，たとえば観察可能なものが存在する——だが，それは〈ダルマ〉ではなくて，*Gegenstand als Gegenstand*〔対象としての対象〕（数学的，物理学的，等々），*das Bewußtsein überhaupt*〔意識一般〕（数学的，等々の）である。哲学は解釈しない，つまり，それは直観を分解しない。それは，〈ダルマ〉（直観），すなわち，自己に与えられるものが与えられるところのもの［として］自己自身に与えられる「世界内人間」を「示す」のであり，それを現象論的に記述し，存在論的に分析するのである。ただし，これは理想的にはそうだというだけである。なぜなら，哲学は実際には不可避的に科学的（なぜなら，それは直観をおのずと解釈するからである）で心理学的であるというだけではなく（以下を参照），それはまた構築的［つまり人為的］でもある（すなわち，それは直観を構築的に解釈する）からである。注195を参照せよ。哲学的（存在論的）分析は現象論的分析にもとづいているのであって，心理学的記述にもとづいているのではない（「経験的証示」の事例については，なお考えてみる必要がある）。現象論は，心理学（これは *verstehende Psychologie*〔説明心理学〕，要するに，ディルタイ的な意味での心理描写または歴史としての伝記である）がそうするように，ある特定の有神論者や無神論者の感情を記述するのではなく，「無神論者としての」無神論者，あるいは「有神論者としての」有神論者の感情を記述するのであり，この無神論者ないし有神論者は，同時に「有神論者（または無神論者）一般」でもある。それは，有神論または無神論の本質（*Wesen*），すなわちひとつの抽象を記述する。だが，それが科学的な抽象でないのは，

そこに［分析的な］分解がないからである。

神学の歴史と神学の哲学とを区別しなくてはならない。前者は有神論的教義の内容を研究する（研究された教義の「客観的真実性」の問いを開かれたままにしておくというその一点においてまさに，それは神学それ自体から区別される）が，後者は神学によって分解された解釈を再－統合し，神学のなかで形容される当の神が与えられる者として（また，そのような者としてのみ）自己自身に与えられる「世界内人間」を現象論的に記述する（それに対して，心理学はこの有神論者のあらゆる感情を記述する。それは彼の生活誌と心理誌を研究する）のであり，この与えられを存在論的に分析するのである。この定式化は，とはいえ，心理学と現象学との境界線を不明瞭なままにするという欠点をもつ。ここで言われたことはすべて，*verstehende Psychologie* だけに関わっている（私の用語法によれば，*lehrende Psychologie*〔教育心理学〕は心理学的なものではなくて，生物学的なもの，つまり「通常」科学であり，それと現象論（哲学）との区別は完全に明白である（まさしく *Psyche als Gegen-stand*〔対－象としての霊魂〕である)。*verstehende Psychologie* について言えば，それが現象論から原理的に区別されるものかどうかをなお検証しなくてはならない。いましがた述べられたことはそのことを前提している。「リアリズム」は，ここでは何の助けにもならない。というのは，それは結局のところ，抽象化の度合いに応じた流動的な区別を行うだけだからであり，本質的な区別を行わないからである — *auch Napoléon ist eine Idee, so das eine Napoléon — Wesen-schau zuzulaßen ist*〔ナポレオンもまた一個の理念であり，それゆえにナポレオン—本質－呈示が可能となる〕。そしてこれは *Napoléon-psyche-verstehen*〔ナポレオン－霊魂－説明〕と完全に一致するように見える。フッサールの哲学もまた満足のいくものではない。なぜなら，それは古典的な仕方で合理主義的だからである（*Idee=Allgemeinen*〔理念＝全体〕，すなわち抽象)。

192. 私はすでに，幾人かの有神論者による抗弁がいかなる点で文字通りに受け取られるべきでないかを明確に示した。

193. 言い換えれば，またより端的には，無神論者が神を否定するのは，神が世界外の〈何か〉であるという有神論の主張を踏まえた場合だけである。無神論者が単独で神について知るということはけっしてないし，それゆえ単独で神を否定することもできない。そのことは，無神論がつねに無－神論，すなわち，それが前提している有神論に対する「批判」であることを意味しない。無神論の直接的な解釈は可能であるが，それはしかし神の否定を含意するものではなく，単に人間の有限性の主張を含んでいるだけである。

194. 私は，質的有神論が必然的に有神論的直観についての構築的な［そして人為的な］解釈である（それゆえ，純粋有神論が［有神論的直観についての］

唯一の直接的解釈である）とは思わない。それは［質的有神論のなかにあるのは］必ずしも擬人主義ではない。神的な何かが分析に対して無限の何かとして開示されるという事実を指摘するまでもなく（下記［202頁以下］を参照せよ），直接的な解釈においては，他の属性もまたそれに対して帰属させられる。（有神論的）直観の解釈において，すなわち，（有神論的）直観を主体と客体とに分解することにおいて（そして，神を神学における対象（*Gegen-stand*）として記述することにおいて），そしてこの客体はさらに世界と神とに分解されるのだが，そこでは世界の与えられの質的内容が主要な役割を演じている——神，「世界にとっての他なるもの」，この「他なるもの」の性格はこの場合，〈世界〉の性格に依存している。有神論が多様な形態へと歴史的に展開してきた理由がまさにここにある。お望みならば，擬人主義という観点から語ってもよい。なぜなら，［その場合，］神的なものの形容は世界の形容に依存しているからである（その逆もそうである）。だが，それが分解された現実の直観の「合理化」であるとしても，それは（人為的な）構築物ではない（それは直観的な与えられについての言説（ロゴス）という意味での合理化であり，逆説的であり得る言説である）。構築が存在するのは直観が存在しない場合においてのみであり（歴史的な借用，ことば－観念の抽象的な組み合わせ，等々），間違った神学（そして，強い意味で逆説的である真の神学ではもはやない）が可能となるのはその場合だけである。

195. とはいえ，無神論の哲学は哲学一般と区別がつかない。それはつねに以下のとおりである。哲学においては，個別の問題は存在しないし，存在し得ない。何であれ何かについて哲学的に語ることによって，ひとはおよそ哲学について語る。それゆえ，理想的には，哲学一般または「〈体系〉」のみが意味をもつ。だが実際には，哲学の総体のあれこれの側面を取り出し（とりわけこの総体がすでに実存する場合には！），それ以外を地として保存することが可能である。それをわれわれは「個別の問題」と呼ぶことができる（だが無神論にとって，こうした隔離はほとんど不可能である。したがって，私がここで書いているものは，厳密に言えば私の哲学の素描にすぎず，それゆえ最終的なものではないから，公表してはならない）。

現象論が記述するのは無神論だけ（*nur Atheist*），学者だけ，等々である。こうした記述の分析は抽象の分析である。これは避けることができない。心理学と言えば，これは「学者のみ」を記述するのではなく，科学，等々に関心を抱くと同時に，その空間－時間的直観に含まれるあらゆる「可能性」を随伴する生きた人間を記述する。理想的人間，すなわち，その生を「充実して」生きる人間は，同時に「完全な学者」，「完全な宗教的人間（あるいは審美家）」，等々である。それがもし本当に存在するならば，その心理学的記述はその現象論的記述と一致するだろう。だが，哲学者は心理学的記述を分析

するのではなく，現象論的記述を分析する。したがって，理想的人間が存在しないかぎり，哲学は必ず部分的に抽象であり，部分的に構築であり，部分的に心理学である（それがかりに「学者のみ」，等々を分析するならば，それはまさしくその事実によって「学者一般」であり，それは抽象である。それが生きた人間を具体的に分析するならば，それは心理学的なものになる。なぜなら，この人間は理想的人間ではないからである。それが理想的人間を分析するならば，それは構築である。なぜなら，この人間は実際には存在しないからである）。真の哲学，「もの－自体」（*die Sache selbst*）は，具体的な理想的人間についての，すなわち，自己の生を充実して生きる者として自己自身に与えられる理想的な「世界内人間」についての記述である（それは，この生を与えられの十全性に至るまで「哲学的」に記述し分析することを含んでいる）。*Um echte Philosophie zu treiben muß man ein echter Philosoph sein, das heißt sein volles Leben leben*〔真の哲学を行うためには，ひとは真の哲学者でなくてはならない。つまり，充実した生を生きなくてはならない〕――もし複数の異なる理想的人間が可能であるならば，その場合はおそらく複数の異なる真の哲学も可能である。これらの真の哲学のうちのどれが真実のものであるのか？　この（真理の）問いは無意味であるように見える。なぜなら，哲学的真理は現実についての十全な記述であるが，現実はつねに具体的だからである。自己自身に与えられる理想的な「世界内人間」は具体的であるが，この与えられに関する十全な記述は真の哲学である。それに対して，「哲学的真理一般」は実存しない。「現実一般」は存在しない。だがそうだとすれば，哲学はつねに心理学であり，それゆえ理想的な人間に関する十全な記述のみが真の哲学なのであって，それはだれでもよい人間の記述ではない。おそらくそうなのであるが，その理由は，理想的でない人間は理想的でない人間として，つまり不完全で未完のものとして自己に与えられるからである。それはつまり，私の哲学が真でないのは，私がそれに（そして私にも）満足していないからであるということを意味する。それはつまり，理想的人間が原理的には自己自身と自己の哲学とに満足しているということを意味する。理想的人間が理想たるかぎりで実際に充足に到達するということはあり得るが，しかし，自己自身ととりわけ自己の哲学に満足している人間たち（たとえばギュルヴィッチ）は，本当はただ単に凡庸な哲学者や凡庸な人物というだけでなく，ほとんど取るに足らない者たちでもある。

196. さらに言えば，有神論的解釈を構築物として，また有神論的直観それ自体を幻想として提示しようとする無神論の傾向性がとりわけ論じられるだろう。

197. とはいえ，神の与えられはときに個別的な恩寵の結果と見なされる。この場合，無神論者はこの恩寵が欠如している者である。この点に関して，異端者はときに無神論者と同一視される。自然神学と啓示神学とはとりわけ頻繁

に区別されるが，神の存在の認識（すなわち神学的最小値）は通常は人間本性それ自体の取り消し不可能な属性と見なされる。

198. ここでは，この態度と関連した有神論の内在的困難については論じない。

199. （真の）直観の存在が非正統者や異端者においてときに否定され，それらの神学が「幻想」と呼ばれる場合であっても。このような有神論者は彼らにとっては無神論者寄りなのである。

200. たしかに，単に神が無神論者に与えられないというのではなく，（神の）非－存在が，自己が有限者として（死すべき者としてではなく）与えられることにおいて与えられるのである。神的なものの与えられは，存在論的かつ心理学的に死の与えられと結びついているのだから，無神論者を回心させる試みが，死にゆく者の枕元においてとりわけ頻繁になされる（そして功を奏する）のはしごく当然である。逆に，死に臨みながら悔い改めない者は，有神論にとってはとりわけおぞましいものである。

201. 有神論的議論（*Gotteskeweise*〔神の存在証明〕）と，有神論および無神論におけるその意味は，補遺Ｉにおいて論じるが，そこではいわゆる存在論的証明に焦点を合わせることになろう。

202. 批判が「意見を変えさせる」ことができるのは，「権威によって」説得された，つまりは個人的な直観をもたない有神論者だけである。有神論者が無神論に「改宗」することは，この者が自己の有神論的直観を「幻想」であると認めることを意味する。ここでは，無神論的批判が教育的役割を果たす。権威によって無神論者になっているのではない無神論者は，端的に（絶対的な有限性の与えられにおいて）神的なものの非－存在が，すなわち，世界の外部に存在するあらゆるものの非－存在が「与えられる」者である。

203. 必ずしも，無神論的直観の，すなわち有限性の与えられにおける（神の）非－存在の（神の）「与えられ」の，というわけではない。フェティシズムが石のなかに神を見る（［すなわち］石を神と見なす）場合，無神論者によれば，それは石の通常の知覚に関する（あるいは，［知覚に由来する］個別のニュアンスを伴う心理学的知覚に関する）誤った解釈である。

204. ある意味で，（無神論的な）非－存在の「与えられ」は，「他なるもの」の有神論的与えられに劣らず逆説的である。だが，無神論者は，無は有神論者に対しても与えられると言うだろう。なぜなら，有神論者は無について（有意味な仕方で）語っているからである。有神論者は，無が彼に「与えられる」のは，神の与えられにおいて，無限の「与えられ」を介してであると反論するだろう。

205. この点については，あとでもっと詳しく論じる。無神論的科学と有神論的科学に関するパラグラフ（第四章）か，無神論的哲学と有神論的哲学に関するパラグラフ（第五章）のいずれかにおいて。もっとも，それは今からやる

ほうが一番よいのだが。以下で提示されるのは，歴史についてではなく，心理学についてでもなく，有神論と無神論との論争のもつ存在論的意味の解明である。もしそれが一般に有意味であるならば，真理の問いは当面は開かれたままであり続ける。十全な有神論的解釈はおそらく無限の教義に帰着する（そして，真の無神論は無限を否定する）。無限は神の存在論的本質である。その科学的，倫理的，感性的（官能的），宗教的（神秘的）本質は，実存の存在論的諸形式の根本を表現している。存在論の神としての無限は，科学の神等々とは異なる。（それゆえ，有神論と無神論との論争は単に存在論的であるだけでなく，科学的，宗教的，等々でもある）。だが，存在論は科学の，宗教の，等々の存在論である。つまり，存在論的「神」は科学の，宗教の，等々の生ける神の単なる *Urgrund*〔根拠〕である。だがそうなると，哲学の神は「充実した生」の神なのだろうか？　あるいはまた，存在論的な生ける神は生ける無限なのか？　もしそうならば，哲学者は神ではないということを強調しなくてはならない（言い換えれば，なぜヘーゲルは神ではないのか？）。私がさきに「純粋有神論」と呼んだものは，神に関する（すなわち無限に関する）十全な教義であるか，それとも有神論の最も原基的な形態であるか，そのいずれかである。〈歴史〉上のあらゆる有神論的体系は無限に関する教義を明示的に含んでいる。

206. おそらくこう言うことができる。存在は存在のすべての可能性を満たすことはけっしてなく，それゆえそれは有限であると。何かの可能性としての無は汲み尽くしえないものであるが，しかしそれはけっして汲み尽くされない可能性それ自体である。

207. 人間は自己に対して有限者として与えられ，かつ何かと相互作用している。相互作用は同質性を意味する。それゆえ，与えられた（与えられの性質をもつ）すべての何かは有限であり，与えられるのは有限な何かだけである。

208. それが地上的であるのは，世界が万人に対してまぎれもなく有限な何かとして与えられるからである。それゆえ，それとの同質性は，同質的なもの（「神」）が地上的なものとして与えられるのであって，その逆ではないということ，つまり，地上的なものが神的なものとして与えられるのではないということを意味している。この問いについては，補遺IIにおいて汎神論の事例とからめて検討する。

209. ここに，世界の際限なさの主張を前にして有神論が抱く間違った恐れの淵源がある。世界は神によって，すなわち何かによって限界づけられており，このことが限界づけとして理解されるものである。逆に，無神論は「際限なさ」と「無限」とをしばしば混同する。世界は無によって限界づけられている，すなわち，それは限界づけられていない，そしてこれが無限性として理解される。実際には，有限性は際限なさと両立しないわけではない（し，そ

れは際限なさを含んでいるようにさえ見える)。

210. 無限に関する論争は，有神論と無神論とのあいだのあらゆる論争の根底にあるものである（もっとも，それは当然ながらつねに明示的であるとは限らないが)。有神論者が「他なる世界」を想像するのは死への恐怖においてであると無神論者は考える。だが，それは無意味である。なぜなら，世界について当てはまることはすべて｛世界＋神｝についても当てはまるからである。すべては有限である。有神論者のほうは，無神論者に神が見えないのは死への恐怖においてであると考える。｛世界＋神｝という全体は無限である。なぜなら，神が無限だからである（私自身が無限であるのは，神が私に与えられるからである。つまり，無限としての無限が――とりわけ魂が。デカルトを見よ――私に与えられるのは，神の与えられにおいてのみである)。ここでときに宗教的議論が介入する。無神論者に神が見えないのは彼があまりに世界へと拘束されすぎているからであると有神論者は考える。この世にとっての「他なるもの」は，無神論者にとっては無に等しいのである。無神論者にとって，世界を離脱することは恐ろしいことであり，この恐怖が彼を神の認識に対して盲目にさせる。それに対して，宗教的無神論者は有神論をしばしば擬人主義と見なしている，つまり，［結局のところは］世界とのつながりの不在と見なしている。

211. 数学的イメージ（有限）$c.0 = 0$，だが，$\infty.0$ = 無限定の表現。もっとも実在的な存在としての神。無――存在の可能性。神は無を満たす――神においてすべての可能性が実現される。有限は満たさない――それは（その）すべての可能性を実現することはないし，それは（際限なく）修正されることができる。数学的には，無の包含は連続体を意味する。*Punkt*〔点〕――「連続体」は［真の］連続体ではない。なぜなら，それらの点を分け隔てるものは何もないにもかかわらず（直線状の「すべての」点以外に，それらを分け隔てることができる点は存在しない)，点たるかぎりで，それらはやはり分け隔てられており，まさしく「無」によって分け隔てられているからである。だが，連続体は諸々の点を分け隔てる諸々の無をも含んでいる。そこから，諸々の点それ自体の（さらには，「連続する」線分を限界づける諸々の点の）消滅が帰結する。それゆえ，連続体が実際に連続体であるのは，不可分で同質的な全体としてのみである。無限はつねに連続的であり，そのようなものとしてそれは比類なきものである。それは「空虚な」空間，すなわちユークリッド「空間」，R ∞であり，そこでは $dxi = 0$ であるがゆえに $dx = 0$ である。なぜなら，それは何も含んでいない，つまり，それらのあいだに *dxi* があるはずの諸々の点を含んでいないからである。その曲率はゼロであるが，しかし 0 は曲率の大きさではなくその不在の表現であり，まったくの不在，すなわち，おそらく空虚である。無限は無を含んでいる。そこから，神は「〈無〉」

であるという言明が出てくるが，それは神が存在と非-存在を超越している，等々，ということを意味している。

212. 一見したところ，有神論は無神論に固有の無の与えられというパラドックスを解消するかに見える。だが，無神論者は第一に次のように答えることができる。有神論者は無を何かとして理解しているのであり，このことは，事物的実在の蓄積による影響を被らない無の「与えられ」という問題を少しも解消するものではない，と（有神論者が，無は彼に対しては無限のなかに含まれるものとして神において「与えられる」と言うとすれば，無神論者は，それは本当の無ではないと答えるだろう。なぜなら，本当の無はつねに何かと対立しており，それゆえこの何かはつねに有限だからである。無限に含まれる無は，実際には何かである。ただし，その場合の「無限」は無と対立しており，それゆえ実際には有限である）。第二に，無神論者はこう言うことができる。無限の与えられは，非-存在の与えられと同じく逆説的である，と。

213. にもかかわらず，人間のみならず，その魂もまた神ではない。そこに有神論の困難がある。有神論者は神ではない。なぜなら，彼が無限者として自己に与えられるのは，神が彼に与えられることにおいてのみだからであり，その神は，与えられるものであるかぎりで彼とは区別されるからである。

214. 無限の理念は神の理念を汲み尽くしていないように見えるかもしれない。もちろん，歴史的な（そして心理学的な）観点に立てば，神学は必ずしも無限の理念を含んでいるわけではないし，それは無限の理念によってはけっして汲み尽くされない。だが存在論的には，この理念はあらゆる神学の根底にある。現象論的には，神は魂の不滅性の与えられにおいて与えられ，逆もまたそうである。このことは，存在論的な平面においては，神の与えられが無限の与えられであり，逆もまたそうであるということを意味する。神と無限との差異は明白であるように見える。なぜなら，神について語るとき，ひとは通常は宗教的有神論の神を念頭に置いているからである。だが，私はここでは存在論の観点について，つまり神としての神の存在について語っているのであり，それは，神の存在が宗教的，科学的，等々の立場のとり方において果たす役割とは無関係である。「科学の神」を無限と同一視することの衝撃ははるかに小さい（とはいえ，この神は無限の理念によっては汲み尽くされない）。歴史的には，有限の立場はつねに無神論と，そして無限の立場は有神論と関連づけられてきた。だが，ひとは一般に無限の観念と際限なさの観念とを混同する（たとえば，世界の「際限なさ」に関する科学的主張は無神論と両立する。なぜなら，この無限は単なる際限なさだからである）。現実的無限と「悪」無限とのヘーゲル的対立（それはすでにデカルトによってきわめて明確に定式化されていたが）は正しいが，しかし不十分である。それは集合論が神学であると言われたことの帰結なのだろうか？　もしそうな

らば，集合論はたしかに存在－神－論である。だが，有神論的集合論と無神論的集合論（数学一般およびあらゆる科学）とを区別する必要があるかもしれない。疑問の余地なく有神論者であったカントールは〈神的な無限〉を他のすべての無限から区別していたが，このことはしかしすみやかに忘れ去られた。χ'_n や ω'_n は無限であるのか，それとも無際限であるのか？　おそらくむしろ無際限である。というのは，われわれはそれらのいずれにも留まることができないからである。χ_0 は数列 1, 2, 3 ... との関わりによって（いわば即自的に）「無限」であるが，しかし［判読不能］の数列は際限がない（$\chi_0, \chi_i \ldots \omega_w \ldots$）。この点からすれば，$\chi'$は原理的には他のいかなる「有限」数からも区別されない。線分上の点の数は「現実に無際限である」が，しかし線分が存在する以上は，点をさらに追加することが可能である，すなわち，この「無限」の無際限さが存在する。したがって，非－無際限であるのは「ただひとつの」無限（*Menge aller Mengen*〔すべての集合の集合〕？　この観念が逆説的であるのは，それがあらゆる *Mengen*〔集合〕と相容れない連続的な何かとして考えられなくてはならないからである），すなわち，カントールの〈神的無限〉のみである。*Mengenlehre*〔集合論〕すら，たしかにひとつの存在－神－論であるように見える。

215. 無神論者が完全な直観をもつということを有神論者がかりに認めるとすれば，この有神論者にとって無神論は論理的な矛盾を含んでいるように見える（無の「与えられ」）し，それゆえそれはこの直観に関する容認しがたい解釈であるように見える。

216. 私は，哲学的「態度」以外の非宗教的態度のすべてを世俗的と呼ぶ。哲学的態度は，理想的には態度ではなく「充実した生」である。これらの態度については第二章で論じる。

217. ことばの広い意味での「世界」，すなわち，〈神的なもの〉を含む世界。

218. すでに述べたように，人間は自己自身の死に至るまで，自分が何であるか，自分がどこにいるのかを知らない。事実，彼は最後まで有神論と無神論の何たるかをけっして知らない。あらゆる知識あらゆる認識と同様にそれは不完全である。なぜなら，それは完結しない（そして完結できない）からである。こうした自己理解は，一方では無神論的（有神論的）世界における無神論的（有神論的）生の完成であり，他方でそれは無神論の（有神論の）真の哲学であって，それは「充実した生」を生きる人間が自己自身に対して自己が無神論者（有神論者）として与えられること以外の何ものでもない。それは理想である。

219. つまり，本書は空想の素描にすぎないし，無神論または有神論の正統性の問いをいまだ解決していないということである。［全体構想は以下のようになる。］I.「実存－しないものの哲学」。II. 実存するものの哲学　1）科学，

2）行為的態度，3）感性と倫理，4）宗教と神秘。III．哲学の哲学。

220．この言明は当面は無根拠である。それは，宗教現象の記述によって，この宗教現象が有神論的要素を必然的に含むわけではないということ（また逆に，無神論が宗教性と相容れないものではないということ）を示すことによってしか明らかにできない。それは第二章の問題である。今のところは，二つの歴史的事例を指摘するにとどめておく。アリストテレス的体系の非−宗教的有神論と，仏教という無神論的宗教。

221．真の哲学者は無神論的であるとすれば，その者によって書かれた書物は無神論の哲学であると同時に無神論的哲学である。それは事実，哲学的無神論，すなわち，自己自身に与えられた無神論者の「充実した生」でもある。だが，それは理想に他ならない。